一般法人・公益法人の制度・会計・税務

太陽有限責任監査法人
太陽グラントソントン税理士法人 編

同文舘出版

は じ め に

　いわゆる公益法人制度改革関連3法が施行されてから平成25年11月30日で丸5年が経過し，特例民法法人による移行期間が満了した。

　内閣府からの公表数値（平成25年12月現在）によると，この5年間で24,317あった特例民法法人のうち20,736法人が新しい公益法人制度への移行を申請し，さらにその約44%にあたる9,054法人が新公益法人に，11,682法人が一般法人にそれぞれ移行した。しかし，一般法人の中には，申請時に必要な書類の作成などの事務手続きに対応できず，公益法人への移行を見送った法人も少なくなかった。

　こうして新公益法人制度に完全移行して1年が経過したが，無事に移行を果たした法人からも，法人におけるガバナンスの対応，決算書類などの定期提出書類の作成，税金の計算など，移行した後に発生する法人運営上の様々な問題にどう対処したらよいかなどの問い合わせをしばしば受けることがある。その原因としては，制度が複雑であることや，発信される情報が多く広範囲にわたっていることなどが考えられる。新制度が軌道に乗り，円滑に運用されるためにはもう少し時間がかかるものと思われる。

　本書は，こうした移行後の問題に直面する法人にとって少しでも解決の糸口になることを目的として作成された。

　本書の特色は，制度編，会計編及び税務編の3部構成となっており，それぞれに十分なページを割いて解説している点である。法律条文や会計基準・税法などについては，そのまま掲載するだけでなく，具体例や図表などを盛り込んで分かり易く説明することを心掛けた。また，章の冒頭に「ポイント」を設けて各章の要旨を記載するとともに，特に会計編では，実務において判断に迷うことの多い論点などについて「コラム」を設けてより詳細に解説した。さらに，公益法人の財務諸表と定期提出書類についての事例を掲載して，随時参照でき

るようにした。

　本書が，一般法人・公益法人に携わる役員や実務担当者の皆様，公認会計士や税理士などの専門家の皆様，行政庁その他の関係者の皆様，これから一般法人・公益法人の学習を始めようとしている皆様のための理解の一助となり，新制度移行後の法人運営などに少しでもお役立て頂ければ幸いである。

　なお，本書は，制度編と会計編を太陽有限責任監査法人，税務編を太陽グラントソントン税理士法人がそれぞれ分担し，一般法人・公益法人の会計監査，税務業務に携わっている公認会計士と税理士などによって執筆・編集された。執筆者は，巻末に記載の通りであるが，他に，編集方針・校正などについて太陽有限責任監査法人の鈴木教夫，田尻慶太，石井雅也，尾川克明各パートナー，山上友一郎マネジャーの協力を得た。

　最後に，本書の出版にあたり，多大なご尽力をいただいた同文舘出版株式会社の中島治久社長をはじめ市川良之氏，新堀博子氏に心から御礼申し上げたい。

　平成 26 年 12 月

太陽有限責任監査法人

太陽グラントソントン税理士法人

執筆者一同

目　次

───【第 Ⅰ 部・制 度 編】───

第1章　制度の概要 ……………………………… 3

1 公益法人制度改革の背景 ………………………… 3

2 公益法人制度改革の概要 ………………………… 4

第2章　一般社団法人及び一般財団法人 …… 7

1 一般社団法人の特徴 ……………………………… 7

2 一般社団法人の設立 ……………………………… 9

  1. 一般社団法人の名称と成立 …………………… 9

  2. 一般社団法人の設立の流れ …………………… 10

  3. 一般社団法人の定款の記載事項 ……………… 11

  4. 一般社団法人の機関の特徴 …………………… 13

  5. 一般社団法人の機関設計 ……………………… 14

3 社　員 …………………………………………… 15

  1. 社員の地位 ……………………………………… 15

  2. 社員の退社 ……………………………………… 15

  3. 社員の除名 ……………………………………… 16

4 社員総会 ………………………………………… 16

  1. 社員総会の地位 ………………………………… 16

  2. 社員総会の種類 ………………………………… 18

3. 社員総会の招集権者 ·· 18

4. 社員総会の招集の決定と通知 ·· 19

5. 社員総会参考資料及び議決権行使書面の交付 ················· 21

6. 社員提案権 ··· 22

7. 社員総会の決議 ·· 24

8. 社員総会の議決権 ·· 26

9. 議決権の行使に係る書面の備え置き ································ 28

10. 社員総会における理事等の説明義務 ································ 28

11. 社員総会の議長 ··· 29

12. 社員総会に提出された資料等の調査 ································ 29

13. 社員総会の決議の省略 ·· 30

14. 社員総会への報告の省略 ··· 31

15. 社員総会の議事録 ·· 31

16. 社員総会の決議の瑕疵 ·· 34

5 社員総会以外の機関の設置 ··· 36

1. 理事会，監事又は会計監査人の機関設置 ························· 36

2. 監事又は会計監査人の設置義務 ······································ 36

3. 役員等の選任及び解任 ·· 37

4. 役員等の資格等 ··· 37

5. 役員に欠員が生じた場合の措置 ······································ 38

6. 役員等の責任 ·· 38

6 理 事 ·· 39

1. 理事の地位 ··· 39

2. 理事の任期 ··· 39

3. 一般社団法人の代表理事 ··· 40

4. 代表理事に欠員が生じた場合の措置 ································ 40

5. 表見代表理事 ·· 41

6. 忠実義務 ·· 41

7. 競業及び利益相反取引の制限 ··· 41

8. 理事の報告義務 ·· 42
9. 業務の執行に関する検査役の選任 ····················· 42
10. 理事の行為の差止め ·· 43
11. 理事の報酬等 ·· 43

7 理 事 会 ·· 43
1. 理事会の権限等 ·· 43
2. 内部統制システムの体制整備 ······························ 44
3. 理事会設置の一般社団法人の理事の権限 ··········· 45
4. 理事の職務執行の状況報告 ···································· 46
5. 理事会の種類 ·· 46
6. 理事会の招集権者 ··· 47
7. 理事会の招集の決定と通知 ···································· 47
8. 理事会の決議と議決権 ·· 48
9. 理事会の決議の省略 ·· 48
10. 理事会への報告の省略 ·· 49
11. 理事会の議事録等 ··· 49
12. 理事会の決議の瑕疵 ·· 50

8 監 事 ·· 51
1. 監事の機関としての意義 ·· 51
2. 監事の設置義務 ·· 52
3. 監事の選任 ··· 53
4. 監事の任期 ··· 54
5. 監事の解任 ··· 55
6. 監事の資格等 ·· 56
7. 監事による法人代表 ·· 56
8. 監事の報酬等 ·· 57
9. 監事の職務と権限 ··· 58
10. 監事の義務等 ·· 59
11. 監事の監査報告 ·· 61

9 会計監査人 …………………………………………………… 63

1. 会計監査人の機関としての意義 ……………………………… 63
2. 会計監査人の設置義務 ………………………………………… 63
3. 会計監査人の資格等 …………………………………………… 64
4. 会計監査人の選任 ……………………………………………… 66
5. 会計監査人の任期 ……………………………………………… 66
6. 会計監査人の解任 ……………………………………………… 67
7. 会計監査人の退任及び辞任 …………………………………… 68
8. 会計監査人の職務と権限 ……………………………………… 68
9. 会計監査人の義務等 …………………………………………… 69
10. 会計監査人の報酬等 …………………………………………… 71
11. 会計監査人の監査報告 ………………………………………… 71

10 一般財団法人の特徴 ……………………………………… 74

11 一般財団法人の設立 ……………………………………… 75

1. 一般財団法人の名称と成立 …………………………………… 75
2. 一般財団法人の設立の流れ …………………………………… 76
3. 一般財団法人の定款の記載事項 ……………………………… 77
4. 一般財団法人の機関設計 ……………………………………… 79

12 評 議 員 ………………………………………………… 80

1. 評議員の地位 …………………………………………………… 80
2. 評議員の選任及び解任 ………………………………………… 80
3. 評議員の資格等 ………………………………………………… 80
4. 評議員の任期 …………………………………………………… 81
5. 評議員に欠員が生じた場合の措置 …………………………… 81
6. 評議員の報酬等 ………………………………………………… 82

13 評議員会 …………………………………………………… 82

1. 評議員会の地位 ………………………………………………… 82
2. 評議員会による役員等の選任及び解任 ……………………… 83
3. 評議員会の種類 ………………………………………………… 83

4. 評議員会の招集権者 ································· 84

5. 評議員会の招集の決定と通知 ····················· 85

6. 評議員提案権 ································· 86

7. 評議員会の決議 ································· 87

8. 評議員会の議決権 ································· 89

9. 評議員会における理事等の説明義務 ················· 89

10. 評議員会に提出された資料等の調査 ················· 90

11. 評議員会の決議の省略 ························· 90

12. 評議員会への報告の省略 ······················ 91

13. 評議員会の議事録 ··························· 92

14. 評議員会の決議の瑕疵 ························ 94

15. 評議員及び評議員会以外の機関の設置 ············· 96

14 一般社団法人及び一般財団法人の罰則及び過料 ······ 97

第3章 公益社団法人及び公益財団法人 ··· 103

1 公益法人の特徴 ······························· 103

2 公益法人としてのメリットとデメリット ··········· 105

1. 公益法人であることのメリット ················· 105

2. 公益法人であることのデメリット ··············· 105

3 公益法人に認定されるための公益目的事業 ········· 107

1. 公益目的事業の定義 ························ 107

2. 公益目的事業の種類 ························ 108

3. 公益目的事業の事業区分と事業の例 ············· 109

4. 事業区分に該当しない事業についてのチェックポイント ··· 115

4 公益認定の基準 ······························· 116

1. 法人の主たる目的 ·························· 119

2. 経理的基礎及び技術的能力 ··················· 119

3. 法人の関係者への特別の利益 ················· 121

4. 営利事業を営む者等への特別の利益 …………………… 122

5. 投機的な取引を行う事業 ………………………………… 123

6. 公益目的事業の収入（収支相償の原則）………………… 123

7. 公益目的事業の実施に支障を及ぼすおそれ …………… 124

8. 公益目的事業比率 ………………………………………… 124

9. 遊休財産額の保有の制限 ………………………………… 125

10. 理事と特別の関係がある者 ……………………………… 126

11. 他の同一の団体の関係者 ………………………………… 127

12. 会計監査人の設置 ………………………………………… 129

13. 役員等の報酬等の支給基準 ……………………………… 130

14. 社員の資格得喪に関する条件 …………………………… 131

15. 他の団体の意思決定に関与することができる財産 ……… 133

16. 不可欠特定財産 …………………………………………… 135

17. 公益目的取得財産残額の贈与 …………………………… 136

18. 残余財産の帰属先 ………………………………………… 138

5 公益認定における欠格事由 …………………………… 139

6 寄付の募集に関する禁止行為 ………………………… 140

7 公益目的事業財産 ……………………………………… 141

8 定期提出書類の作成及び情報開示 …………………… 143

1. 事業計画書等の提出及び公開 …………………………… 143

2. 事業報告等の提出及び公開 ……………………………… 144

3. 定期提出書類の閲覧 ……………………………………… 146

4. 定期提出書類の内容 ……………………………………… 147

9 変更認定及び届出 ……………………………………… 153

1. 公益法人の変更認定及び届出 …………………………… 153

2. 変更の認定を要する事項 ………………………………… 154

3. 変更認定に必要な書類及び記載内容 …………………… 156

4. 変更の届出を要する事項 ………………………………… 160

5. 変更届出に必要な書類及び記載内容 …………………… 162

|10| 公益法人の監督 ………………………………………… 164

|11| 公益法人の罰則及び過料 ………………………………… 169

第4章　登記事項 ……………………………………… 171

|1| 設立時の登記 ……………………………………………… 171

　1.　一般社団法人の設立の登記 …………………………… 171

　2.　一般財団法人の設立の登記 …………………………… 173

|2| 変更時の登記事項 ………………………………………… 175

─────【第 II 部・会 計 編】─────

第1章　公益法人会計の概要 ……………………… 183

|1| 公益法人会計基準の変遷 ………………………………… 183

|2| 平成 20 年基準設定の趣旨 ……………………………… 184

　1.　平成 16 年改正基準への改正の経緯 ………………… 184

　2.　平成 16 年改正基準から平成 20 年基準への改正の趣旨 …… 185

|3| 適用の時期，範囲及び要否 ……………………………… 185

　1.　平成 20 年基準と平成 16 年改正基準の適用の可否 ……… 185

　2.　公益法人会計基準の変遷と現在までの適用の可否 ……… 186

第2章　公益法人会計基準総則 …………………… 189

|1| 一般原則 …………………………………………………… 189

　1.　真実性と明瞭性の原則 ………………………………… 190

　2.　正規の簿記の原則 ……………………………………… 190

3. 継続性の原則 ……………………………………………… 190

4. 重要性の原則 ……………………………………………… 191

2 事業年度 ………………………………………………………… 192

3 会計区分 ………………………………………………………… 193

1. 会計単位と会計区分 ……………………………………… 193

2. 会計区分相互間の取引と会計処理及び開示 …………… 195

3. 支部会計 …………………………………………………… 195

第3章 財務諸表等 …………………………………… 197

1 財務諸表の体系 ………………………………………………… 197

2 貸借対照表 ……………………………………………………… 198

1. 貸借対照表の区分 ………………………………………… 198

2. 正味財産の内容と基本財産及び特定資産の関係 ………… 201

3 正味財産増減計算書 …………………………………………… 202

1. 正味財産増減計算書の区分 ……………………………… 203

4 貸借対照表内訳表及び正味財産増減計算書内訳表 … 211

1. 貸借対照表内訳表 ………………………………………… 211

2. 正味財産増減計算書内訳表 ……………………………… 214

5 キャッシュ・フロー計算書 ………………………………… 215

1. 作成義務の有無 …………………………………………… 215

2. キャッシュ・フロー計算書における資金の範囲 ………… 216

3. キャッシュ・フロー計算書の内容 ……………………… 217

4. キャッシュ・フロー計算書の区分 ……………………… 217

6 財務諸表の注記 ………………………………………………… 222

1. 財務諸表の注記とは ……………………………………… 222

2. 公益法人会計に特有の注記事項と様式 ………………… 224

7 附属明細書 ……………………………………………………… 227

1. 附属明細書の構成 ………………………………………… 227

2. 附属明細書の様式 ·· 228

8 財産目録 ·· 229

1. 財産目録の位置付け ·· 229

2. 財産目録の様式 ·· 229

第4章 財務諸表の主要な勘定科目及び会計処理 ············ 235

1 公益法人会計における貸借対照表に特有な
勘定科目と会計処理等 ·· 235

1. 基本財産 ·· 235

2. 特定資産 ·· 240

3. その他固定資産 ·· 242

4. 正味財産 ·· 244

2 公益法人会計における正味財産増減計算書に
特有な勘定科目と会計処理等 ····································· 253

1. 正味財産増減計算書における会計区分 ····················· 253

2. 収益の会計区分ごとの集計方法 ····························· 254

3. 費用の会計区分ごとの集計方法 ····························· 256

3 その他の公益法人会計に特有な会計処理等 ··········· 259

1. 他会計振替額と他会計との貸借勘定 ······················· 259

2. 補助金等の会計 ·· 268

3. 税効果会計 ·· 270

4. 固定資産の減損会計 ·· 276

第5章 収支予算書 ··· 283

1 収支予算書の位置付け ·· 283

2 収支予算書の様式等 ·· 284

第6章 公益法人の提出書類
（公益認定申請書類と定期提出書類）… 287

1 定期提出書類等の作成 ……………………………… 287
  1. 公益法人に求められる提出書類 ………………………… 287
  2. 公益認定後，継続的に提出が必要となる定期提出書類 …… 288
  3. 定期提出書類作成のための体制の整備 ………………… 289
2 認定申請上の事業区分と平成20年基準の会計区分 290
3 公益財務計算の流れ ………………………………… 291
  1. 収支相償の計算 ………………………………………… 291
  2. 公益目的事業比率の計算 ……………………………… 298
  3. 遊休財産額の計算 ……………………………………… 299

第7章 移行法人の定期提出書類 ………… 307

1 移行法人における定期提出書類 …………………… 307
  1. 公益目的支出計画 ……………………………………… 307
  2. 定期提出書類の提出等 ………………………………… 307
  3. 公益目的支出計画実施報告書の作成 ………………… 308
2 公益目的財産額 ……………………………………… 309
  1. 公益目的財産額とは …………………………………… 309
  2. 公益目的支出計画における公益目的支出の額 ………… 309
  3. 公益目的支出計画における実施事業収入の額 ………… 310
  4. 公益目的財産残額 ……………………………………… 311
3 公益目的支出計画の変更 …………………………… 312
  1. 変更の認可を受けることが必要な場合 ……………… 312
  2. 変更の届出を行うことが必要な場合 ………………… 313

────【第 Ⅲ 部・税 務 編】────

第 1 章 法 人 税 ……………………………………………… 317

1 法人の区分 ……………………………………………… 317
1. 一般社団法人・一般財団法人 ……………………… 317
2. 公益法人 …………………………………………… 321

2 収益事業の範囲 ………………………………………… 321

3 所得計算の特則 ………………………………………… 329
1. 区分経理 …………………………………………… 329
2. みなし寄附金 ……………………………………… 335

4 課税所得の範囲の変更等 ……………………………… 339
1. 特定普通法人が公益法人等に移行する場合 ……… 339
2. 非営利型の一般社団法人・一般財団法人及び
   公益法人が普通法人に移行する場合 ……………… 341

5 申告及び納付 …………………………………………… 346

第 2 章 寄附金税制 ……………………………………… 349

1 個人が支出する寄附金 ………………………………… 349
1. 寄附金控除 ………………………………………… 349
2. 公益社団法人等寄附金特別控除 ………………… 350
3. 地 方 税 …………………………………………… 352

2 法人が支出する寄附金 ………………………………… 352
1. 特定公益増進法人への寄附 ……………………… 352
2. 指定寄附金 ………………………………………… 353

3　個人が一定の公益法人等に対して財産を寄附した
　場合の譲渡所得等の非課税の特例 ……………………… 354
　1. 概　要 ………………………………………………… 354
　2. 公益法人等の範囲 …………………………………… 354
　3. 非課税承認の要件 …………………………………… 355
　4. 相続税等の不当減少についての判定 ……………… 355
　5. 手　続 ………………………………………………… 356
　6. 非課税承認の取消し ………………………………… 356

4　個人が一定の公益法人等に対して相続財産を
　贈与した場合等の相続税の非課税の特例 …………… 357
　1. 概　要 ………………………………………………… 357
　2. 公益法人等の範囲 …………………………………… 358
　3. 不当減少についての判定 …………………………… 358
　4. 手　続 ………………………………………………… 359
　5. 非課税要件を満たさなくなった場合 ……………… 359

第3章　消費税 …………………………………………… 361

1　消費税の概要 ………………………………………… 361
　1. 消費税とは …………………………………………… 361
　2. 納税義務者 …………………………………………… 361
　3. 消費税の課税期間 …………………………………… 362
　4. 申告及び納付 ………………………………………… 363
　5. 消費税の計算 ………………………………………… 364
　6. 消費税法の改正の動向 ……………………………… 366

2　公益法人等の特例 …………………………………… 366
　1. 特例制度の概要 ……………………………………… 366
　2. 仕入控除税額の計算の特例 ………………………… 367

第 4 章 源泉所得税 ……………………………… 373

1 利子等及び配当等に係る課税関係 ………………… 373
2 公益社団法人及び公益財団法人の取扱い …………… 373
3 一般社団法人及び一般財団法人の取扱い …………… 374

第 5 章 その他の税金 ……………………………… 377

1 国　税 ……………………………………………… 377
　1. 印 紙 税 ………………………………………… 377
　2. 登録免許税 ……………………………………… 379
2 地 方 税 …………………………………………… 382
　1. 法人事業税 ……………………………………… 382
　2. 法人住民税 ……………………………………… 384
　3. 不動産取得税 …………………………………… 387
　4. 固定資産税（都市計画税）……………………… 387
　5. 事業所税 ………………………………………… 388

付録　事　例 ……………………………………………… 391

〈コラム〉

公益法人会計基準（平成 20 年基準）における公益法人について ‥‥‥ 188

過年度修正項目について ‥‥‥‥‥‥‥‥‥‥‥‥‥‥‥‥‥‥‥ 205

内訳表上の会計区分ごとの期首，期末残高の記載方法について ‥‥‥ 210

移行法人における貸借対照表内訳表の作成について ‥‥‥‥‥‥‥ 214

平成 16 年改正基準及び平成 20 年基準における財務諸表等について ‥‥ 233

基本財産の管理運用，会計処理について ‥‥‥‥‥‥‥‥‥‥‥‥ 239

特定資産の管理運用について ‥‥‥‥‥‥‥‥‥‥‥‥‥‥‥‥‥ 243

指定正味財産を財源とする有価証券及び固定資産に関する会計処理について ‥‥ 251

事業費と管理費について ‥‥‥‥‥‥‥‥‥‥‥‥‥‥‥‥‥‥‥ 257

「他会計振替額」と「他会計との貸借勘定」の会計処理について ‥‥‥ 261

法人会計から収益事業等会計への振替えについて ‥‥‥‥‥‥‥‥ 264

収益事業等会計から公益目的事業会計への利益の繰入れについて ‥‥ 266

返還義務がある補助金等の会計処理について ‥‥‥‥‥‥‥‥‥‥ 269

公益法人会計におけるリース会計について ‥‥‥‥‥‥‥‥‥‥‥ 274

公益法人会計における退職給付会計について ‥‥‥‥‥‥‥‥‥‥ 280

収支予算書の作成について ‥‥‥‥‥‥‥‥‥‥‥‥‥‥‥‥‥‥ 285

収支相償にするには（黒字の場合）‥‥‥‥‥‥‥‥‥‥‥‥‥‥‥ 296

立入検査の対応について ‥‥‥‥‥‥‥‥‥‥‥‥‥‥‥‥‥‥‥ 306

〔凡例〕

正式名称	略記（本文）	略記（条文）
一般社団法人及び一般財団法人に関する法律	一般法人法	一般法
一般社団法人及び一般財団法人に関する法律施行令	一般法人法令	一般法令
一般社団法人及び一般財団法人に関する法律施行規則	一般法人法施行規則	一般法規則
公益社団法人及び公益財団法人の認定等に関する法律	公益法人認定法	認定法
公益社団法人及び公益財団法人の認定等に関する法律施行令	公益法人認定法施行令	認定法令
公益社団法人及び公益財団法人の認定等に関する法律施行規則	公益法人認定法施行規則	認定法規則
一般社団法人及び一般財団法人に関する法律及び公益社団法人及び公益財団法人の認定等に関する法律の施行に伴う関係法律の整備等に関する法律	整備法	整備法
一般社団法人及び一般財団法人に関する法律及び公益社団法人及び公益財団法人の認定等に関する法律の施行に伴う関係法律の整備等に関する法律施行規則	整備法施行規則	整備法規則
公益認定等に関する運用について（公益認定等ガイドライン）平成20年4月（平成25年1月改定）内閣府公益認定等委員会	公益認定等ガイドライン	公益認定等ガイドライン
公益法人会計基準 公益法人等の指導監督等に関する関係省庁連絡会議申合せ	平成16年改正基準	平成16年改正基準
公益法人会計基準の運用指針について 公益法人等の指導監督等に関する関係省庁連絡会議申合せ	平成16年改正基準の運用指針	平成16年改正基準の運用指針
公益法人会計基準 内閣府公益認定等委員会	平成20年基準	平成20年基準

正式名称	略記（本文）	略記（条文）
公益法人会計基準注解 内閣府公益認定等委員会	平成20年基準 注解	平成20年基準 注解
「公益法人会計基準」の運用指針 内閣府公益認定等委員会	平成20年基準 の運用指針	平成20年基準 の運用指針
公益法人会計基準に関する実務指針 （非営利法人委員会報告第28号） 日本公認会計士協会	実務指針（第28号）	実務指針（第28号）
公益法人会計基準に関する実務指針 （その2） （非営利法人委員会報告第29号） 日本公認会計士協会	実務指針（その2） （第29号）	実務指針（その2） （第29号）
公益法人会計基準に関する実務指針 （その3） （非営利法人委員会報告第31号） 日本公認会計士協会	実務指針（その3） （第31号）	実務指針（その3） （第31号）
公益法人会計基準に関する実務指針 （その4） （非営利法人委員会報告第32号） 日本公認会計士協会	実務指針（その4） （第32号）	実務指針（その4） （第32号）
新たな公益法人制度への移行等に関する よくある質問（平成23年9月版 内閣府）	FAQ	FAQ
法人税法	—	法税法
法人税法施行令	—	法税法令
法人税法施行規則	—	法税法規則
法人税法基本通達	—	法税基通
所得税法	—	所税法
所得税法施行令	—	所税法令
消費税法	—	消税法
消費税法施行令	—	消税法令
消費税法基本通達	—	消税基通

正式名称	略記（本文）	略記（条文）
印紙税	―	印税法
印紙税法基本通達	―	印税基通
登録免許税法	―	登税法
地方法人税法	―	地法税法
地方税法	―	地税法
租税特別措置法	―	租特法
租税特別措置法施行令	―	租特法令
租税特別措置法施行規則	―	租特法規則
東日本大震災からの復興のための施策を実施するために必要な財源の確保に関する特別措置法	―	復興財源特別措置法

条文の符号は，以下の通りとする。

　　　1，2： 　条を示す。

　　　①，②： 　項を示す。

　　　一，二： 　号を示す。

＜例＞

　　　一般社団法人及び一般財団法人に関する法律第 38 条第 1 項第 1 号

　　　　　： 　一般法 38 ①一

第 I 部

制 度 編

第1章　制度の概要

> **<ポイント>**
>
> 　現行の公益法人制度は，公益法人制度改革の結果，いわゆる「公益法人制度改革関連3法」が平成20年12月1日に施行されたことにより始まったものである。旧「公益法人制度」において存在していた社団法人及び財団法人は，施行日において「特例民法法人」となったが，公益社団法人及び公益財団法人への認定の申請，一般社団法人及び一般財団法人への認可の申請のための経過措置期間が平成25年11月30日に満了し，現行の公益法人制度が本格的に稼働を開始した。
>
> 　まずは，現行の公益法人制度の概要について，本章において解説する。

1　公益法人制度改革の背景

　旧公益法人制度は，明治29年の民法制定以来，100年以上の長きにわたり，我が国における公益法人の発展に重要な役割を果たしてきた。しかしながら，主務官庁による管理・監督を前提とした制度であり，法人の設立から運営に至るまで主務官庁の裁量の余地が大きく，制度としての透明さ，公平さに欠けるなどの指摘がなされてきた。また，公益法人を利用した不公正な取引の存在などから，公益法人におけるガバナンスの不備が指摘されるようになった。

　このような問題点に対処し，制度としての透明性を確保するとともに，公益法人のガバナンスの充実をはかり，合わせて今後の我が国における経済社会を広く担うことが期待される民間による公益活動の発展と支援を目的として，抜本的な公益法人制度の改革がなされるに至った。

2 公益法人制度改革の概要

　公益法人制度改革により，平成18年6月2日に次の3つの法律が公布され，平成20年12月1日から施行された。これが，いわゆる「公益法人制度改革関連3法」である。

---

(1) 一般法人法：
　　『一般社団法人及び一般財団法人に関する法律』

(2) 公益法人認定法：
　　『公益社団法人及び公益財団法人の認定等に関する法律』

(3) 整備法：
　　『一般社団法人及び一般財団法人に関する法律及び公益社団法人及び
　　公益財団法人の認定等に関する法律の施行に伴う関係法律の整備等に
　　関する法律』

　旧公益法人制度では，非営利活動を行う者などが法人を設立する場合，主務官庁の許可を得る必要があり，その活動の公益性についても，主務官庁の判断を仰ぐ必要があった。そのため，その許可が得られない限り，法人格の取得そのものができなかった。これに対して，現行制度では，一般法人法に従った一定の手続を経れば基本的に誰でも法人の設立が認められる準則主義が採られ，会社法に基づく株式会社等の設立と同様に，簡便かつ短期間での一般社団法人又は一般財団法人の設立が可能となった。

　他方，公益法人については，一般社団法人又は一般財団法人の中から，公益認定等の基準を満たした法人が，行政庁（内閣府公益認定等委員会，都道府県の場合は合議制の機関）から認定を受けることにより公益社団法人又は公益財団法人となることができるようになった。

このように現行制度では，法人格の取得と公益認定とが切り離されるとともに，法人の管理運営面における規定が整備され，法人の拠るべき規範が明確になった。また，法人自身による自主的な管理と運営を行うための諸制度が多く取り入れられ，特に機関設計については，その選択の幅を広げるとともに，ガバナンスの充実が図られた。

さらに，税制面では，公益法人に対しては，公益目的事業非課税やみなし寄付金制度，利子・配当等に対する源泉所得税非課税等，広く税制上の優遇措置が取られるとともに，公益法人ではない一般社団法人又は一般財団法人に対しても，非営利型の法人については，収益事業課税となるなどの一部税制上の優遇措置が取られている。

公益法人制度改革の概要については，行政改革推進本部事務局「公益法人制度改革の概要」（パンフレット）に解説があるため，参考にされたい。なお，概要は，次のとおりである。

6　第Ⅰ部　制度編

図表 1-1　公益法人制度改革の概要

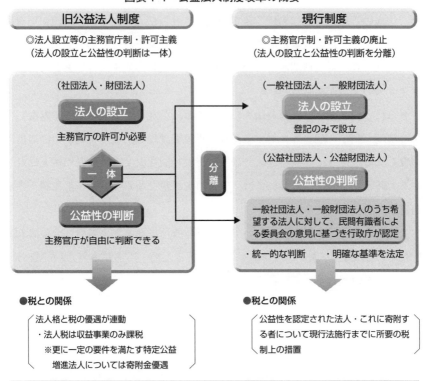

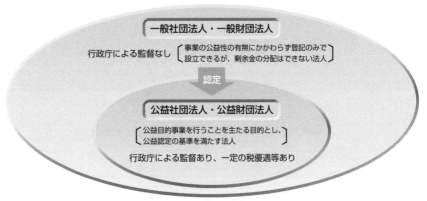

（出典）行政改革推進本部事務局「公益法人制度改革の概要」（パンフレット）を一部加筆修正

第2章 一般社団法人及び一般財団法人

<ポイント>

　一定の目的のために結合した人の集合体（社団）に法人格が付与されたものが社団法人であり，一定の目的のために結合された財産の集合体（財団）に法人格が付与されたものが財団法人である。社団法人には，一般社団法人と公益社団法人とがあり，財団法人には，一般財団法人と公益財団法人とがある。

　一般社団法人又は一般財団法人は，一般法人法に従った一定の手続を経れば基本的に誰でも設立することができる。また，一般社団法人又は一般財団法人の中で公益認定等の基準を満たした法人が，行政庁から認定を受けることにより公益社団法人又は公益財団法人となることができる。

　本章では，一般社団法人及び一般財団法人について，その特徴，設立及び機関について解説する。

1　一般社団法人の特徴

　一般社団法人は，「一般社団法人及び一般財団法人に関する法律」に基づいて設立された法人である。いわゆる人の集合体に法人格が付与されたものということができる。

　一般社団法人には，次のような特徴がある。

▶簡易な設立手続

① 設立に際して主務官庁の認可を得る必要はなく，登記申請のみで設立することができる。

② 株式会社のように公証役場での定款認証と法務局での登記手続のみで設立することが可能であり，設立時社員も，最低2名いればよい。

③ 設立時に資本金にあたる金銭等の支出が求められない。

▶自主的な運営が可能

① 設立登記のみで成立し，行政庁による監督を受けないため，自主的で身軽な運営が可能となる。

② 法人として最低限，社員，社員総会及び理事のみ設置すればよく，理事会，監事及び会計監査人の設置は任意となっている。ただし，貸借対照表の負債の合計額が200億円以上の一般社団法人（大規模一般社団法人）においては，会計監査人の設置（及びそれに伴う監事の設置）が必須となる。

▶様々な事業に活用可能

事業目的の規制がないため，他の法律で禁止されない限りは，事業の種類に制限はなく，また，事業内容に公益性も求められていない。そのため，「公益事業」はもとより，構成員に共通する利益を追求する「共益事業」だけでなく，営利会社（株式会社等）のような自己の利益を追求する「収益事業」についても営むことができる。

ただし，法人の剰余金を社員や役員等に分配することは認められていない。

▶税制上のメリット

① 公益性のある事業を行っている一般社団法人においては，「公益社団法人」の認定を受けることにより，公益目的事業非課税やみなし寄付金制度，利子・配当等に対する源泉所得税非課税等，広く税制上の優遇措置が取られている。

② 「公益社団法人」とはならなくても「一般社団法人」は，定款の内容や理事に関する規制等を満たすことにより「非営利型法人」として収益事業についてのみ課税される法人になることができる。

＊ 非営利型法人については，「税務編 第1章 $\boxed{1}$ 1. 一般社団法人・一般財団法人」（P.317）参照のこと。

$\boxed{2}$ 一般社団法人の設立

1. 一般社団法人の名称と成立

一般社団法人は，主たる事務所所在地において設立登記を行うことにより成立する（一般法22）。その際，名称には，一般社団法人という文字を用いる必要がある（一般法5①）。なお，公益社団法人の場合においても，名称中に公益社団法人という文字を用いなければならないとされている（認定法9③）。このように，他の法人であると誤認させる可能性のある名称等の使用を禁止することで，一般公衆の名称に対する信頼を保護し，違反した場合の罰則なども規定されている（一般法6，7，8）。

2. 一般社団法人の設立の流れ

一般社団法人の設立の流れを図に示すと，次のとおりである。

図表 2-1　一般社団法人の設立までの流れ

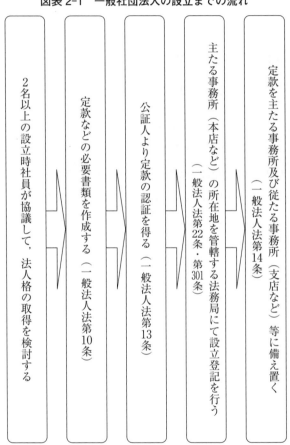

　一般社団法人を設立するには，社員になろうとする者（設立時社員）が2名以上で共同で定款を作成し，全員が署名又は記名押印をすることが必要である（一般法10①）。このとき，定款は電磁的記録*で作成することが認められており（一般法10②），署名又は記名押印は，電子署名となる（一般法規則90①）。

＊　一般法人法において電磁的記録とは，電子的方式，磁気的方式その他人の知覚によっては認識することができない方式で作られる記録であって，電子計算機による情報処理の用に供されるものとして法務省令で定めるものと規定されている（一般法10②カッコ書）。

また，「電子署名」は，電磁的記録に記録することができる情報について行われる措置として，次の要件をともに満たすことが求められる（一般法施行規則90②）。

（ア）　記録した情報が措置を行った者の作成に係るものであることを示すためのものであること（一般法施行規則90②一）

（イ）　記録した情報について改変が行われていないかどうかを確認することができるものであること（一般法施行規則90②二）

3.　一般社団法人の定款の記載事項

▶定款の重要性

「定款」とは，法人において組織や運営などに関するルールを定めたものであり，いわば「法人における憲法」に相当するものである。

公益法人制度改革前においては，定款の変更は主務官庁の認可が必要であり，法人がその内容を自主的に決めることができなかった。

しかしながら，制度改革により自主的な法人運営がより強く求められるようになり，それを支えるものとして定款が位置付けられることとなった。現行の公益法人制度下においては，法令の規定に適合する限り，法人は定款を自主的に定めることができ，変更も原則として届出のみで可能となった。

法人が自らの実情にあった定款を作成することは，円滑な法人運営を行う上において，非常に重要である。

定款の記載事項は，その効果の違いにより大きく次の3つに分類される。

▶絶対的記載事項

絶対的記載事項とは，法律の規定により，定款に必ず記載しなければならない事項である。いずれかの記載が欠けている場合は，定款自体が無効となる。

一般法人法では，一般社団法人について，次の事項が絶対的記載事項として記載又は記録することが求められている（一般法11①）。

① 目的

② 名称

③ 主たる事務所の所在地

④ 設立時社員の氏名又は名称及び住所

⑤ 社員の資格の得喪に関する規定

⑥ 公告方法

⑦ 事業年度

▶相対的記載事項

相対的記載事項とは，法律の規定により，定款の定めがなければその効力が生じない事項である（一般法12）。

一般法人法では，一般社団法人について，次のような事項が相対的記載事項として規定されている。

① 社員の経費支払義務（一般法27）

② 社員提案権の行使期間及び議決権割合（一般法43～45）

③ 理事会，監事又は会計監査人の設置（一般法60②）

④ 理事及び監事の任期の短縮（一般法66，67）

⑤ 理事及び監事の報酬等（一般法89，105）

⑥ 理事会の決議の省略（一般法96）

⑦ 外部役員等の責任限定契約（一般法115）

▶任意的記載事項

任意的記載事項とは，絶対的記載事項，相対的記載事項以外の事項で法律の規定に違反しない事項である（一般法12）。法人が任意に定款に記載した事項であり，定款に記載をしなくとも定款自体の効力には影響はしないが，定款に記載した場合には，その変更に定款変更手続が必要となり，法人の方針を対外的・対内的に明確にすることができる。

一般法人法では，次のような事項が規定されている。

① 社員総会の招集の決定（一般法38①）

② 社員総会の議長（一般法54①一）

③ 役員等の員数（一般法60①，61，65③）

なお，社員に剰余金又は残余財産の分配を受ける権利を与える旨を定款で定めたとしても無効となる（一般法11②）。

4. 一般社団法人の機関の特徴

　一般社団法人（及び公益社団法人）は，人の集合体に法人格が付与されたものとされる。株式会社も，出資者たる社員（株主）により構成された法人であるため，その意味では，株式会社も社団法人の一種といえよう。ただし，株式会社が営利を目的とするのに対して，一般社団法人（及び公益社団法人）は非営利の活動を主たる目的としており，両者には，法人が蓄積した剰余金を出資者に分配できるか否かの違いがある。

　また，一般社団法人（及び公益社団法人）の社員には，株式会社の株主のような法人に対する持分はなく，議決権も原則として1人1議決権とされており，保有する株式の内容及び数に応じ，原則として株主が議決権を有する株式会社とは異なっている（ただし，すべての株式の譲渡を制限している株式譲渡制限会社においては，定款で定めることにより，議決権について株主ごとに異なる取扱いが認められている（会社法105①，109②））。

　上記のとおり株式会社と異なる点はあるが，法人自身による自主的な管理と運営を目的の1つとして施行された一般法人法では，先に制度として運用がなされている会社法と機関設計，法人運営，役員の責任等について多くの類似する規定が見て取れる。社団法人と株式会社の主要な機関を比較すると次のとおりである。

14 第Ⅰ部 制度編

図表 2-2 社団法人と株式会社の主要な機関の比較

社団法人の機関		株式会社の機関
社員総会	⇔	株主総会
理事会	⇔	取締役会
理事	⇔	取締役
代表理事	⇔	代表取締役
監事	⇔	監査役
(監事会)＊	⇔	監査役会
会計監査人	⇔	会計監査人

＊監事会は，任意に設置されるもので，法律により定義された機関ではない。

5. 一般社団法人の機関設計

　一般法人法上，一般社団法人については，次の「図表 2-3」の 5 つの機関設計が認められている。また，公益社団法人は，理事会の設置が必須となるため，③か⑤のいずれかの機関設計となる。

図表 2-3 一般社団法人における機関設計

	社員総会	理事	理事会	監事	会計監査人
①	○	○	—	—	—
②	○	○	—	○	—
③	○	○	○	○	—
④	○	○	—	○	○
⑤	○	○	○	○	○

　一般社団法人の機関設計について一般法人法上，次のような規定がなされている。

① 　社員総会と理事は，必ず設置が必要となる（一般法 60 ①）。

② 　定款で定めた場合，理事会，監事及び会計監査人を設置することができる（一般法 60 ②）。ただし，大規模一般社団法人（負債総額が 200 億円以

上の一般社団法人）においては，会計監査人の設置が必要となるため（一般法62），④か⑤のいずれかの機関設計となる。

③　理事会又は会計監査人のいずれか又は両方を設置した場合には，監事の設置が必要となる（一般法61）。

上記のとおり，一般社団法人には多様な機関設計が認められており，社員総会と1名の理事という機関設計も可能である。実務的には定款の定めにより，理事会及び監事を設置する法人が多いと考えられる。

3 社　員

1. 社員の地位

社員は，社員総会の構成員であり，一般法人法において次の事項が規定されている。

①　経費支払義務（一般法27）

②　退社（一般法28，29）

③　除名（一般法30）

社員の資格の得喪は，定款の絶対的記載事項となっているが（一般法11①），一般法人法上，社員の資格を制限する規定はないため，当該法人が定款において任意に定めることとなり，自然人のみならず法人が社員になることも認められている。

なお，法人による経費支払義務は，定款の相対的記載事項であり，これを定めるか否かは，法人の判断に任されている。

2. 社員の退社

▶任意退社

一般社団法人では，社員は，いつでも退社することができるが，（一般法28①）社員の退社については，定款で別段の定めをすることも認められている（一般

法28①ただし書）。ただし，定款で別段の定めがある場合でも，やむをえない事由があるときには，社員は，いつでも退社することができるとされており（一般法28②），社員による退社の自由が法律で保障されている。

▶法定退社

次の事由が生じた場合は，社員は退社する（一般法29）。

(a) 定款で定めた事由の発生

(b) 総社員の同意

(c) 死亡又は解散

(d) 除名

3. 社員の除名

一般社団法人の社員の除名は，正当な事由があるときに限り，社員総会の決議によってすることができる（一般法30）。除名は，対象となる社員の地位を守るために，一般社団法人に対して，次のような規定が定められている。

(a) 除名に際しては正当な事由が必要なこと（一般法30①）

(b) 当該社員に対し，当該社員総会の1週間前までにその旨を通知すること（一般法30①）

(c) 社員総会において弁明の機会を与えること（一般法30①）

(d) 除名した社員にその旨を通知すること（一般法30②）

4 社員総会

1. 社員総会の地位

社員総会は，一般社団法人を構成する社員全員で組織される会議体であり，一般社団法人における必置の最上位機関（一般法35）である。株式会社でいう株主総会（会社法295）に相当する機関であり，一般社団法人の構成員たる社

員は，いずれも平等な地位にあるものとされ（一般法48①参照），法人の運営については，社員全員の総意によって決定される。

社員総会では，原則として一般社団法人に関する一切の事項（法律で規定されている事項，法人組織，運営，管理その他）について決議をすることができるが（一般法35①），法人が機関設計において理事会の設置を選択した場合には，社員総会が決議できる範囲は，一般法人法で規定された事項と定款で定めた事項に限定される（一般法35②）。

なお，社員総会で決議できる一般法人法で規定された事項については，「7.社員総会の決議」（P.24）で記載している。

すべての一般社団法人は，一般法人法の適用を受けるが，法人によってその規模は様々である。一般的に社員が少ない法人では，社員自らが運営に携わる機会が多く，社員と法人とが緊密な関係にある傾向が強い。反対に，社員が多い法人では，法人の権限の多くを理事や理事会に委ねることにより，より機動的かつ効率的な法人運営がしやすくなる反面，社員と法人との関係が希薄になりやすくなるため，決議すべき内容の社員への周知がより強く求められることとなる。このように法人における社員数の多寡や法人が求める管理水準あるいは法律上の要請等により，設置する機関と運営が変わり，社員総会の権限の範囲（決議すべき範囲）が異なってくる。

一般法人法では，法人が機関設計において理事会の設置を選択した場合には社員総会の決議事項の範囲を重要な事項に限定することにより，理事会による機動的でかつ効率的な法人運営を可能にしている。

社員総会の決議については，上記以外にも次のような制限が定められている。

① 最上位機関である社員総会の決議であっても，社員に剰余金を分配することは認められない（一般法35③）。

② 一般法人法において社員総会で決議することが求められている事項については，他の機関へ決議権限を委譲することが禁止され，たとえ定款で定めたとしても無効とされる（一般法35④）。

18 第Ⅰ部 制度編

2. 社員総会の種類

社員総会には，①定時社員総会，②臨時社員総会の2種類があるが，両者は，招集手続あるいは決議の方法などの点において，変わるところはない。

① 定時社員総会

定時社員総会とは，毎事業年度の終了後一定の時期に招集される社員総会をいう（一般法36①）。

なお「一定の時期」については，一般法人法において具体的な定めはなく，一般社団法人においては，事業年度の終了後，遅滞なく開催すればよい。実務的には，事業年度の終了後3ヶ月以内に開催するのが一般的である。

② 臨時社員総会

臨時社員総会とは，必要がある場合に招集される社員総会で，定時社員総会以外のすべての社員総会をいう（一般法36②）。

3. 社員総会の招集権者

一般法人法では，社員総会の招集は，原則として理事（理事会設置の場合は，理事会）が行うこととされているが（一般法36③），社員による議決権行使の機会を確保し，遅滞なく社員総会の開催を促すために，次のような社員による社員総会の招集を請求する権限が認められている。

▶社員による理事への社員総会の招集請求

① 総社員の議決権の1／10以上の議決権を有する社員には，理事に対して，社員総会の目的である事項及び招集の理由を示した上で，社員総会の招集を請求することが認められている（一般法37①）。

② 定款により①の比率は1／5まで引き上げることができる（一般法37①カッコ書）。

第2章　一般社団法人及び一般財団法人　19

▶社員自らによる社員総会の招集

　次の①，②の場合には，社員総会の招集を請求した社員は，当該請求に対して裁判所からの許可を得ることにより，自ら社員総会を招集することが認められている（一般法37②）。

　　①　理事が社員による請求後に招集手続を遅滞なく行わない場合
　　②　理事が社員による請求があった日から6週間以内の日を社員総会の開催日とする招集通知を出さない場合

4. 社員総会の招集の決定と通知

▶社員総会の招集の決定

　社員総会を招集する場合には，理事（理事会設置の場合は，理事会）は，次の事項を定める必要がある（一般法38）。

　　①　開催日時と開催場所（一般法38①一）
　　②　開催の目的である事項があるときは，その事項（一般法38①二）
　　③　社員総会に出席しない社員に書面による議決権行使を認めるときは，その旨（一般法38①三）
　　④　社員総会に出席しない社員に電磁的方法による議決権行使を認めるときは，その旨（一般法38①四）
　　⑤　上記以外で，法務省令で定める事項（一般法38①五）
　　(a)　書面又は電磁的方法による議決権行使を定めた場合（上記③又は④の場合）は，次に掲げる事項（一般法規則4一）
　　　(ア)　社員総会参考書類に記載すべき事項（一般法規則4一イ）
　　　(イ)　議決権行使の期限を定める場合には，その特定の時（社員総会の日時以前の時で，招集通知を発した日から2週間を経過した日以後の時に限る。）（一般法規則4一ロ，ハ）
　　(b)　代理人による議決権の行使（一般法50①）について，代理権（代理人の資格を含む。）を証明する方法，代理人の数その他代理人による議決権の行使に関する事項を定める場合（定款にその事項についての

定めがある場合を除く。）は，その事項（一般法規則 4 二）

(c) 上記(a)に規定する場合以外において，次の事項が社員総会の目的事項となっているときは，その事項に係る議案の概要（議案が確定していない場合は，その旨）（一般法規則 4 三）

(ア) 役員等（理事，監事又は会計監査人（一般法 111 ①））の選任

(イ) 役員等の報酬等（報酬，賞与その他の職務執行の対価として一般社団法人等から受ける財産上の利益（一般法 89））

(ウ) 事業の全部の譲渡

(エ) 定款の変更

(オ) 合併

▶社員総会の招集通知

理事は，社員に対して，社員総会の出席の機会と準備の期間を確保するため，社員総会の招集を原則として社員総会開催日の 1 週間前までに，各社員に通知する必要がある（一般法 39 ①本文）。

なお，次の例外規定が設けられている。

① 理事会を設置していない一般社団法人は，定款で期間を 1 週間より短くすることができる（一般法 39 ①カッコ書）。

② 社員総会を欠席する社員に，(ア)書面による議決権の行使を認める場合（書面投票），又は(イ)電磁的方法による議決権の行使を認める場合（電磁的投票）には，社員総会の日の 2 週間前までに通知を発送する必要がある（一般法 39 ①ただし書）。その際の通知は書面で行う（一般法 39 ②一）。

③ 理事会を設置している一般社団法人は，社員への通知を書面で行う（一般法 39 ②二）。

④ 理事は，上記②，③の書面による通知に代えて，電磁的方法で通知することができる（一般法 39 ③）。

　この場合，理事は，あらかじめ通知する社員等に対して，法人が用いている電磁的方法の種類及び内容を示して，書面又は電磁的方法による承諾を得なければならない（一般法令 1 ①一）。なお，電磁的方法の種類と内容

については，一般法人法施行規則に定められている（一般法規則 97）。

　理事会を設置していない一般社団法人では，その多くが社員の数が少ない小規模な法人であり，社員と法人が密接に関係し，社員自身が内部事情をあらかじめ把握している場合が少なくない。そのため，社員総会までの準備期間を1週間より短くしたとしても支障がない場合も多く，招集通知から決議までの期間の短縮とともに招集通知の手段も書面だけではなく，口頭又は電話ですることも認められたため，機動的な総会運営と意思決定を可能にした。

　一方，理事会を設置している一般社団法人では，その多くが社員の数が多い法人であり，法人運営を理事と理事会に委ねることにより，効率的な法人運営が可能となるが，反面，社員と法人との関係が希薄になりがちである。そこで，より多くの社員に社員総会への参加を促すとともに（上記②参照），日頃，法人運営から離れている社員に出席の機会と準備の時間を保障するため，会日の1週間前に招集通知の発送を理事会に求め，通知の方法も，より確実で通知の事実を記録として残すことのできる書面による方法が求められたと解することができる（上記③参照）。

▶招集手続の省略

　社員総会は，社員全員の同意があるときは，招集の手続を経ることなく開催することができる（ただし，社員に書面投票又は電磁的投票を認めていないことが前提となる。）（一般法 40）。

5. 社員総会参考資料及び議決権行使書面の交付

▶法人が議決権の行使方法として書面投票を採用した場合

　理事は，社員総会の招集通知において，議決権行使の参考として社員に対して次のものを交付しなければならない（一般法 41 ①）。

① 　議決権の行使の参考となる事項を記載した書類（社員総会参考書類）
② 　議決権を行使するための書面（議決権行使書面）

22 第Ⅰ部 制度編

▶法人が議決権の行使方法として電磁的投票を採用した場合

理事は，社員総会の招集通知において，社員に対して社員総会参考書類を交付しなければならない（一般法42①）。

ただし，電磁的方法による通知を承諾した社員に対しては，社員総会参考書類に記載すべき事項を電磁的方法により代用して提供することができるが（一般法42②本文），社員より書類での提供の要請があった場合には書面による交付が必要となる（一般法42②ただし書）。一方で，議決権行使書面については，必ず当該書面に記載すべき事項を電磁的方法により提供しなければならない（一般法42③）。

電磁的方法による通知を承諾していない社員から議決権行使書面に記載すべき事項の電磁的方法による提供要請があった場合には，直ちに提供する必要がある（一般法42④）。

6. 社員提案権

「社員提案権」とは，社員総会の機会を利用して，社員が一定の事項を社員総会の目的とするよう，要請又は提案する権利をいう。

社員総会の議題（社員総会の目的である事項）は，理事（理事会設置の場合は，理事会）が定めることとされているため（一般法38①二②），社員が社員総会において議題としたい事項が，必ずしも社員総会の議題として理事（又は理事会）が取り扱わない可能性がある。社員には，社員自身による社員総会の開催の機会が制度上用意されているが（一般法37②），手続的な簡便性と機動性から，一般法人法では，別途，社員に社員提案権が認められている。この社員提案権により，社員が社員総会に積極的に参加し，社員の意思を法人運営に反映しやすくなるため，社員総会の活性化が期待されている。

なお，社員提案権は，次の3つからなる。

① 議題提案権（一般法43）

② 議案提案権（一般法44）

③ 議案通知の請求権（一般法45）

第2章 一般社団法人及び一般財団法人 23

▶議題提案権

「議題提案権」とは，社員が理事に対して，一定の事項を社員総会の議題（社員総会の目的）とすることを請求できる権利をいう（一般法43①）。

例としては「理事選任の件」，「定款変更の件」などがある。ただし，「議題提案権」については，次の制限が設けられている（一般法43②）。

① 理事会を設置する一般社団法人では，議題提案権の行使が総社員の議決権の1／30以上（定款により引下げ可）の議決権を有する社員に限定されている。

② 当該社員は，社員総会の日の6週間前まで（定款により短縮可）に理事に請求する必要がある。

▶議案提案権

「議案提案権」とは，社員が社員総会において，社員総会の目的である事項（その社員が，議決権を行使することができる事項に限る。）について議案を提出できる権利をいう（一般法44本文）。

なお，提出する議案が，法令若しくは定款に違反する場合，又は，過去3年以内の社員総会において，実質的に同一の議案につき，総社員の議決権の1／10（定款で引下げ可）以上の賛成を得られなかった場合には，当該提案は認められない（一般法44ただし書）。

▶議案通知の請求権

「議案通知の請求権」とは，社員が提出しようとする議案の要領を他の社員に通知する（招集通知を書面又は電磁的方法で行う場合は，その招集通知に記載し，又は記録する）よう理事に請求できる権利をいう。

当該社員は，社員総会の日の6週間前まで（定款により短縮可）に理事に請求する必要がある（一般法45①本文）。

なお，「議案通知の請求権」については，次の制限が設けられている（一般法45）。

24　第Ⅰ部　制度編

① 　理事会を設置する一般社団法人の場合，請求権の行使が，総社員の議決権の1／30以上（定款により引下げ可）の議決権を有する社員に限定されている（一般法45①ただし書）。

② 　通知を求めている議案が法令若しくは定款に違反する場合，又は過去3年以内の社員総会において，実質的に同一の議案につき，総社員の議決権の1／10（定款により引下げ可）以上の賛成を得られなかった場合には，当該請求は認められない（一般法45②）。

7. 社員総会の決議

社員総会では，決議を，次の3つに分類することができる。

① 　普通決議

② 　特別決議

③ 　総社員の同意

▶普通決議

社員総会は，原則として総議決権の過半数を有する社員が出席し，出席した社員の議決権の過半数で決する「普通決議」により行われる（一般法49①）。

「総議決権の過半数を有する社員が出席し」の定足数の要件は，定款で変更することも可能である。例えば，社員数が多い場合など，定足数を確保することが難しいと想定される場合は，定足数を軽減することも考えられる。ただし，「出席した社員の議決権の過半数」の決議要件については，定款で加重することはできるが，軽減することは，複数の決議が成立することとなるため認められない。

なお，社員総会における普通決議の例として，次のものがある。

(a) 　理事，監事又は会計監査人の選任（一般法63①）

(b) 　理事，会計監査人の解任（一般法70①）

(c) 　理事会を設置していない一般社団法人における理事の利益相反取引等の承認（一般法84①）

（d）　理事の報酬等（定款にその額を定めていない場合）（一般法89）

（e）　監事の報酬等（定款にその額を定めていない場合）（一般法105①）

（f）　会計監査人の社員総会への出席（一般法109②）

（g）　社員総会に提出された資料等の調査者の選任（一般法55）

（h）　計算書類等の承認（一般法126②）

（i）　基金の返還（一般法141①）

▶特別決議

次の社員総会の決議については，法人における重要な決議事項であるため，総社員の半数以上の社員が出席し，総議決権の2／3以上にあたる多数をもって決する「特別決議」により行う必要がある（一般法49②）。

（a）　社員の除名（一般法30①）

（b）　監事の解任（一般法70①）

（c）　役員等の法人に対する責任の一部免除（一般法113①）

（d）　定款の変更（一般法146）

（e）　事業の全部譲渡（一般法147）

（f）　決議による解散（一般法148三）

（g）　解散後の法人の継続決定（一般法150）

（h）　合併契約の承認（一般法247，251①，257）

なお，「総議決権の2／3以上」の要件は，定款によりこれを上回る割合に変更することが認められている（一般法49②カッコ書）。

▶総社員の同意

次の社員総会の決議は，決議内容の重要性から総社員の同意が必要である。

・　理事，監事又は会計監査人の損害賠償責任の免除（一般法112）

社員総会では，一般法人法で規定する事項と一般社団法人に関する一切の事項について基本的に決議をすることができるが（一般法35①），法人が機関設計として理事会設置を選択した場合には，社員総会で決議できる範囲が一般法

26　第Ⅰ部　制度編

人法で規定する事項と定款で定めた事項に限定される（一般法35②）。それとともに社員総会の目的であるとした事項以外の事項については決議することができなくなる（一般法49③本文）。ただし，社員総会に提出された資料を調査する者の選任（一般法55①）及び会計監査人に社員総会への出席を求めること（一般法109②）については，決議することが認められている（一般法人法49③ただし書）。

8.　社員総会の議決権

　社員は，社員総会において，1人1個の議決権を有する（一般法48①）。

　ただし，議決権については，定款で別段の定めをすることが認められており（一般法48①ただし書），例えば，会費の額に応じた議決権を付与することも可能である。

　しかし，社員総会において決議するすべての事項について，社員が議決権を行使することができない旨の定款の定めは無効とされる（一般法48②）。

　一般的に，多数決における決議においては，構成員が自ら会議に出席し，議決権を行使することにより，自己の意思を反映することを基本として法制度が体系付けられている。しかしながら，構成員が都合により決議に出席できないため，自らの意思を法人の運営に反映できなかったり，定足数を充たさず，決議が有効とは認められない事態が生じるような場合，法人の運営に支障をきたす可能性がある。そこで一般法人法では，社員の議決権の行使を容易にし，行使の機会を確保するために，代理出席（一般法50）や書面決議（一般法38①三，51），あるいは電磁的方法による議決権の行使（一般法38①四，52）が規定されている。

▶議決権の代理行使

　社員には，代理人に自らの議決権を代理行使させることが認められている。ただし，代理行使をするには，あらかじめ社員又は代理人が代理権を証明する書面を法人に提出し，代理権行使の意向を伝える必要がある（一般法50①）。

また，代理行使を利用した法人支配を防止するため，社員総会ごとに代理権を授与することが必要となる（一般法50②）。

なお，社員又は代理人は，法人の承諾を前提に，書面に代えて電磁的方法により提出することが認められている（一般法50③）。

▶書面による議決権の行使

社員には，自ら社員総会に出席して議決権を行使することに代えて，書面による議決権の行使が認められている。

社員は，議決権行使書面に必要な事項を記載し，特定の時までに，議決権行使書面を法人に提出することにより，自らの議決権の行使の意思を書面により法人に伝える（一般法51①）。法人は書面により行使された議決権の数を，出席した社員の議決権の数に加え，本人の意思を議決権に反映させる（一般法51②）。

▶電磁的方法による議決権の行使

社員には，自ら社員総会に出席して議決権を行使することに代えて，電磁的方法による議決権が認められている。

電磁的方法による議決権の行使には，法人による事前の承認が必要とされ，特定の時までに，議決権行使書面に記載すべき事項を電磁的方法により法人に提供することで，自らの議決権の行使の意思を電磁的方法により法人に伝える（一般法52①）。法人は電磁的方法により行使された議決権の数を，出席した社員の議決権の数に加えて，本人の意思を議決権に反映させる（一般法52③）。

なお，書面による議決権の行使又は電磁的方法による議決権の行使における議決権行使書面又は議決権行使内容の電磁的方法による提出期限としての「特定の時」とは，社員総会の日時の直前の業務時間の終了時とされる。ただし，書面による議決権の行使の期限あるいは電磁的方法による議決権の行使の期限を定めたとき（社員総会の日時以前の時で，招集通知を発した日から2週間を経過した日以後の時であることが求められる）は，その時が「特定の時」とさ

28 第Ⅰ部 制度編

れている（一般法規則4一ロ，ハ，8）。

9. 議決権の行使に係る書面の備え置き

社員から，自ら社員総会に出席して議決権を行使する方法以外の方法による議決権行使（「8. 社員総会の議決権」に記載の3つの方法）の要請に伴い，社員等から提出された「代理権を証明する書面」，「議決権行使書面」及び「電磁的記録」は，社員総会の日から3ヶ月間，主たる事務所に備え置くことが求められている（一般法50⑤，51③，52④）。社員は一般社団法人の業務時間内にいつでも上記書面あるいは電磁的記録を閲覧又は謄写の請求をすることができ（一般法50⑥，51④，52⑤），議決権の行使が正当になされていることを確認することができる。

10. 社員総会における理事等の説明義務

理事及び監事は，社員総会において，社員から特定の事項についての説明を求められた場合には，原則として当該事項について必要な説明をしなければならない。説明を拒否することができる場合として，次の事項が挙げられている（一般法53ただし書）。

① その事項が社員総会の目的である事項でない場合
② その説明により社員の共同利益を著しく害する場合
③ その他正当な理由があるとして法務省令で定める次の場合（一般法規則10）
　(a) 説明をするために調査が必要な場合（次の(イ)，(ロ)を除く。）
　　(イ) 当該社員が社員総会の日より相当の期間前に当該事項を法人に通知した場合
　　(ロ) 説明をするために必要な調査が著しく容易な場合
　(b) 社員が説明を求めた事項について，説明をすることで法人その他の者（当該社員を除く。）の権利が侵害される場合

(c) 社員が当該社員総会において，実質的に同一の事項について繰り返して説明を求める場合

(d) 上記(a)〜(c)のほか，説明をしないことにつき正当な理由がある場合

11. 社員総会の議長

社員総会は，社員にとって法人の意思決定に参加する重要な場であるが，議事を円滑に進める上において，議長がその社員総会を取り仕切ることが重要になる。

法律では，誰が議長になるかについては定められていないため，社員総会において，その都度議長を選任することとなる。ただし，定款において，あらかじめ誰が議長になるかを定めておくことが一般的である。

一般法人法では，社員総会の議長の権限として，次の2つを挙げている（一般法54）。

① 社員総会の秩序維持

社員総会は，複数の社員による会議体であり法人の重要な意思決定機関である。社員総会において公正かつ円滑な審議を行うため，議長には会議の秩序維持が求められている。そのための1つの権限として，議長には，命令に従わない者その他当該社員総会の秩序を乱す者を退場させる権限が与えられている（一般法54②）。

② 議事の整理

議長には，社員総会の開会から閉会までの過程において，適法かつ効率的に議事を進められるよう尽力することが求められている。

12. 社員総会に提出された資料等の調査

社員総会においては，決議により，理事，監事及び会計監査人が当該社員総会に提出し，又は提供した資料を調査する者を選任することができる（一般法55①）。これは，仮に理事等が社員総会に提出した資料の内容が理事等に有利

30　第Ⅰ部　制度編

なものになっていたのでは，社員総会における判断を歪める結果につながりかねないため，当該資料の適正性を担保する上から，社員総会において，調査することが認められたものである。

なお，ここでいう資料とは，計算書類等（貸借対照表，損益計算書及び事業報告並びにこれらの附属明細書（監事監査（一般法124①）又は会計監査人監査（一般法124②）の適用がある場合は，監事監査報告又は会計監査人監査報告を含む（一般法125)。)）などを指す（一般法126①）。また，特に社員により招集された社員総会では，法人の内部において何らかの問題が生じている可能性もあるため，社員総会において，決議により法人の業務及び財産の状況を調査する者を選任できるとされている（一般法55②）。

13.　社員総会の決議の省略

理事又は社員が，社員総会の目的である事項について提案を行った場合において，当該提案について社員の全員が書面又は電磁的記録により同意の意思を示したときには，一定の条件のもと，当該提案が可決した社員総会の決議があったものとして決議を省略することが認められている（一般法58①）。

社員総会において社員全員の議題に対する意見が一致し，社員総会を開催したとしても，社員総会での結論が変わらないのであれば，社員総会の決議を省略し，費用と時間を節約することは合理的であるということができる。そのため，上記のような場合において，一般法人法では，社員総会の決議の省略を認めている。

ただし，当該手続が適切になされるよう，一般法人法では，次のような規定がなされている。

▶同意の意思表示をした書面又は電磁的記録の備え置き

主たる事務所に，社員総会の決議があったものとみなされた日から10年間，理事又は社員が提案し，社員全員が同意の意思表示をした書面又は電磁的記録を，主たる事務所に備え置くことが義務付けられる（一般法58②）。

第2章　一般社団法人及び一般財団法人　31

▶同意の意思表示をした書面又は電磁的記録の閲覧又は謄写の請求

社員及び債権者は，法人の業務時間内にいつでも，次の請求ができる。

①　同意の意思表示をした書面の閲覧又は謄写の請求（一般法58③一）

②　電磁的記録で記録された同意の意思表示したものの閲覧又は謄写の請求
（一般法58③二）

なお，法人は正当な理由がない書面閲覧又は謄写請求に対してこれを拒絶することができるが，正当な理由なく閲覧又は謄写を拒否した場合には，法人に100万円以下の過料が課されることに留意する必要がある（一般法342四）。

14.　社員総会への報告の省略

理事が，社員の全員に対して社員総会に報告すべき事項を通知した場合において，当該事項の社員総会での報告を省略することについて，社員全員から書面又は電磁的記録による同意の意思を取り付けたときは，当該事項の社員総会への報告があったものとすることが認められている（一般法59）。

社員総会の決議の省略の規定と同様の趣旨により，社員総会への報告も省略が認められている。

15.　社員総会の議事録

社員総会の議事については，法務省令に従った議事録の作成が義務付けられている（一般法57①）。議事録には，社員総会の議事の経過や，その決議内容等が記録される。議事録は，法人登記の申請における添付書類として，また，後日社員総会の決議内容等を巡って訴訟にまで発展するような事態が生じた場合に，議事の状況を遡って把握するために活用されることからも，非常に重要な書類であるということができる。

▶社員総会の議事録の記載事項

一般法人法施行規則では，社員総会の議事録は，書面又は電磁的記録で作成し（一般法規則11②），次の内容を記載するように求めている（一般法規則11③）。

① 開催された日時と場所（一般法規則11③一）

② 議事の経過の要領とその結果（一般法規則11③二）

③ 社員総会で述べられた意見又は発言があるときは，その意見又は発言概要（一般法規則11③三）

　(a) 監事や会計監査人が，社員総会において，監事や会計監査人の選任，解任又は辞任について意見を述べたとき（一般法74①，④，一般法規則11③三イ）

　(b) 監事や会計監査人を辞任した者が，辞任後最初に招集された社員総会に出席して辞任をした旨及びその理由を述べたとき（一般法74②，④，一般法規則11③三ロ）

　(c) 監事が，理事が社員総会に提出しようとする議案，書類その他法務省令で定めるものを調査した結果，法令若しくは定款に違反し，又は著しく不当な事項があったとして，その調査結果を社員総会に報告したとき（一般法102，一般法規則11③三ハ）

　(d) 監事が，社員総会において，監事の報酬等について意見を述べたとき（一般法105③，一般法規則11③三ニ）

　(e) 一般社団法人の計算書類及びその附属明細書が，法令又は定款に適合するかどうかについて，会計監査人と監事との意見が相違し，会計監査人（監査法人の場合は，業務執行社員）が定時社員総会に出席して意見を述べたとき（一般法109①，一般法規則11③三ホ）

　(f) 定時社員総会において，会計監査人が出席を求められ，出席して意見を述べたとき（一般法109②，一般法規則11③三ヘ）

④ 社員総会に出席した理事，監事又は会計監査人の氏名又は名称（一般法規則11③四）

⑤ 社員総会に議長がいるときは，議長の氏名（一般法規則11③五）

⑥ 議事録の作成を行った者の氏名（一般法規則11③六）

第2章　一般社団法人及び一般財団法人　33

▶社員総会の決議を省略した場合の議事録の記載事項

法人が，社員総会の決議を省略し，一般法人法第58条第1項の規定により社員総会の決議があったものとされた場合，一般法人法施行規則では，次の内容を議事録に記載するよう求めている（一般法規則11④一）。

①　社員総会の決議があったものとみなされた事項の内容

②　①の事項の提案をした者の氏名又は名称

③　社員総会の決議があったものとみなされた日

④　議事録の作成を行った者の氏名

▶社員総会への報告を省略した場合の議事録の記載事項

法人が，社員総会への報告を省略し，一般法人法第59条の規定により社員総会への報告があったものとされた場合，一般法人法施行規則では，次の内容を議事録に記載するよう求めている（一般法規則11④二）。

①　社員総会への報告があったものとみなされた事項の内容

②　社員総会への報告があったものとみなされた日

③　議事録の作成を行った者の氏名

社員総会の議事録に関して，一般法人法では，次のような規定がなされている。

▶議事録の備え置き

一般社団法人では，次のとおり議事録の備え置きが義務付けられている。

①　主たる事務所に，議事録の原本を，社員総会の日から10年間（一般法57②）

②　従たる事務所に，議事録の写しを，社員総会の日から5年間（一般法57③）

ただし，次の条件をともに満たす場合には，議事録の備え置きが免除されている。

(a)　議事録が電磁的記録により作成されている場合。

(b)　従たる事務所において，次の②の社員及び債権者からの請求に応じる措置として法務省令で定める対応をしている場合。

34　第Ⅰ部　制度編

▶議事録の閲覧又は謄写の請求

社員及び債権者は，法人の業務時間内にいつでも，次の請求ができる。

①　書面による議事録の閲覧又は謄写の請求（一般法57④一）

②　電磁的記録に記録された議事録の閲覧又は謄写の請求（一般法57④二）

ただし，法人は，正当な理由がない議事録の閲覧又は謄写の請求に対してはこれを拒絶することができるが，正当な理由なく閲覧又は謄写を拒否した場合には，法人に100万円以下の過料が課されることに留意する必要がある（一般法342四）。

16.　社員総会の決議の瑕疵

社員総会の決議に瑕疵があった場合，一般法人法では，決議の瑕疵の程度に応じて，決議の取消しの訴え（一般法266），決議の不存在の確認の訴え（一般法265①）又は決議の無効の確認の訴え（一般法265②）の3つの訴えが認められている。

第2章 一般社団法人及び一般財団法人 35

図表 2-4 社員総会の決議の瑕疵に関する 3 つの訴え

	決議の取消しの訴え	決議の不存在の確認の訴え	決議の無効の確認の訴え
取消等の事由	次の場合において，決議の取消しを，訴えにより請求できる。 (1) 招集手続又は決議の方法が法令，定款に違反し，又は著しく不公正なとき（一般法266①一）。 (2) 決議の内容が定款に違反するとき（一般法266①二）。 (3) 決議について特別の利害関係を有する社員が議決権を行使したことにより，著しく不当な決議がなされたとき（一般法266①三）。	決議が不存在であることの確認を，訴えにより請求できる（一般法265①）。 (例) (1) 決議が開催されていないものの，議事録が作成しているなど，外観的に決議があったように装っている場合 (2) 何らかの決議はなされたものの手続的に著しい瑕疵があり，法律上存在とは認められない場合（招集権者でない者により招集，招集通知洩れが著しいなど）	決議が無効であることの確認を，訴えにより請求できる（一般法265②）。 ただし，決議の内容が法令に違反している場合（一般法人法以外の法令についても決議の効果を否定するものはすべて含む。）に限られる。 なお，定款違反は，取消しの訴えで担保される。
制度趣旨	比較的軽微な瑕疵においても訴えの機会を認めることは，法的安定性の確保や濫訴防止の見地から望ましくないため，訴訟を提起できる者，提訴（出訴）期間について限定している。	当初から法的な決議の要件を満たしていないため，個人の保護，個人の意思を問わず，法の理念より効力が認められない。	
原告	社員，理事，監事又は清算人（これらの者以外，訴えを提起できない。）	限定なし	
被告	当該法人（一般法269五）	当該法人（一般法269四）	
提訴期間	総会決議の日から3ヶ月以内（一般法266①本文）	限定なし	

	決議の取消しの訴え	決議の不存在の確認の訴え	決議の無効の確認の訴え
効果	決議取消しの判決が確定して初めて決議取消しの効果が生じる。それまでは，瑕疵があったとしても決議は有効となる。 　請求を認容する確定判決は，第三者に対しても効力を有する（一般法273）。	請求を認容する確定判決は，第三者に対しても効力を有する（一般法273）。	
裁量棄却*	認められる（一般法266②）。	認められない（規定なし）。	

＊裁量棄却

　決議の取消しの訴えでは，決議の取消事由が存在しても，社員総会の招集手続又は決議の方法が法令又は定款に違反した場合において，裁判所は，次の①，②の両方の要件を満たしていると判断した場合に限り，決議の取消しの訴えの請求を棄却することが認められている（一般法266②）。

①　その違反する事実が重大でないとき

②　その違反があっても決議に影響を及ぼさないものであると認めるとき

　そのため，一般法人法第266条第1項第1号に規定されているものについてのみ，裁量棄却が適用となる。これにより法は，招集の手続又は決議の方法の瑕疵が重大でなく，決議の結果に影響を及ぼさない場合においては，裁判所に決議の取消しの訴えの請求を棄却する権限を与え，取消しにより生じる混乱の回避と法的安定性を図っている。

⑤　社員総会以外の機関の設置

1.　理事会，監事又は会計監査人の機関設置

　一般社団法人では，定款の定めにより，理事会，監事又は会計監査人を設置することができる（一般法60②）。

2.　監事又は会計監査人の設置義務

　一般社団法人において，法人が理事会又は会計監査人を設置する場合には，監事を設置しなければならない（一般法61）。また，大規模一般社団法人*においては，会計監査人を設置しなければならない（一般法62）。

＊　貸借対照表の負債の部に計上した額の合計額が200億円以上の一般社団法人（一般法2二）

3. 役員等の選任及び解任

　役員（理事及び監事）及び会計監査人は，社員総会の決議によって選任される（一般法63①）。また，役員が欠けた場合に備えて，あらかじめ補欠の役員を選任することも可能である（一般法63②）。

　役員及び会計監査人は社員総会の決議により，いつでも解任することができる（一般法70①）。ただし，正当な理由がなく解任された者は，損害賠償を請求することができる（一般法70②）。

4. 役員等の資格等

　一般社団法人と役員及び会計監査人との関係は，委任の関係にあるとされ（一般法64，172①），両者には，欠格事由が設けられている（一般法65①，177）。なお，法人が欠格事由に該当する者を理事に選任する決議は，決議の内容の法令違反として決議無効の事由となる（一般法265②）。

▶役員の欠格事由

役員には，次の欠格事由が設けられている（一般法65①，177）。

①　法人（一般法65①一）

②　成年被後見人，被保佐人又は外国の法令上これらと同様に取り扱われている者（一般法65①二）

③　一般法人法あるいは会社法の規定に違反し，又は民事再生法，外国倒産処理手続の承認援助に関する法律，会社更生法あるいは破産法に定める罪を犯し，刑に処せられ，その執行を終わり，又はその執行を受けることがなくなった日から2年を経過していない者（一般法65①三）

④　③に規定する法律の規定以外の法令の規定に違反し，禁錮以上の刑に処せられ，その執行を終わるまで又はその執行を受けることがなくなるまで

38　第Ⅰ部　制度編

の者（刑の執行猶予中の者を除く。）（一般法65①四）。

▶監事の兼職禁止

監事は，監査の実効性を確保するため，一般社団法人又はその子法人の理事又は使用人を兼ねることができない（一般法65②）。

なお，会計監査人の欠格事由については，「 9 　3. 会計監査人の資格等」(P.64)に記載している。

5.　役員に欠員が生じた場合の措置

役員（理事及び監事）が任期満了又は辞任等で退任したことにより，役員の員数が欠けた場合，退任した役員は，新たに選任された役員（一時役員の職務を行うべき者を含む。）が就任するまでの間，引き続き役員としての権利義務を有するものとされる（一般法75①）。これにより，役員の退任による運営への支障を軽減する制度的措置が取られている。

なお，一時役員とは，役員に欠員を生じた場合において，裁判所が利害関係人の申立てにより選任する者をいう（一般法75②，197）。

6.　役員等の責任

役員（理事及び監事）及び会計監査人は，その任務を怠ったときは，一般社団法人に対し，これによって生じた損害を賠償する責任を負う（一般法111①）。

この責任は総社員の同意がなければ免除することはできない（一般法112，198）が，当該役員等が職務を行うにつき善意でかつ重大な過失がないときは，社員総会の特別決議により最低責任限度額を控除した額を限度として責任の一部を免除することが認められている（一般法113，198）。

なお，最低責任限度額とは，賠償の責任を負う額から当該役員等が在職中に受けた職務執行の対価又は財産の額を控除することで算定される（一般法113①，198）。また，監事を設置している一般社団法人においては，役員等が職務

を行うにつき善意でかつ重大な過失がない場合において，責任の原因となった事実の内容，その役員等の職務の執行の状況等の事情を勘案して，最低責任限度額を控除した額を限度として，責任を負う理事を除いた理事の過半数の同意（理事会設置の場合は，理事会決議）により，役員等の責任を免除することができる旨を定款で定めることができる（一般法114①）。さらに，外部役員等（外部理事，外部監事又は会計監査人）については，当該外部役員等が職務を行うにつき善意でかつ重大な過失がないときは，その責任を限定する契約（責任限定契約）を締結することができる旨を定款で定めることができる（一般法115）。

6 理　事

1．理事の地位

　一般社団法人においては，1人又は2人以上の理事を置かなければならず（一般法60①），理事会設置の一般社団法人においては，3人以上の理事を置かなければならない（一般法65③）。理事は，定款に別段の定めがある場合を除き，法人（理事会設置の一般社団法人を除く。）の業務を執行し（一般法76①），2人以上の理事がいる場合には，業務は原則として理事の過半数で決定することになる（一般法76②）。

2．理事の任期

　理事の任期は，選任後2年以内に終了する事業年度のうち最終の事業年度に係る定時社員総会の終了時までとされる。任期は，定款又は社員総会の決議により短縮が認められている（一般法66）が，伸長することはできない。
　理事は，社員総会の決議によりいつでも解任することができる（一般法70①）が，解任に正当な理由がないと当該理事から損害賠償を請求されるおそれがあり，また解任をめぐっては争いが生じる可能性がある。そこで理事の任期を2

年以内と定め，法人にとって不適当な理事が長期にわたり留まることを防いでいる。

3. 一般社団法人の代表理事

各理事は，原則として一般社団法人を代表する。ただし，代表理事や一般社団法人を代表する者を定めた場合には，その理事が法人を代表する（一般法77①，②）。

理事会を設置していない一般社団法人においては，定款，定款の定めに基づく理事の互選，又は社員総会の決議により，理事の中から代表理事を選任することができる（一般法77③）。理事会設置の一般社団法人においては，代表理事は必ず選任しなければならない（一般法90③）。

代表理事は，一般社団法人の業務に関する一切の裁判上又は裁判外の行為をする権限を有している（一般法77④）。また，理事に対してその権限を制限することはできるが，当該制限は，善意の第三者に対しては主張できない（一般法77⑤）。

また，代表理事その他の代表者がその職務を行うことにより，第三者に加えた損害については，当該法人が賠償する責任を負うこととなる（一般法78）。

4. 代表理事に欠員が生じた場合の措置

代表理事が任期満了又は辞任等で退任したことにより，代表理事の員数が欠けた場合，退任した代表理事は，新たに選任された代表理事（一時代表理事の職務を行うべき者を含む。）が就任するまでの間，代表理事としての権利義務を有するものとされる（一般法79①，197）。これにより，代表理事の退任による運営への支障を軽減する制度的措置が取られている。

なお，一時代表理事とは，代表理事に欠員を生じた場合において，裁判所が利害関係人の申立てにより選任する者をいう（一般法79②，197）。

5. 表見代表理事

法人が，代表理事以外の理事に対して，理事長その他法人を代表する権限を有するものと認められる名称を付した場合において，当該法人は善意の第三者に対して当該理事がした行為について責任を負う（一般法82，197）。代表理事は登記事項であるが，取引等の都度，登記事項を確認をすることは煩雑であるため，その外見を信頼した善意の第三者の保護が優先された。

6. 忠実義務

一般法人法において法人と役員及び会計監査人との関係は，委任の関係にあるとされている（一般法64）。そのため，法人との関係において受任者である理事には，民法の委任の規定（民法644）に従い，善良なる管理者の注意をもって事務を処理する善管注意義務が課されており，理事が社会通念上要求される注意を払わずに職務を行った結果，法人に損害を与えた場合には，理事は任務懈怠責任により法人に対して損害を賠償する義務を負うこととなる。また，理事には，法令や定款並びに社員総会の決議を遵守し，法人のため忠実にその職務を行わなければならないという忠実義務が求められている（一般法83，197）。

7. 競業及び利益相反取引の制限

理事は，善管注意義務及び忠実義務を果たす必要があるため，法人の利益を犠牲にして，自己又は第三者の利益を図ることは認められない。そのため，次の利益相反となる可能性のある取引については，社員総会（理事会設置の場合は，理事会）において，当該取引について重要な事実を開示し，その承認を受けなければならない（一般法84①，92①，197）。

① 理事が自己又は第三者のために，法人の事業の部類に属する取引（競業取引）をしようとするとき（一般法84①一，197）。

② 理事が自己又は第三者のために，法人と取引（利益相反取引の直接取引）をしようとするとき（一般法84①二，197）。

③ 法人が理事の債務を保証することその他，理事以外の者との間において，法人と当該理事との利益が相反する取引（利益相反取引の間接取引）をしようとするとき（一般法84①三，197）。

理事が競業取引をするような場合，法人が保有する知識やノウハウなどの機密を活用してなされる可能性がある。一般法人法では，理事に競業避止義務を課すことで，競業の可否を理事会等（理事会設置の場合は理事会，理事会非設置の場合は社員総会）で判断させ，法人の利益保護を図っている。同様に，理事の利益相反取引についても，理事会等に報告と承認を求めることで，理事が法人の利益を犠牲にして自己又は第三者の利益を図ることを防止している。

なお，当該理事は，承認決議において特別利害関係人となるため，決議に加わることはできない（一般法95②，197）。

また，利益相反取引をした理事は，承認の有無にかかわらず，取引後，遅滞なく，当該取引についての重要な事実を理事会等に報告しなければならない（一般法92②，197）。

8. 理事の報告義務

理事は，法人に著しい損害を及ぼすおそれのある事実を発見したときは，ただちに，当該事実を社員（監事設置の場合は，監事）に報告しなければならない（一般法85，197）。

9. 業務の執行に関する検査役の選任

理事による法人の業務の執行に関して，不正の行為又は法令若しくは定款に違反する重大な事実があると疑われるような事由がある場合には，総社員の議決権の1／10（定款で，これを下回る割合とすることは可能）以上の議決権を有する社員は，法人の業務及び財産の状況を調査させるため，裁判所に対し，

検査役の選任を申し立てることができる（一般法86①，197）。

10. 理事の行為の差止め

社員は，理事が法人の目的の範囲外の行為，その他法令若しくは定款に違反する行為をし，又はこれらの行為をするおそれがある場合において，当該行為によって当該法人に著しい損害が生ずるおそれがあるときは，当該理事に対して行為の差止めを請求することができる（一般法88①，197）。これにより，法人に発生する理事による損害を未然に防止することを可能にしている。

11. 理事の報酬等

理事の報酬等（報酬，賞与その他の職務執行の対価として一般社団法人等から受ける財産上の利益）の額は，原則として定款で定める必要があるが，定款にその額を定めていないときは，社員総会の決議によって定めることとされている（一般法89，197）。

報酬の決定は業務執行の一部であるが，理事によるいわゆるお手盛りとなるおそれもあるため，社員総会の決議で定めることとされた。

7 理 事 会

1. 理事会の権限等

理事会は，3人以上の理事（一般法65③，177）全員により構成される機関である（一般法90①，197）。一般社団法人においては，定款により設置することができる任意の機関であるが（一般法60②），多くの法人において理事会を機関として設置している。なお，一般財団法人では，法律上の必置機関とされている（一般法170①）。

▶理事会が行う職務の例示

理事会が行う職務として次のものが例として示されている（一般法 90 ②，197）。

① 理事会設置の一般社団法人の業務執行の決定（一般法 90 ②一）

② 理事の職務の執行の監督（一般法 90 ②二）

③ 理事の中からの代表理事の選定及び解職（一般法 90 ②三）

理事会設置の一般社団法人においては，社員総会で決議できる範囲が一般法人法で規定する事項と定款で定めた事項に限定されている（一般法 35 ②）ため，実質的な業務執行の権限は，理事会が有することになる。

▶理事会の専決事項

次に掲げる事項及びその他重要な業務執行の決定は，理事に委任できないとして，理事会の専決事項とされている（一般法 90 ④，197）。

① 重要な財産の処分及び譲受け（一般法 90 ④一）

② 多額の借財（一般法 90 ④二）

③ 重要な使用人の選任及び解任（一般法 90 ④三）

④ 従たる事務所その他の重要な組織の設置，変更及び廃止（一般法 90 ④四）

⑤ 理事の職務の執行が，法令及び定款に適合することを確保するための体制，その他，法人の業務の適正を確保するために必要なものとして，法務省令で定める体制の整備（一般法 90 ④五，一般法規則 14）

⑥ 定款の定めに基づく任務を怠った役員等の責任の一部免除（一般法 90 ④六，111 ①，114 ①）

いずれも法人にとって，重要な事項であるため，理事全員の協議により適切な意思決定がなされることが期待されている。

2. 内部統制システムの体制整備

一般法人法施行規則では，一般法人法第 90 条第 4 項第 5 号でいう，理事の職務の執行が，法令及び定款に適合することを確保するための体制，その他，

法人の業務の適正を確保するために必要なものとして，法務省令で定める体制（内部統制システム）について，次のように規定している（一般法人法規則14，62）。

① 理事の職務の執行に関する情報の保存，及び管理に関する体制（一般法人法規則14一）

② 損失の危険の管理に関する規程その他の体制（一般法人法規則14二）

③ 理事の職務の執行が，効率的に行われることを確保するための体制（一般法人法規則14三）

④ 使用人の職務の執行が，法令及び定款に適合することを確保するための体制（一般法人法規則14四）

⑤ 監事が，その職務を補助すべき使用人を置くことを求めた場合における，当該使用人に関する事項（一般法人法規則14五）

⑥ ⑤の使用人の，理事からの独立性に関する事項（一般法人法規則14六）

⑦ 理事及び使用人が，監事に報告するための体制，その他の監事への報告に関する体制（一般法人法規則14七）

⑧ その他，監事の監査が実効的に行われることを確保するための体制（一般法人法規則14八）

上記①から⑦以外で，監事監査の実効性を確保するために監事が必要と考える体制についても，整備が求められる。なお，大規模一般社団法人及び大規模一般財団法人の理事会においては，当該法人による社会的影響の大きさから，適切なガバナンスを確保するために，「内部統制システム」に関する事項を決定することが求められる（一般法90⑤，197）。

3. 理事会設置の一般社団法人の理事の権限

理事会設置の一般社団法人において，代表理事と業務執行理事は，法人の業務を執行する（一般法91①）。

代表理事とは，理事会において理事の中から選ばれ（一般法90②三，③，197），法人の代表権と業務執行権の両方を有する理事である。法人を代表し，

46　第Ⅰ部　制度編

法人の業務に関する一切の裁判上又は裁判外の行為をする権限を有している（一般法77④，197）。

　他方，業務執行理事とは，理事会設置の一般社団法人又は一般財団法人における代表理事以外の理事であって，理事会の決議によって法人の業務を執行する理事として選定された者（一般法91①二，197）をいう。

4．理事の職務執行の状況報告

　代表理事及び業務執行理事は，3ヶ月に1回以上，自己の職務の執行の状況を理事会に報告することが義務付けられている（一般法91②，197）。この報告については，定款で事業年度毎に4ヶ月を超える間隔で2回以上その報告をしなければならない旨を定めることもできるため（一般法91②ただし書，197），年2回の開催とすることも可能となる。

5．理事会の種類

　理事会には，①定時理事会と，②臨時理事会の2種類がある。両者は，招集手続あるいは決議の方法などの点において，変わるところはない。

①　定時理事会

　定時理事会とは，あらかじめ定められた一定の時期に招集される理事会である。具体的には，職務執行状況を報告するための理事会（一般法91②，197），予算又は決算の承認に関する理事会（一般法124③，199），その他定款で開催が定められている理事会等が該当する。

②　臨時理事会

　臨時理事会とは，必要がある場合に招集される理事会で，定時理事会以外の理事会をいう。代表理事が必要と認めて招集する場合，招集権者以外の理事から理事会の招集請求があった場合（一般法93②，197），招集を請求した理事が招集する場合（一般法93③，197），監事からの招集請求に基づき理事が招集する場合（一般法101②，197）又は招集を請求した監事が招集する場

第2章　一般社団法人及び一般財団法人　47

合（一般法 101 ③，197）等が該当する。

6. 理事会の招集権者

　理事会は，各理事，あるいは定款又は理事会で定めた理事会を招集する理事（招集権者）が招集する（一般法 93 ①）。

　招集権者以外の理事は，招集権者に対し，理事会の目的である事項を示して，理事会の招集を請求することができる（一般法 93 ②）。しかしながら，招集を請求した日から 5 日以内に招集権者が招集通知を出さない，あるいは，招集を請求した日から 2 週間以内に理事会を開催する招集通知を招集権者が出さない場合には，招集を請求した理事は，自ら理事会を招集することができる（一般法 93 ③）。

7. 理事会の招集の決定と通知

　理事会の招集権者は，理事に理事会の出席の機会と準備の期間を確保するため，原則として理事会の開催日の 1 週間前までに各理事及び各監事に対して理事会の招集を通知しなければならない（一般法 94 ①）。

　なお，次の例外規定が設けられている。

① 　定款により理事会の開催日を 1 週間より短くすることができる（一般法 94 ①カッコ書）

② 　理事及び監事全員の同意があれば，招集手続を省略して理事会を開催することができる（一般法 94 ②）

③ 　監事が理事の不正等を理事会に報告するために，理事会の開催が必要と判断した場合には，監事は理事（招集権者）に対して理事会の招集を請求できる（一般法 101 ②）

　理事会の招集通知の方法については，特段の制限がないため，書面の他，電話や電子メール等による招集通知を行うことも可能とされている。

　理事会の場合は，社員総会の場合と異なり，業務執行の過程において，普段

から理事同士の間での情報交換がより密になされていることが見込まれるため，社員総会に比べて，より柔軟な招集手続が認められた。

8. 理事会の決議と議決権

理事会は，原則として決議に参加できる理事の過半数が出席し，その過半数で決する「普通決議」により行われる（一般法95①，197）。これらいずれの過半数（出席・決議）もともに，定款でより大きな割合に変更することが認められている（一般法95①カッコ書）。理事会の決議においては，法律上「普通決議」より厳しい可決条件による決議は求めていないが，法人がより慎重を期して，自主的に厳しい可決条件を定款において定めることは可能である。

また，特別の利害関係を有する理事は，決議に加わることはできないとされている（一般法95②，197）。

なお，一般法人法では，個人的な能力や資質に着目して社員総会から信任を受けた理事が，自ら理事会に出席して法人運営の議論に加わることが求められている。このことから代理人による議決権の代理行使や，書面等による議決権の行使あるいは持ち回り決議等は認められていない。この点で，代理出席（一般法50）や書面決議（一般法38①三，51），あるいは電磁的方法による議決権の行使（一般法38①四，52）が認められている社員総会とは異なっている。ただし，次の「9. 理事会の決議の省略」の要件を満たしている場合には，書面又は電磁的方法による理事会の決議ができるものと解されている（FAQ問Ⅱ-6-①）。

9. 理事会の決議の省略

理事が，理事会の決議の目的である事項について提案をした場合において，定款により当該提案について理事（当該事項について議決に加わることができる者に限る。）の全員が書面又は電磁的記録により同意の意思を示したとき（監事が当該提案について異議を述べたときを除く。）には，当該提案を可決した

理事会の決議があったものとして決議を省略することが認められている（一般法96，197）。これにより理事は，重要性の高い議題に集中して議論をし，重要性の低い議題については，決議を省略するなどして効率的な理事会運営を行うことが可能となる。

社員総会と評議員会においても同様に，一定の条件の下，決議の省略（一般法58，194）が認められているが，理事会の場合には，定款での定めが効力の要件となっていることに注意が必要となる。

10. 理事会への報告の省略

理事，監事又は会計監査人が，理事及び監事の全員に対して理事会に報告すべき事項を通知したときは，当該事項の理事会への報告を省略することが認められている（一般法98①，197）。

当該規定も理事会の決議の省略の規定と整合性を取る形で理事会への報告の省略が規定されている。

ただし，理事会制度の趣旨から，理事会を全く開催しないことは，理事の職務の執行の監督等で問題があると考えられ，代表理事及び業務執行理事の業務執行状況の報告については，原則として3ヶ月に1回以上（定款で定めることにより，毎事業年度のうち4ヶ月を超える間隔で2回以上）開催される理事会に報告することが求められている（一般法91②，98②，197）。

11. 理事会の議事録等

理事会の議事については，法務省令に従った議事録の作成が義務付けられている（一般法95③）。議事録には，理事会の議事の経過や，その決議内容等が記録される。議事録は，後日理事会の決議内容等を巡って訴訟にまで発展したような事態が生じた場合に，議事の状況を遡って把握するために活用されることからも非常に重要な書類である。

50 第Ⅰ部 制度編

▶理事会の議事録の記載事項

① 議事録が書面で作成されている場合は，出席した理事及び監事が署名
又は記名押印する必要がある（一般法95③，197）。

② 議事録が電磁的記録で作成され記録されている場合は，署名又は記名
押印に代わる措置として電子署名が必要となる（一般法95④，197，一
般法規則90①二）。

▶議事録の備え置き

理事会設置の一般社団法人では，主たる事務所に，理事会の日から10年間，
書面又は電磁的記録による議事録等の備え置きが義務付けられている（一般法
97①，197）。

▶議事録の閲覧又は謄写の請求

社員は自らの権利を行使するため，債権者は理事又は監事の責任を追及する
ために，必要がある場合には，裁判所の許可を得て，次の請求をすることがで
きる（一般法97②，③，197）。

① 書面による議事録等の閲覧又は謄写の請求

② 電磁的記録に記録された議事録の閲覧又は謄写の請求

12. 理事会の決議の瑕疵

社員総会と評議員会の決議の瑕疵については，一般法人法上，決議の不存在
の確認の訴え（一般法265①），決議の無効の確認の訴え（一般法265②），決議
の取消しの訴え（一般法266）が規定され明文化されているが，理事会の決議
の瑕疵については，一般法人法上，規定がなされていない。しかしながら，理
事会決議の手続又は内容に瑕疵がある場合にも，社員総会と評議員会の決議不
存在と無効の確認の訴えを規定した一般法人法第265条を類推適用して判断す
ることが合理的であると考えられる。

理事会の決議に瑕疵があった場合において，決議の不存在や無効を主張でき

る者，主張できる時期，主張する方法については，制限はないものと考えられる。また，不存在や無効の及ぶ効力についても一般法人法上，規定されていないが，一般法人法第273条の認容判決の効力が及ぶ者の範囲を類推適用して，第三者に対してもその効力が及ぶと考えられる。この場合，理事会決議を要求する法の趣旨と取引の安全性の保護とを比較衡量して，当該決議の不存在や無効の効力は，善意の第三者には及ばないと解するのが適当であると考えられる。

なお，理事会の決議に瑕疵があったとしても，決議の効果に影響がないことが明らかな状況（招集通知が漏れていた当該理事や監事が，理事会の決議に出席していたような場合など）においては，決議の効力に影響はないと考えられる。

8 監 事

1. 監事の機関としての意義

一般法人法においては，理事会の職務の1つとして，理事の執行の監督があり，理事会において理事相互間の牽制が図られる仕組みが整備されている（一般法90②）。しかしながら，理事会による監督では，監督する者と監督される者が同じ立場の理事同士であるため，執行と監督の分離が曖昧となり，理事間で馴れ合いにより相互牽制が十分に働かず，理事による自己監督となるおそれがある。そのため，実際の職務を執行する理事とは別に，専ら監査を行い，法人内の職務の適正性を確保する仕組みとして，監事による機関設計が図られている。

監査はその対象領域により業務監査と会計監査に大きく分けることができるが，監事による監査はこの双方を対象とする。しかしながら，特に会計監査については会計処理等の専門的な知識が求められることから，一般法人法では，貸借対照表の負債の合計額が200億円以上の一般社団法人又は一般財団法人は，監事に加えて会計監査人を置くことが義務付けられた（一般法2二，三）。これにより，会計監査の実効性を確保するとともに，監事による業務監査への

52　第Ⅰ部　制度編

専念を可能にした。

　また，監査はその性質から，理事の職務の執行が法令・定款に適合しているか否かについてチェックを行う適法性監査と，理事の職務の執行が妥当か否かについてチェックを行う妥当性監査の2つに分けられる。理事による職務執行が法人としての業務として妥当であるか否かについての判断を監事に求めることは，監事による職務執行の関与につながりかねない。そこで，監事による監査の対象は適法性監査のみとし，妥当性監査には及ばないと一般的には考えられている。ただし，理事による職務の執行が著しく不適正な場合において，他の理事がこれを見逃していたり黙認するなどして，何ら対応を施さないような場合には，理事による任務懈怠を追及するうえにおいて妥当性監査も監事による監査の対象になるものと考えられる。

2.　監事の設置義務

▶一般社団法人における設置義務

　一般社団法人においては，監事の設置は必須ではなく，法人の任意とされているが（一般法60②），実際上，多くの法人において監事を設置している。また，理事会設置の一般社団法人及び会計監査人設置の一般社団法人では，監事の設置が必須となっている（一般法61）。通常これらの法人は，ある程度大規模な法人であり，社員総会の権限も限定されていることから，社員総会に代わり監事により理事の職務の執行の監査を行う必要性が高いといえる。特に，会計監査人を機関として設置する場合は，監査の効率性と実効性から業務監査を監事が行い，会計監査を会計監査人が行う職務分掌が期待されていることから，業務監査を行う監事の設置が必須とされている（一般法61）。

▶一般財団法人における設置義務

　一般財団法人では，評議員，評議員会，理事，理事会及び監事の設置が義務付けられている（一般法170①）。これは，一般社団法人が人（社員）の集まりにより構成されるため，社員総会による一定の牽制が働くのに対し，一般財団

法人は一定額以上の財産の集まりに法人格が与えられ，財産を基に活動を行うことから，財産を保全する上において監事による牽制がより強く求められるためである。

なお，公益法人においてはその高い公益性から，適正な業務運営がより強く要請されるため，公益認定に際しては，理事会の設置とともに（認定法5十四ハ），監事の設置も必須となっている（一般法61，170）。

なお，公益認定の有無と監事の設置義務の関係は，次のとおりである。

図表 2-5　公益認定の有無と監事の設置義務

	公益認定あり	公益認定なし
社団法人	監事の設置義務　あり	監事の設置義務　なし（任意）
財団法人	監事の設置義務　あり	監事の設置義務　あり

3．監事の選任

監事は，一般社団法人においては，他の役員と同様に社員総会の決議により選任される（一般法63①）。一方，一般財団法人では評議員会の決議により選任される（一般法177）。ただし，辞任や事故等で監事が欠ける場合や，法律若しくは定款で定めた員数を欠く場合に備えて，補欠の監事を予め選任しておくことが認められている（一般法63②，177）。

一般社団法人においては，監事の選任に関する議案は理事（ただし，理事会設置の一般社団法人においては理事会）から提出されるが（一般法38），特定の理事の意向のみで議案が決定されると，理事と監事が馴れ合いになり，監査の実効性を保持できなくなるおそれがある。そのため，監事の独立性を確保するために，既に監事が存在する一般社団法人においては，監事の選任に関する議案を理事が社員総会に提出する場合，監事（監事が2人以上いる場合は，その過半数）の同意を得ることが求められている（一般法72①）。

また，監事は，理事に対して，監事の選任を社員総会又は評議員会の目的と

54　第Ⅰ部　制度編

すること，又は監事の選任に関する議案を社員総会又は評議員会に提出すること
とを請求することが認められており（一般法72②，177），社員総会又は評議員
会において，監事の選任，解任又は辞任について意見を述べることも権利とし
て認められている（一般法74①，177）。このように，既存の監事に対して，選
任に関する強い権限を付与することによって，新たに選任される監事の独立性
を担保している。

4. 監事の任期

▶監事の任期

監事は，理事と同様に任期が満了することにより退任する。

理事の任期は，選任後2年以内に終了する事業年度のうち最終の定時社員総
会又は評議員会の終結の時までとされている（一般法66，177）。一方，監事の
任期は，選任後4年以内に終了する事業年度のうち最終のものに関する定時社
員総会又は評議員会の終結の時までとされており，理事の任期より長くするこ
とが認められている。これは，監事に監査実施の時間的余裕を与えることで，
監事としての地位の安定を保障し，監査の実効性を確保しようとする趣旨に基
づくものである。

ただし，定款により，選任後2年以内に終了する事業年度のうち最終のもの
に関する定時社員総会の終結のときまでを限度として，任期を短縮することも
できるとされている（一般法67①ただし書，177）。これにより，理事と監事の
任期を同じとすることができる。

▶補欠監事等の任期

監事の辞任又は事故等がある場合に，補欠として選任された監事の任期も同
様にすると，各監事の退任の時期が異なってしまう事態が生じうる。この場合，
各監事が退任する度に次の監事を選任する手続が必要となり，法的手続が増え
るおそれがある。そのような事態を防止するため，定款により，任期満了の前
に退任した監事の補欠として選任された監事の任期を，退任した監事の任期満

了の時までとすることが認められている（一般法67②，177）。

　特に，監事が欠けた場合，又は員数が法律，定款で定めた員数に満たなくなった場合には，新たに選任された監事が就任するまで，任期の満了又は辞任により退任した監事が引き続き監事としての権利義務を有するものとされ，監事が不在となる事態を回避している（一般法75①，177）。さらに，裁判所が必要と認めるときには，利害関係人の申立てにより，一時的に監事としての職務を行うべき者を選任することも認められている（一般法75②，177）。

5. 監事の解任

　一般社団法人においては，いつでも社員総会の特別決議により監事を解任することができる（一般法70①）。一方，一般財団法人においては，監事が任務懈怠等の次のいずれかに該当する場合において，評議員会の特別決議により，その監事を解任することができる（一般法176①，189②一）。

　①　職務上の義務に違反し，又は職務を怠ったとき

　②　心身の故障のため，職務の執行に支障があり，又はこれに堪えないとき

　　しかしながら，監事の地位が不安定になると，監査の実効性に影響が生じかねない。これを防止するため，社員総会の決議により解任された監事は，自己の解任について正当な理由がある場合を除き，一般社団法人に対して，解任により生じた損害の賠償を請求することが認められている（一般法70②）。これにより監事に報酬面での保障を与えている。

　また，監査の過程において理事との対立などが生じ，それを理由として，監事が辞任する可能性も考えられる。そのような事態に対して監事に意見陳述をする機会を与えるため，監事を辞任した者は，辞任後に最初に招集される社員総会に出席し，辞任した旨及びその理由を述べることが認められている（一般法74②）。この場合，理事は，その社員総会を招集する旨及び日時や場所等を，辞任した監事に対して通知しなければならない（一般法38①一，74③）。

56　第Ⅰ部　制度編

6. 監事の資格等

　監事の資格要件については，一般法人法第65条において，理事とともに役員として欠格事由が示されている（「5 4. 役員等の資格等」（P.37）参照）。

　なお，公益法人には，その高い公益性から，より適切な運営が求められるため，監事の資格要件についてもより厳格に規定されている（「第3章 4 10. 理事と特別の関係にある者」（P.126），「第3章 4 11. 他の同一の団体の関係者」（P.127），「第3章 5 公益認定における欠格事由」（P.139）参照）。

▶監事と法人との関係

　一般社団法人又は一般財団法人と監事との関係は，委任に関する規定に従う（一般法64，172①）。そのため，監事は，職務遂行において善管注意義務を負うこととなる（民法644）。

　また，監事は独任制の考えに基づき，複数の監事がいる場合においても，各自が単独で監査権限を行使することができる。そのため，他の監事の意向にかかわらず，単独で監査や理事の行為の差止め等を行うことが可能となっている。

▶監事の責任

　監事には，自己が任務を怠ったことにより生じた損害を法人に賠償する責任を負う（一般法111①，198）。監事には，善良な管理者の注意を持って行わなければならないとする善管注意義務と，法人のために忠実にその職務を行わなければならないとする忠実義務の双方が課せられていると考えられ，その任務を怠った場合には，法人に対して任務懈怠責任が生じる。

7. 監事による法人代表

　通常，法人が訴訟の当事者となる場合は，代表理事が法人を代表して訴訟に臨むが，監事設置法人が理事に対して訴えを提起する場合，又は理事が監事設置法人に対して訴えを提起する場合は，監事が監事設置法人を代表して訴訟に

対応することとされる（一般法104①，197）。これは，訴訟の当事者である理事が代表理事と別の人物であったとしても，理事間の馴れ合いなどにより責任の所在が曖昧となることを防ぐためである。

また，社員が理事に対して責任を追及する訴えを提起した場合にも，同様の理由で監事が監事設置法人を代表して対応にあたることとされている（一般法104②，278①，280③）。

8. 監事の報酬等

監事は，その個人的な能力，資質などが信頼できるとの判断に基づき，社員総会において選任されているため，実効性のある監査を実現していくうえからも，監事に対して適正な報酬を保障する必要がある。しかし，監事の報酬が理事によって決定されると，理事からの報酬面における独立性が確保されず，監査の実効性が阻害されるおそれがある。

監事が法人のガバナンス上の重要な役割を適切に果たすためにも，各監事の報酬等の具体的な金額は，定款の定め又は社員総会（又は評議員会）の決議において，決定することが望ましいと考えられる。そのため，一般法人法では，監事の報酬等を定款で定めるか，又は定款で定めていないときは，社員総会（評議員会）の決議で定めることとして，監事の報酬を理事が決定する余地を排除している（一般法105①）。また，監事には，社員総会（又は評議員会）において，監事の報酬等について意見を述べることが認められている（一般法105③）。

なお，理事による監事の報酬に関する関与を排除するため，次の決定等は認められていない（FAQ問Ⅴ-6-⑤）。
① 監事と理事の報酬等の総額を一括して定めること
② 定款や社員総会（評議員会）において監事の報酬等の総額のみを定め，各監事の報酬等は理事（理事会設置の場合は，理事会）が決定すること
③ 各監事の報酬等の上限額等を定め，その範囲内で理事（理事会設置の場合は，理事会）が各監事の報酬等の具体的な金額を決定すること
また，監事が複数名存在し，各監事の報酬等について定款の定め又は社員総

58 第Ⅰ部 制度編

会（又は評議員会）の決議で監事の報酬等の総額のみが決定され，各監事の報酬については定められていないときには，各監事の報酬等は，総額の範囲内において，監事間の協議によって決定することとなる（一般法105②）。

9. 監事の職務と権限

監事の職務は，理事の職務の執行を監査することである（一般法99①）。そのため監事には，監査の実効性を確保するために，次のような権限が付与されている。

① 監事はいつでも理事及び使用人に対して事業の報告を求め，法人の業務及び財産の状況の調査をすることができる（一般法99②）。

② 子法人を通じた不正等を防止するため，監事は職務の執行において必要があるときは，子法人に対して事業の報告を求め，又は子法人の業務及び財産の状況の調査をすることができる（一般法99③）。ただし，子法人の業務に支障をきたす事態が生じることを防止するため，正当な理由がある場合には，監事への報告又は調査を拒むことが，子法人において認められている（一般法99④）。

③ 監査により生じる費用の法人による負担を補償するため，監事は職務の執行により生じた費用を法人に請求することができる。なお，法人は，当該費用又は債務が監事の職務の執行に必要でないことを証明した場合を除き，次の請求について拒むことができないとされている（一般法106，197）。

(a) 費用の前払の請求

(b) 支出した費用及び支出の日以後におけるその利息の償還の請求

(c) 負担した債務の債権者に対する弁済の請求（当該債務が弁済期にない場合には，相当の担保の提供が必要となる。）

10. 監事の義務等

監事には，前記「9. 監事の職務と権限」とともに，次のような義務が課されている。

▶理事等との意思疎通，情報収集及び監査環境の整備等の義務

少人数である監事が職務を適切に遂行するには，監事同士はもちろんのこと，監事以外の関係者との連携を図るとともに，法人内外の情報を円滑に収集できるよう，監査の環境を整備することが不可欠である。そのため，一般法人法施行規則では，監事に対して次の者と意思疎通を図り，情報の収集及び監査の環境の整備に努めることを義務付けている（一般法規則16②，62）。

①　法人の理事及び使用人

②　法人の子法人の理事，取締役，会計参与，執行役，業務を執行する社員，法人が業務執行社員の場合には，法人として職務を行う者（会社法598①）その他これらの者に相当する者及び使用人

③　その他監事が適切に職務を遂行するために意思疎通を図るべき者

さらに一般法人法施行規則では，理事等による監査の妨害を防ぐために，理事又は理事会は，監事の職務の執行のための必要な体制の整備に留意しなければならないとしている（一般法規則16②，62）。ただし，馴れ合いなどにより適切な監査が行われなくなる事態を防止するため，監事は，公正不偏の態度及び独立の立場を保持することができなくなるおそれのある関係を持ってはならず（一般法規則16③，62），監事には，関係者と意思疎通を図りつつも，適度な緊張感のある関係を保つことが求められている。

また，監事は独任制により職務を執行するが，実効性のある監査を行うために，職務の遂行に当たり，必要に応じて，法人や子法人の他の監事，監査役その他これらに相当する者との意思疎通及び情報の交換を図るように努めることが求められている（一般法規則16④，62）。

60　第Ⅰ部　制度編

▶理事会への報告義務

次のような状況において，監事は，その事実を遅滞なく理事（理事会設置の場合は，理事会）に報告することが義務付けられている（一般法100，197）。

① 理事が不正行為をしたとき

② 理事が不正行為をするおそれがあると認められるとき

③ 理事による法令又は定款に違反する事実があるとき

④ 法令又は定款に違反する事実はないが，決定することや行うことが妥当でない事実（著しく不当な事実）があるとき

その際に必要があると認められるときは，監事は理事（又は招集権者）に対し，理事会の招集を請求することができる（一般法93①ただし書，101②，197）。

しかしながら，監事が招集を請求したにもかかわらず，理事が招集の請求に応じない場合なども想定されるため，請求があった日から5日以内に，その請求があった日から2週間以内の日を理事会の日とする招集通知がなされない場合には，請求をした監事が自ら理事会を招集することが認められている（一般法101③，197）。

▶理事会への出席義務

理事会設置の法人では，理事会において業務執行の決定や，理事の職務の執行の監督，重要な財産の処分及び譲受け等が行われる。そのため，理事の職務の執行への監査の実効性を担保すべく，監事には，理事会に出席し，必要があると認められるときには，意見を述べることが義務付けられている（一般法101①，197）。監事による理事会への出席の機会を確保するため，理事会を招集する者は，事前に理事及び監事の全員の同意がある場合を除き，各監事に対して原則として通知する必要がある（一般法94）。このことから，監事に対して通知がなされずに開催された理事会の決議は，無効と考えられるが，一方で，監事に対して通知がなされたにもかかわらず，監事が欠席した場合の決議は，無効とはならないと解される。

▶社員総会又は評議員会に対する調査報告義務

監事は，理事が社員総会に提出しようとする議案，書類，電磁的記録その他の資料について調査することが義務付けられている。調査の結果，法令又は定款に違反し，又は著しく不当な事項があることが判明した場合には，その結果を社員総会又は評議員会に報告する必要がある（一般法102，197，一般法規則17）。

▶監事による理事の行為の差止め

監事は，理事が法人の目的外の行為や，その他法令若しくは定款に違反する行為をし，又はこれらの行為をするおそれがあるときは，当該理事に対し，当該行為を止めることを請求することが認められている（一般法103①，197）。

11. 監事の監査報告

▶事業報告に対する監査報告

監事は，理事の職務の執行を監査し，法務省令での定めに従い，監査報告を作成することが義務付けられている（一般法99①）。また，監事は，法人より事業報告及びその附属明細書を受領したときは，次の事項を内容とする監査報告を作成しなければならない（一般法規則45，64）。

① 監事の監査の方法及びその内容

② 事業報告及びその附属明細書が，法令又は定款に従い，法人の状況を正しく示しているかどうかについての意見

③ 法人の理事の職務の遂行に関し，不正の行為，又は法令若しくは定款に違反する重大な事実があったときには，その事実

④ 監査のために必要な調査ができなかったときには，その旨及びその理由

⑤ 理事の職務の執行が法令及び定款に適合することを確保するための体制その他一般社団法人の業務の適正を確保するために必要なものとして法務省令で定める体制の整備についての決定又は決議があるときは，その決定又は決議の内容の概要が相当でないと認めるときは，その旨及びその理由

62 第Ⅰ部 制度編

⑥ 監査報告を作成した日

▶計算関係書類に対する監査報告

監事（会計監査人を設置している法人の監事を除く。）は，計算関係書類を受領したときは，次の事項を内容とする監査報告を作成しなければならない（一般法規則36①，64）。

① 監事の監査の方法及びその内容

② 計算関係書類が法人の財産及び損益の状況を，すべての重要な点において，適正に表示しているかどうかについての意見

③ 監査のために必要な調査ができなかったときには，その旨及びその理由

④ 追記情報

⑤ 監査報告を作成した日

なお，「追記情報」とは，次の事項その他の事項のうち，監事の判断に関して説明を付す必要がある事項，又は計算関係書類の内容のうち強調する必要がある事項をいう（一般法規則36②）。

① 正当な理由による会計方針の変更

② 重要な偶発事象

③ 重要な後発事象

▶会計監査人設置法人の監事の監査報告

会計監査人を設置している法人の監事は，計算関係書類及び会計監査報告を受領したときは，次の事項を内容とする監査報告を作成しなければならない（一般法規則40）。

① 監事の監査の方法及びその内容

② 会計監査人の監査の方法，又は結果を相当でないと認めたときには，その旨及びその理由

③ 重要な後発事象（会計監査報告の内容となっているものを除く。）

④ 会計監査人の職務の遂行が，適正に実施されることを確保するための体

制に関する事項

⑤　監査のために必要な調査ができなかったときには，その旨及びその理由

⑥　監査報告を作成した日

　また，計算関係書類を作成した理事が，会計監査人に対して計算関係書類を提供するときには，監事に対しても同様に計算関係書類を提供することが義務付けられている（一般法規則38）。これは，監事が会計監査人の職務の状況を監督する義務があり（一般法規則40二），その有効性を確保するためである。

9　会計監査人

1.　会計監査人の機関としての意義

　監事の職務は，理事の職務の執行を監査することであり（一般法99①），業務監査と会計監査の双方にわたる幅広い範囲が対象となるが，特に計算関係書類を監査の対象とする会計監査においては，監査をする上において会計に関する知識が不可欠となる。それゆえ会計に関する専門的知識を有する者が監事に就任することが理想ではあるが，一般法人法では，監事に対して必ずしも会計に関する知識の保有を就任要件として求めていない。そのような状況下において，会計の専門的知識のない監事によって監査が行われた場合，実効性のある会計監査がなされないおそれがある。そこで，一般法人法では，ある一定規模を超える法人に対し，会計監査人の設置を義務付けるとともに（一般法62，171），会計監査人を会計及び監査の専門家である公認会計士又は監査法人に限定することにより（一般法68①），計算書類及びその附属明細書の信頼性を担保する仕組みが採られている。

2.　会計監査人の設置義務

大規模な一般社団法人に対しては，定款により会計監査人の設置が義務付け

64 第Ⅰ部 制度編

られている（一般法62）。これは大規模な法人ほど利害関係者が多くなり，債権者保護を行う必要性が高まるためである。

　一方，一般財団法人は，保有する財産を基礎に事業を行うことから，債権者保護の観点のみならず，保有する財産を保全する観点からも適切な会計記録を行う必要性がより強く要請される。このため，一般法人法では大規模一般財団法人に対しても，会計監査人を設置することを義務付けている（一般法171）。このときの大規模一般社団法人及び大規模一般財団法人の基準とは，貸借対照表の負債の部に計上した額の合計額が200億円以上の法人とされている（一般法2二，三）。

　なお，公益法人においては，その性格上，公益性がより強く求められていることから，計算書類及びその附属明細書の信頼性を確保するために，原則として会計監査人を置くことが義務付けられている。しかしながら，小規模な公益法人に対してまで会計監査人の設置を義務付けることは，過大な負担を法人に強いることとなるため，毎事業年度における法人の収益の額，費用及び損失の額，その他政令で定める勘定の額が，いずれも一定の基準額に達しない公益社団法人及び公益財団法人については，会計監査人の設置が任意とされている（認定法5十二）。

　なお，会計監査人の設置が任意となる基準額は，公益認定法令において，次のように定められている（認定法令6）。

① 最終事業年度における損益計算書の収益の部に計上した額の合計額 1,000億円未満

② 最終事業年度における損益計算書の費用及び損失の部に計上した額の合計額 1,000億円未満

③ 最終事業年度における貸借対照表の負債の部に計上した額の合計額 50億円未満

3. 会計監査人の資格等

　法人の会計監査を担う会計監査人には，会計及び監査に関する高度な知識が

要求されるため，就任できるのは，公認会計士又は監査法人に限定されている（一般法 68 ①，177）。監査法人が会計監査人に選任された場合には，監査法人はその職務を行う社員を選定し，監査を受ける法人に通知する必要がある（一般法 68 ②，177）。

　しかしながら，監査を受ける法人と利害関係のある者などが会計監査人に就任すると，実効性のある会計監査が行われないおそれがある。そのため，会計監査人に対する信頼性を確保する観点から，一般法人法では，次の者が会計監査人に就任することを禁止する欠格事由を設けている（一般法 68 ③，177）。

①　公認会計士法の規定により，計算書類について監査をすることができない者（公認会計士が法人の役員を務めている場合など，法人と著しい利害関係がある公認会計士等（公認会計士法 24 条，同法施行令 7 条））

②　監査を受ける法人の子法人，その理事又は監事から，公認会計士又は監査法人の業務以外の業務により継続的な報酬を受けている者又はその配偶者

③　社員の半数以上が②の者である監査法人

　また，監査の実施においては，会計監査人が補助者を使用することが一般的であるが，その場合でも，上記と同様の理由から，次に該当する者を補助者として使用することが禁止されている（一般法 107 ⑤，197）。

①　公認会計士法の規定により，計算書類について監査をすることができない者

②　監査を受ける法人の子法人，その理事又は監事から，公認会計士又は監査法人の業務以外の業務による継続的な報酬を受けている者又はその配偶者

③　監査を受ける法人又はその子法人の理事，監事又は使用人である者

④　監査を受ける法人又はその子法人から，公認会計士又は監査法人の業務以外の業務による継続的な報酬を受けている者

66 第 I 部 制度編

4. 会計監査人の選任

会計監査人は，一般社団法人においては社員総会の決議により，一般財団法人においては評議員会の決議によって選任される（一般法63①，177）。

実際の社員総会又は評議員会においては，会計監査人を選任する議案は，理事又は理事会から提出される。しかしながら，理事等は監査を受ける立場にあるため，理事等が自己に有利な会計監査人が選任するような議案を提出し，承認されると，実効性のある会計監査が行われないおそれがある。このような事態を未然に防止するため，理事等が会計監査人の選任に関する議案を社員総会又は評議員会に提出する場合には，監事（監事が2人以上いる場合は，その過半数）による同意が求められている（一般法73①）。

なお，会計監査人が任期満了前に辞任，解任等により会計監査人が欠けた場合，あるいは定款で定めた会計監査人の員数が欠けた場合において，社員総会又は評議員会により遅滞なく会計監査人が選任されない場合には，監事は，一時会計監査人を選任しなければならない（一般法75④）。このとき選任される一時会計監査人には，本来の会計監査人と同様の職務，権限，義務等があり，資格等について要件が求められるとともに「3. 会計監査人の資格等」（P.64）参照），監事には，解任する権限が与えられている（一般法75⑤）。

5. 会計監査人の任期

会計監査人の任期は，選任後1年以内に終了する事業年度のうち最終の定時社員総会又は評議員会の終結のときまでとされており（一般法69①，177），一般的には1年間であるため，年度ごとに選任を行う必要がある。ただし，定時社員総会又は評議員会において，別段の決議がされなかったときには，会計監査人は，再任されたものとみなされる（一般法69②，177）。

6. 会計監査人の解任

▶社員総会又は評議員会による会計監査人の解任

一般社団法人においては，社員総会の決議により，会計監査人をいつでも解任することができる（一般法70①）。一方，一般財団法人においては，会計監査人が任務懈怠等の次のいずれかに該当する場合において，評議員会の決議により，その会計監査人を解任することができる（一般法176②）。

① 職務上の義務に違反し，又は職務を怠ったとき

② 会計監査人として，ふさわしくない非行があったとき

③ 心身の故障のため，職務の執行に支障があり，又はこれに堪えないとき

▶監事による会計監査人の解任

監事は法人の監査において主体的な役割を担い，会計監査人の職務について監視を行う立場にある。そのため，会計監査人が次のような任務懈怠等のいずれかに該当するときには，社員総会又は評議員会の決議を経ることなく，監事がその会計監査人を解任することが認められている（一般法71①，177）。

① 職務上の義務に違反し，又は職務を怠ったとき

② 会計監査人として，ふさわしくない非行があったとき

③ 心身の故障のため，職務の執行に支障があり，又はこれに堪えないとき

監事は独任制が基本であり，他の監事の意向に左右されずにその権限を行使することが認められている。しかしながら，会計監査人も監査の一翼を担っており，監事と意見が対立した場合に，会計監査人が解任される可能性が高いとなると，十分な会計監査が行われない可能性が生じる。そのため，監事が2人以上いる場合において会計監査人を解任するときは，監事の全員の同意が必要とされている（一般法71②，177）。また，不当な理由により，会計監査人が解任されることを防止するため，監事が会計監査人を解任したときは，監事はその旨及び解任の理由を，会計監査人が解任された後に最初に招集される社員総会又は評議員会に報告しなければならないとされている（一般法71③，177）。

なお，会計監査人の地位の安定性が確保されなければ，会計監査人による実

効性のある監査が望めなくなるため，決議により解任された会計監査人は，自己の解任について正当な理由がある場合を除き，一般社団法人に対して，解任により生じた損害の賠償を請求することが認められている（一般法70②）。

また，監査を受ける理事が，自己の意向にそぐわない会計監査人を解任することを防止するため，会計監査人の解任又は不再任を，社員総会又は評議員会の目的とする場合には，理事は監事(監事が2人以上いる場合は，その過半数)からの同意を得ることが求められている（一般法73①，177）。

7. 会計監査人の退任及び辞任

会計監査において，会計処理等を巡り，理事と会計監査人の意見が対立したことが原因で，会計監査人側から退任又は辞任を申し出ることがありうる。そのような場合，会計監査人の選解任を行う権限を有する社員又は評議員に対して，会計監査人から直接意見を述べる機会を確保する必要がある。そのため，辞任又は解任された会計監査人には，辞任後又は解任後に最初に招集される社員総会又は評議員会に出席して，辞任した旨及びその理由，又は解任についての意見を述べる権利が与えられている（一般法74④，177）。

この意見の表明の機会を会計監査人に対して確保するため，辞任後又は解任後の最初の社員総会又は評議員会の開催する日時と場所を，会計監査人に通知することが理事に義務付けられている（一般法74③，177）。

8. 会計監査人の職務と権限

会計監査人は，法人が公表する計算書類等が適切に作成されているかについて，監査を実施し，監査報告を行う。監査の対象範囲は，一般社団法人及び一般財団法人においては，計算書類及びその附属明細書とされるが(一般法107①，197)，公益社団法人及び公益財団法人においては，計算書類及びその附属明細書に加えて，財産目録及びキャッシュ・フロー計算書も監査の対象範囲となる(認定法23，認定法規則40)。この場合，会計監査人は，会計監査報告に当該監

査の結果をあわせて記載する（一般法107①，認定法23）。

　円滑な監査を担保するため，会計監査人には，次のような権限が与えられている。

① 　会計帳簿及びこれに関する資料等（電磁的記録で作成されたものを含む）の閲覧及び謄写（一般法107②）。

② 　法人の理事及び使用人に対し，会計に関する報告を求めること（一般法107②）。

③ 　会計監査人が職務を行うために必要がある場合において，子法人に対して，会計に関する報告を求めること，又は子法人の業務及び財産の状況を調査すること（一般法107③，197）。これは，会計監査人の監査の対象が親法人に限定されると，子法人を抜け道とした不正が行われることを防止するためである。ただし，子法人の業務に支障が生じることを防ぐため，子法人は正当な理由があるときには，報告又は調査を拒むことができる（一般法107④，197）。

9.　会計監査人の義務等

　会計監査人には，前記「8.　会計監査人の職務と権限」とともに，次のような義務が課されている。

▶理事及び使用人等との意思疎通，情報収集及び監査環境の整備等の義務

　会計監査人が職務を適切に遂行するには，関係者との連携を図るとともに，法人内外の情報を円滑に収集できるよう，監査の環境を整備することが不可欠である。そのため，一般法人法施行規則では，会計監査人に対して次の者と意思疎通を図り，情報の収集及び監査の環境の整備に努めることを義務付けている（一般法規則18②，62）。

① 　法人の理事及び使用人

② 　法人の子法人の理事，取締役，会計参与，執行役，業務を執行する社員，法人が業務執行社員の場合は，法人として職務を行う者（会社法598①）

70 第Ⅰ部 制度編

その他これらの者に相当する者及び使用人

③ その他会計監査人が適切に職務を遂行するために，意思疎通を図るべき
者

ただし，会計監査人と関係者とが過度に親密な関係になると，馴れ合いなど
により適切な監査が行われなくなる可能性がある。このような事態を防止する
ため，会計監査人は，公正不偏の態度及び独立の立場を保持することができな
くなるおそれのある関係を持ってはならない（一般法規則18②，62）。このよ
うに，会計監査人には，関係者と意思疎通を図りつつも，適度な緊張感のある
関係を保つことが求められている。

▶監事への報告義務

会計監査人による会計監査において，理事の不正行為又は法令違反行為が発
覚したような場合，監事による業務監査にも影響を及ぼすことが通常想定され
る。そこで，監事と会計監査人とが連携して，迅速かつ適切な対応を可能にす
るため，会計監査人には，理事の職務執行について不正行為や，法令又は定款
に違反する重大な事実を発見した場合には，その事実を遅滞なく監事に報告す
ることが義務付けられている（一般法108①，197）。また，監事は，その職務
を行うため必要があるときには，会計監査人に対して，監査に関する報告を求
めることが認められている（一般法108②，197）。

▶社員総会又は評議員会に対して陳述する権利と義務

会計監査人を選任する立場にある社員又は評議員が，会計監査人の職務の状
況を監視するため，社員総会又は評議員会において会計監査人の出席を求める
決議がなされた場合は，会計監査人は，社員総会又は評議員会に出席して意見
を述べなければならない（一般法109②，197）。

一方で，会計監査人と監事の意見が対立した場合，会計監査人の意見が社員
や評議員に伝わらない可能性がある。このような事態を防止し，社員や評議員
による判断材料の提供を受ける機会を確保するため，計算書類及びその附属明
細書が，法令又は定款に適合して作成されているかどうかについて，会計監査

人と監事との意見が異なる結果になった場合には，会計監査人（監査法人の場合は，業務執行社員）は，社員総会又は評議員会に出席して意見を述べることができる（一般法109①，197）。

10. 会計監査人の報酬等

会計監査人の報酬等は，理事（又は理事会）により決定されるが，監査の対象となる理事が報酬等を決定すると，会計監査人にとって不利な決定がなされ，会計監査人の独立性が阻害されるおそれがある。また，理事の意に沿う会計監査人にだけ報酬面での優遇をするなどにより，監査の公正性が損なわれるおそれがある。このような事態を防止するため，理事が会計監査人又は一時会計監査人の報酬等を定める際には，監事（監事が2人以上いる場合は，その過半数）の同意を得ることが求められている（一般法110，197）。

11. 会計監査人の監査報告

▶会計監査報告

会計監査人は，計算関係書類を受領したときは，次の事項を内容とする会計監査報告を作成しなければならない（一般法規則39①，64）。

① 会計監査人の監査の方法及びその内容

② 計算関係書類が法人の財産及び損益の状況を，すべての重要な点において，適正に表示しているかどうかについての意見

(a) 無限定適正意見

監査の対象となった計算関係書類が一般に公正妥当と認められる会計の慣行に準拠して，当該計算関係書類に係る期間の財産及び損益の状況をすべての重要な点において適正に表示していると認められる旨

(b) 除外事項を付した限定付適正意見

(ア) 監査の対象となった計算関係書類が除外事項を除き一般に公正妥当と認められる会計の慣行に準拠して，当該計算関係書類に係る期間の

72　第Ⅰ部　制度編

　　財産及び損益の状況をすべての重要な点において適正に表示している
　　と認められる旨
　　(イ)　除外事項
　(c)　不適正意見
　　(ア)　監査の対象となった計算関係書類が不適正である旨
　　(イ)　その理由
③　上記②の意見がないときは，その旨及びその理由
④　追記情報
⑤　会計監査報告を作成した日

▶会計監査報告の通知期限等

　会計監査人は，次の日のいずれか遅い日までに，特定監事^(*1)及び特定理事^(*2)
に対して，各事業年度における計算書類及びその附属明細書についての会計監
査報告の内容を通知しなければならない（一般法規則41①）。

①　計算書類の全部を受領した日から，4週間を経過した日
②　計算書類の附属明細書を受領した日から，1週間を経過した日
③　特定理事，特定監事及び会計監査人の間で，合意により定めた日がある
　　ときは，その日

　監事は，会計監査人からの会計監査報告を受けた後，会計監査人の監査の方
法及び結果が相当であるかを判断し，もし相当でないと判断した場合には，そ
の旨及びその理由を監事による監査報告に記載しなければならない（一般法規
則40二，64）。

　　＊1　ここでいう「特定監事」とは，次に定める者とされている（一般法規則41⑤）。
　　　・会計監査報告の内容の通知を受ける監事を定めている場合（監事が2名以
　　　　上の場合）：当該通知を受ける監事として定められた監事
　　　・会計監査報告の内容の通知を受ける監事を定めていない場合（監事が2名
　　　　以上の場合）：すべての監事
　　　・上記以外（監事が1名の場合）：監事
　　　　なお，監事が2名以上の場合の特定監事の定め方については，条文上規定
　　　がないため，監事の互選などで定めればよいと考えられる。

＊2　ここでいう「特定理事」とは，次に定める者とされている（一般法規則41④）。
　　・各事業年度に係る計算書類及びその附属明細書についての会計監査報告の
　　　内容の通知を受ける理事を定めている場合：
　　　　　当該通知を受ける理事として定められた理事
　　・上記通知を受ける理事を定めていない場合：
　　　　　監査を受けるべき計算関係書類の作成に関する職務を行った理事
　　なお，特定理事の定め方については，条文上規定されていないため，理事
　　会での決議あるいは理事の互選などで定めればよいと考えられる。

▶**会計監査人の職務の遂行に関する事項**

　会計監査人が，監査を適切に実施することが可能であることを監事が判断す
るために，会計監査人は，特定監事に対する会計監査報告の内容の通知に際し
て，会計監査人についての次の事項（当該事項に関する定めがない場合には，
当該事項を定めていない旨）を通知しなければならない。ただし，すべての監
事が既に当該事項を認識している場合は，次の事項の通知を省略することがで
きる（一般法規則42）。

①　独立性に関する事項，その他監査に関する法令及び規程の遵守に関する
　　事項

②　監査，監査に準ずる業務，及びこれらに関する業務の契約の受任，及び
　　継続の方針に関する事項

③　会計監査人の職務の遂行が適正に行われることを確保するための体制に
　　関するその他の事項

74 第Ⅰ部 制度編

10 一般財団法人の特徴

　一般財団法人は,「一般社団法人及び一般財団法人に関する法律」に基づいて設立された法人である。いわゆる財産の集合体に法人格が付与されたものということができる。

　一般財団法人には,次のような特徴がある。

▶簡易な設立手続

① 設立に際して主務官庁の認可を得る必要はなく,登記申請のみで設立することができる。

② 株式会社のように公証役場での定款認証と法務局での登記手続により設立することが可能であり,設立者は1名でもかまわない。

③ 一般社団法人とは異なり設立時に設立者に対して,300万円以上の財産の拠出が求められる。

▶自主的な運営が可能

① 設立登記のみで成立し,行政庁による監督を受けないため,自主的で身軽な運営が可能となる。

② 法人の機関として,評議員,評議員会,理事,理事会及び監事を設置することが求められる。また,会計監査人についても,定款の定めにより,設置することが可能である。ただし,貸借対照表の負債の合計額が200億円以上の一般財団法人（大規模一般財団法人）においては,会計監査人の設置が必須となる。

▶様々な事業に活用可能

① 他の法律で禁止されている業種でない限り,どのような事業も行うことができ,また,事業内容に公益性も求められていない。そのため「公益事業」はもとより,構成員に共通する利益を追求する「共益事業」だ

けでなく，営利会社（株式会社等）のような自己の利益を追求する「収益事業」についても営むことができる。

　　　ただし，法人の剰余金を役員等に分配することは認められていない。
② 　遺言による一般財団法人の設立が可能である。この場合，遺言執行人が法人の設立手続を行うこととなる。

▶税制上のメリット

① 　公益性のある事業を行っている一般財団法人においては，「公益財団法人」の認定を受けることにより，公益目的事業非課税やみなし寄付金制度，利子・配当等に対する源泉所得税非課税等，広く税制上の優遇措置が取られている。
② 　「公益財団法人」とはならなくても「一般財団法人」は，定款の内容や理事に関する規制等を満たすことにより，「非営利型法人」として収益事業についてのみ課税される法人になることができる。

　　＊ 非営利型法人については，「税務編 第1章 $\boxed{1}$ 1. 一般社団法人・一般財団法人」（P. 317）参照のこと。

$\boxed{11}$ 　一般財団法人の設立

1. 一般財団法人の名称と成立

　一般財団法人は，主たる事務所所在地において設立登記を行うことにより成立する（一般法163）。その際，名称には，一般財団法人という文字を用いる必要がある（一般法5①）。なお，公益財団法人の場合においても，名称については，法人の種類に従い，名称中に公益財団法人という文字を用いなければならないとされている（認定法9③）。このように他の法人であると誤認させる可能性のある名称等の使用を禁止することで，一般公衆の名称に対する信頼を保護し，違反した場合の罰則なども規定されている（一般法6，7，8）。

2. 一般財団法人の設立の流れ

一般財団法人の設立の流れを図に示すと、次のとおりである。

図表2-6　一般財団法人の設立までの流れ

設立者が、法人格の取得を検討する
→ 定款などの必要書類を作成する（一般法人法第152条）
→ 公証人より定款の認証を得る（一般法人法第155条）
→ 設立者が拠出金の全額を銀行に払い込む又は拠出する金銭以外の財産の全部を給付する（一般法人法第153条第1項第5号・第157条）
→ 主たる事務所（本店など）の所在地を管轄する法務局にて設立登記を行う（一般法人法第163条・第302条）
→ 定款を主たる事務所及び従たる事務所（支店など）等に備え置く（一般法人法第156条）

　一般財団法人を設立するには、設立者（2人以上いるときは全員）で定款を作成し、（全員が）署名又は記名押印をすることが必要である（一般法152①）。このとき、定款は電磁的記録*で作成することが認められており（一般法10②，152③）、署名又は記名押印は、電子署名となる（一般法規則90①）。

　＊「[2] 2.一般社団法人の設立の流れ」（P.10）の＊の解説を参照のこと。

3. 一般財団法人の定款の記載事項

定款の重要性については,「[2] 3.一般社団法人の定款の記載事項」(P. 11)において解説しているため参照のこと。

定款の記載事項は,その効果の違いにより大きく次の3つに分類される。

▶絶対的記載事項

絶対的記載事項とは,法律の規定により,定款に必ず記載しなければならない事項である。いずれかの記載が欠けている場合は,定款自体が無効となる。

一般法人法では,一般財団法人について,次の事項が絶対的記載事項として記載又は記録することが求められている(一般法153①)。

① 目的

② 名称

③ 主たる事務所の所在地

④ 設立者の氏名又は名称及び住所

⑤ 設立に際して設立者(設立者が2人以上のときは,各設立者)が拠出をする財産及びその価額

⑥ 設立時の評議員,理事,監事の選任に関する事項

⑦ 法人が会計監査人を設置する場合,設立時の会計監査人の選任に関する事項

⑧ 評議員の選任及び解任の方法

⑨ 公告方法

⑩ 事業年度

⑪ 評議員の報酬等の額(一般法196)

設立者が拠出する財産とその価額は,一般財団法人にとっては重要な事項であるため記載が求められている(一般法153①五)。

なお,設立者の拠出する財産の価額の合計額は300万円以上である必要がある(一般法153②)。

78 第 I 部 制度編

▶相対的記載事項

相対的記載事項とは，法律の規定により，定款の定めがなければその効力が生じない事項である（一般法 154）。一般法人法では，一般財団法人について，次のような事項が相対的記載事項として規定されている。

① 理事及び監事の任期の短縮（一般法 66，67 ①，②，177）

② 理事会の決議の省略（一般法 96，197）

③ 外部役員等の責任限定契約（一般法 115，198）

④ 会計監査人の設置（一般法 170 ②）

⑤ 評議員の任期の伸長（一般法 174）

⑥ 評議員の員数（一般法 175 ①）

⑦ 評議員提案権の行使期間及び議決権割合（一般法 184〜186）

⑧ 評議員会の決議（一般法 189）

▶任意的記載事項

任意的記載事項とは，絶対的記載事項，相対的記載事項以外の事項で法律の規定に違反しない事項である（一般法 154）。法人が任意に定款に記載した事項であり，定款に記載をしなくとも定款自体の効力には影響はしないが，定款に記載した場合には，その変更に定款変更手続が必要となり，法人の方針を対外的・対内的に明確にすることができる。

一般法人法では，次の事項が規定されている。

① 評議員会の招集時期（一般法 179 ①）

② 役員等の員数（一般法 60 ①，65 ③，173 ③，177）

なお，次の事項は，定款に定めたとしても無効となる（一般法 153 ③）。

① 理事又は理事会が評議員を選任し，又は解任する定款の定め

評議員会による理事等への監督機能を十分に発揮することを保障するために規定されている。

② 設立者に剰余金又は残余財産の分配を受ける権利を与える旨の定款の定め

第2章　一般社団法人及び一般財団法人　79

　旧公益法人制度において評議員会は，一般的には理事会の諮問機関として位置付けられていたが，現行制度においては，理事，理事会及び監事と並んで，評議員及び評議員会が必置の機関として位置付けられることとなった（一般法170①）。その結果，評議員会では，法律で規定する事項及び定款で定めた事項に限り決議することができることとなった（一般法178②）。そのため，法律における規定以外の事項を評議員会の決議事項としたい場合は，あらかじめ定款において定めておく必要がある。

4.　一般財団法人の機関設計

　一般法人法上，一般財団法人については，次の「図表2-7」の2つの機関設計が認められている。また，公益財団法人の場合も，①か②のいずれかの機関設計となる。

図表2-7　一般財団法人における機関設計

	評議員	評議員会	理事	理事会	監事	会計監査人
①	◯	◯	◯	◯	◯	―
②	◯	◯	◯	◯	◯	◯

　一般財団法人の機関設計について，一般法人法上，次のような規定がなされている。
　① 評議員，評議員会，理事，理事会及び監事は，必ず設置が必要となる（一般法170①）。
　② 定款で定めた場合，会計監査人を設置することができる（一般法170②）。
　ただし，大規模一般財団法人（負債総額が200億円以上の一般財団法人）においては，会計監査人の設置が必要となるため（一般法171），②の機関設計となる。
　なお，財団法人には，社員（構成員）がいないため，社員総会は存在しない。

12 評議員

1. 評議員の地位

評議員は，評議員会の構成員である（一般法 178 ①）。一般財団法人においては，3 名以上の評議員を置かなければならず（一般法 173 ③），評議員は，一般財団法人の必置の機関として，評議員会において，一般財団法人の重要事項を決定するとともに理事及び理事会を監督する。

2. 評議員の選任及び解任

一般法人法では，評議員の選任と解任方法について特段の定めがなく，代わりに定款の絶対的記載事項として記載が求められており（一般法 153 ①八），定款で評議員の選任及び解任の方法を定める必要がある。評議員は，理事及び理事会を監督する立場にあることから，理事又は理事会が評議員を選任し，又は解任する定款の定めは無効とされている（一般法 153 ③一）。

具体的な選任方法として，次のものが考えられる。

① 評議員会の決議による方法

② 評議員の選任及び解任のための任意機関を設定する方法

③ 外部の特定の者に委ねる方法

なお，評議員の選任及び解任に関する定款の規定は，評議員会の決議によって設立時の定款により，その変更をすることができる旨を定めた場合などを除き，原則として変更することはできない（一般法 200）。

3. 評議員の資格等

一般財団法人と評議員との関係は，委任の関係にあるとされている（一般法 172 ①）。

(1) 評議員には，次の欠格事由が設けられている（一般法 65 ①，173 ①）。

① 法人（一般法65①一）

② 成年被後見人，被保佐人又は外国の法令上これらと同様に取り扱われている者（一般法65①二）

③ 一般法人法あるいは会社法の規定に違反し，又は民事再生法，外国倒産処理手続の承認援助に関する法律，会社更生法あるいは破産法に定める罪を犯し，刑に処せられ，その執行を終わり，又はその執行を受けることがなくなった日から2年を経過していない者（一般法65①三）

④ ③に規定する法律の規定以外の法令の規定に違反し，禁錮以上の刑に処せられ，その執行を終わるまで又はその執行を受けることがなくなるまでの者（刑の執行猶予中の者を除く。）（一般法65①四）

(2) 評議員は，一般財団法人又はその子法人の理事，監事又は使用人を兼ねることができない（一般法173②）。

前述したとおり，評議員は理事及び理事会を監督する立場にあり，一般財団法人の理事等との兼務が禁じられている。

4. 評議員の任期

評議員の任期は，選任後4年以内に終了する事業年度のうちで最終の事業年度に係る定時評議員会の終結時までとされる。ただし，任期は，定款で6年以内に伸長することが認められている（一般法174①）が，短縮することは認められていない。

また，定款で任期の満了前に退任した評議員の補欠として選任された評議員の任期を，退任した評議員の任期の満了時までとすることができる（一般法174②）。これにより，他の評議員と任期を合わせることが可能となり，事務上の手間を軽減することができる。

5. 評議員に欠員が生じた場合の措置

評議員が任期満了又は辞任等で退任したことにより，評議員の員数が3人未

82　第Ⅰ部　制度編

満となった場合，退任した評議員は，新たに選任された評議員（一時評議員の職務を行うべき者を含む。）が就任するまでの間，引き続き評議員としての権利義務を有するものとされる（一般法 175 ①）。これにより，評議員の退任による運営への支障を軽減する制度的措置が取られている。

　なお，一時評議員とは，評議員に欠員を生じた場合において，裁判所が利害関係人の申立てにより選任する者をいう（一般法 175 ②）。

6. 評議員の報酬等

　評議員の報酬等の額は，定款で定めることが求められている（一般法 196）。一般財団法人と評議員との関係は，委任関係にあり（一般法 172 ①），報酬の決定は，業務執行の一部として理事会で決めることも考えられる。しかしながら，評議員の独立性を確保し，評議員による理事への監督機能を担保するために，一般法人法では，評議員の報酬等の決定は，理事会ではなく定款で定めることとされた。

　なお，評議員の報酬等は，総額だけを定款で定め，個々の評議員の報酬額については，総額の範囲内で評議員間の協議等で決することは認められると解されている。

13　評議員会

1. 評議員会の地位

　評議員会は，評議員全員で組織される会議体であり（一般法 178 ①），一般財団法人における必置の最上位機関である。一般財団法人には，一般社団法人のような社員たる構成員がいないため，社員総会がなく，それに代わるものとして，評議員を構成員とする評議員会の設置を義務付け，理事等の執行と監督の役割を担う機関として設置された。

　評議員会では，法律で規定する事項と定款で定めた事項に限り決議すること

が認められている（一般法178②）。

　一般法人法において評議員会で決議するよう求めている事項については，他の機関に権限を委譲することが禁止され，たとえ定款で定めたとしても無効とされる（一般法178③）。

　評議員会で決議できる一般法人法で規定された事項については，「7. 評議員会の決議」（P.87）で記載している。

2. 評議員会による役員等の選任及び解任

　一般財団法人における役員（理事及び監事）及び会計監査人は，評議員会の決議によって選任される（一般法63①，177）。また，役員が欠けた場合に備えて，あらかじめ補欠の役員を選任することも可能である（一般法63②，177）。

　理事又は監事が，次のいずれかに該当するときは，評議員会の決議により，その理事又は監事を解任することができる（一般法176①）。
① 　職務上の義務に違反し，又は職務を怠ったとき
② 　心身の故障のため，職務の執行に支障があり，又はこれに堪えないとき

　会計監査人についても，次のいずれかに該当するときは，評議員会の決議により，その会計監査人を解任することができる（一般法71①，176②）。
① 　職務上の義務に違反し，又は職務を怠ったとき
② 　会計監査人としてふさわしくない非行があったとき
③ 　心身の故障のため，職務の執行に支障があり，又はこれに堪えないとき

3. 評議員会の種類

　評議員会には，①定時評議員会と，②臨時評議員会の2種類があるが，両者は，招集手続あるいは決議の方法などの点において，変わるところはない。

84　第Ⅰ部　制度編

①　定時評議員会

　定時評議員会とは，毎事業年度の終了後一定の時期に招集される評議員会
である（一般法179①）。

　なお，「一定の時期」については，一般法人法において具体的な定めはなく，
一般財団法人においては，事業年度の終了後，遅滞なく開催すればよい。実
務的には，事業年度の終了後3ヶ月以内に開催するのが一般的である。

②　臨時評議員会

　臨時評議員会とは，必要がある場合に招集される評議員会で，定時評議員
会以外のすべての評議員会をいう（一般法179②）。

4.　評議員会の招集権者

　一般法人法では，評議員会の招集は，原則として理事（理事会設置の場合は，
理事会）が行うこととされているが（一般法179③），評議員による理事を監督
する機会を確保し，遅滞なく評議員会の開催を促すために，次のような評議員
による評議員会の招集を請求する権限が認められている。

▶評議員による理事への評議員会の招集請求

　評議員は理事に対して，評議員会の目的である事項及び招集の理由を示した
上で，評議員会の招集を請求することが認められている（一般法180①）。

▶評議員自らによる評議員会の招集

　次の①，②の場合には，評議員会の招集を請求した評議員は，当該請求に対
して裁判所からの許可を得ることにより，自ら評議員会を招集することが認め
られている（一般法180②）。

　①　理事が評議員による請求後に招集手続を遅滞なく行わない場合

　②　理事が評議員による請求があった日から6週間以内の日を評議員会の開
　　　催日とする招集通知を出さない場合

5. 評議員会の招集の決定と通知

▶評議員会の招集の決定

評議員会を招集する場合には，理事会の決議において，次の事項を定める必要がある（一般法181）。

① 開催日時と開催場所（一般法181①一）

② 開催の目的である事項があるときは，その事項（一般法181①二）

③ 上記以外で，法務省令で定める事項として，評議員会の目的である事項に係る議案（当該目的である事項が議案となるものを除く。）の概要（議案が確定していない場合は，その旨）（一般法181①三，一般法規則58）

評議員が評議員会を招集する場合には，招集する評議員が，上記①〜③に掲げる事項を定めなければならない（一般法181②）。

▶評議員会の招集通知

理事は，評議員に対して，評議員会の出席の機会と準備の期間を確保するため，評議員会の招集を，原則として評議員会開催日の1週間前までに，各評議員に書面で通知する必要がある（一般法182①本文）。

なお，次の例外規定が設けられている。

① 定款で期間を1週間より短くすることができる（一般法182①カッコ書）

② 理事は，書面による通知に代えて，電磁的方法で通知することができる（一般法182②）

この場合，理事は，あらかじめ通知する評議員に対して，法人が用いている電磁的方法の種類及び内容を示して，書面又は電磁的方法による承諾を得なければならない（一般法令1①二）。なお，電磁的方法の種類と内容については，一般法人法施行規則に定められている（一般法規則97）。

▶招集手続の省略

評議員会は，評議員全員の同意があるときは，招集の手続を経ることなく開催することができる（一般法183）。

6. 評議員提案権

「評議員提案権」とは，評議員会の機会を利用して，評議員が一定の事項を評議員会の目的とするよう，要請又は提案する権利をいう。

評議員会の議題（評議員会の目的である事項）は，理事会の決議で定めることとされているため（一般法181①二），評議員が評議員会において議題としたい事項が，必ずしも評議員会の議題として理事会で取り扱われない可能性がある。評議員には，評議員自身による評議員会の開催の機会が制度上用意されているが（一般法180②），手続的な簡便性と機動性から，一般法人法では，別途，評議員に評議員提案権が認められている。

なお，評議員提案権は，次の3つからなる。

① 議題提案権（一般法184）

② 議案提案権（一般法185）

③ 議案通知の請求権（一般法186）

▶議題提案権

「議題提案権」とは，評議員が理事に対して，一定の事項を評議員会の議題（評議員会の目的）とすることを請求できる権利をいう（一般法184）。

「議題提案権」については，評議員会の日の4週間前まで（定款で短縮可）に理事に請求しなければならないという制限が設けられている。

▶議案提案権

「議案提案権」とは，評議員が評議員会において，評議員会の会議の目的である事項について議案を提出できる権利をいう（一般法185本文）。

なお，提出する議案が，法令若しくは定款に違反する場合，又は，過去3年以内の評議員会において，実質的に同一の議案につき，決議に参加できる評議員の議決権の1／10（定款で引下げ可）以上の賛成を得られなかった場合には，当該提案は認められない（一般法185ただし書）。

▶議案通知の請求権

「議案通知の請求権」とは，評議員が提出しようとする議案の要領を他の評議員に通知する（招集通知を書面又は電磁的方法で行う場合は，その招集通知に記載し，又は記録する）よう理事に請求できる権利をいう。

当該評議員は，評議員会の日の4週間前まで（定款で短縮可）に理事に請求する必要がある（一般法186①）。

なお，通知を求めている議案が法令若しくは定款に違反する場合，又は過去3年以内の評議員会において，実質的に同一の議案につき，決議に参加できる評議員の議決権の1／10（定款で引下げ可）以上の賛成を得られなかった場合には，当該請求は認められない（一般法186②）。

7. 評議員会の決議

評議員会では，決議を，次の3つに分類することができる。

① 普通決議
② 特別決議
③ 総評議員の同意

▶普通決議

評議員会は，原則として決議に参加できる評議員の過半数が出席し，その過半数で決する「普通決議」により行われる（一般法189①）。評議員と議決権は，いずれも定款で過半数を上回る割合に変更することにより加重することができるが，過半数を下回る割合にすることは認められない。

なお，評議員会における普通決議の例として，次のものがある。

(a) 理事，監事又は会計監査人の選任（一般法63①，177）

(b) 理事，会計監査人の解任（一般法176）

(c) 理事の報酬等（定款にその額を定めていない場合）（一般法89，197）

(d) 監事の報酬等（定款にその額を定めていない場合）（一般法105①，197）

88 第Ⅰ部 制度編

   （e）　会計監査人の評議員会への出席（一般法 109②，197）

   （f）　評議員会に提出された資料等の調査者の選任（一般法 191）

▶特別決議

　次の評議員会の決議については，法人における重要な決議事項であるため，議決に参加できる評議員の 2／3 以上に当たる多数をもって決する「特別決議」により行う必要がある（一般法 189②）。

   （a）　監事の解任（一般法 176①）

   （b）　役員等の法人に対する責任の一部免除（一般法 113①，198）

   （c）　定款の変更（一般法 200）

   （d）　事業の全部譲渡（一般法 201）

   （e）　解散後の法人の継続決定（一般法 204）

   （f）　合併契約の承認（一般法 247，251①，257）

　なお，「評議員の 2／3 以上」の要件は，定款でこれを上回る割合に変更することが認められている。（一般法 189②カッコ書）

▶総評議員の同意

　次の評議員会の決議は，決議内容の重要性から総評議員の同意が必要である。

   ・　理事，監事又は会計監査人の損害賠償責任の免除（一般法 112，198）

　評議員会は，原則としてあらかじめ定められた評議員会の目的である事項以外の事項については，決議をすることができないとされ（一般法 189④本文），評議員会と理事会との権限が明確に区分されている。ただし，次の 3 つについては，例外として決議することが認められている（一般法 189④ただし書）。

   ①　評議員会に提出された資料を調査する者の選任（一般法 191①）

   ②　評議員会の決議によって法人の業務及び財産の状況を調査する者の選任（一般法 191②）

   ③　会計監査人に評議員会への出席を求めること（一般法 109②，197）

第2章　一般社団法人及び一般財団法人　89

8. 評議員会の議決権

評議員は，評議員会において，1人1個の議決権を有する。

ただし，利害関係を有する評議員は，決議に加わることができず（一般法189③），採決の計算からも除かれる（一般法189①，②）。

なお，一般法人法では，個人的な能力や資質に着目して信任を受けた評議員が，自ら評議員会に出席して議論をし，執行機関に対する牽制と監督を行う機関として役割を果たすことが求められている。このことから，代理人による議決権の代理行使や，書面等による議決権の行使あるいは持ち回り決議等が認められていない。この点において，(1)議決権の代理行使（一般法50），(2)書面による議決権の行使（一般法51），(3)電磁的方法による議決権の行使（一般法52）の3つの議決権の行使が認められている社員総会とは異なっている。

9. 評議員会における理事等の説明義務

理事及び監事は，評議員会において，評議員から特定の事項について説明を求められた場合には，原則として当該事項について必要な説明をしなければならない（一般法190）。この規定により，評議員会が必要とする情報を理事等から取得することが可能となり，理事等を監督する機能を確保することができる。

なお，説明を拒否することができる場合として，次の事項が挙げられている（一般法190ただし書）。

① その事項が評議員会の目的である事項でない場合
② その他正当な理由があるとして法務省令で定める次の場合（一般法規則59）

　(a) 説明をするために調査が必要な場合（次の(イ)，(ロ)を除く。）

　　(イ) 当該評議員が評議員会の日より相当の期間前に当該事項を法人に通知した場合

　　(ロ) 説明をするために必要な調査が著しく容易な場合

　(b) 評議員が説明を求めた事項について，説明をすることで法人その他の

者（当該評議員を除く。）の権利が侵害される場合

(c) 評議員が当該評議員会において，実質的に同一の事項について繰り返して説明を求める場合

(d) 上記(a)〜(c)のほか，説明をしないことにつき正当な理由がある場合

10. 評議員会に提出された資料等の調査

評議員会においては，決議により，理事，監事及び会計監査人が当該評議員会に提出し，又は提供した資料を調査する者を選任することができる（一般法191①）。これは，仮に理事等が評議員会に提出した資料の内容が理事等に有利なものになっていたのでは，評議員会における判断を歪める結果につながりかねないため，当該資料の適正性を担保する上から，評議員会において，調査することが認められたものである。

なお，ここでいう資料とは，計算書類等（貸借対照表，損益計算書及び事業報告並びにこれらの附属明細書（監事監査（一般法124①，199）又は会計監査人監査（一般法124②，199）の適用がある場合は，監事監査報告又は会計監査人監査報告を含む（一般法125，199）。））などを指す（一般法126①，199）。また，特に評議員により招集された評議員会では，法人の内部において何らかの問題が生じている可能性もあるため，評議員会において，決議により法人の業務及び財産の状況を調査する者を選任できるとされている（一般法191②）。

11. 評議員会の決議の省略

評議員が，評議員会の目的である事項について提案を行った場合において，当該提案について評議員の全員が書面又は電磁的記録により同意の意思を示したときには，一定の条件のもと，当該提案が可決した評議員会の決議があったものとして決議を省略することが認められている（一般法194①）。

評議員会において評議員全員の議題に対する意見が一致し，評議員会を開催したとしても，評議員会での結論が変わらないのであれば，評議員会の決議を

省略し，費用と時間を節約することは合理的であるということができる。その
ため，上記のような場合において，一般法人法では，評議員会の決議の省略を
認めている。

ただし，当該手続が適切になされるよう，一般法人法では，次のような規定
がなされている。

▶同意の意思表示をした書面又は電磁的記録の備え置き

主たる事務所に，評議員会の決議があったものとみなされた日から10年間，
理事が提案し，評議員全員が同意の意思表示をした書面又は電磁的記録を，主
たる事務所に備え置くことが義務付けられる（一般法194②）。

▶同意の意思表示をした書面又は電磁的記録の閲覧又は謄写の請求

評議員及び債権者は，法人の業務時間内にいつでも，次の請求ができる。
① 同意の意思表示をした書面の閲覧又は謄写の請求（一般法194③一）
② 電磁的記録で記録された同意の意思表示をしたものの閲覧又は謄写の請
求（一般法194③二）

なお，法人は正当な理由がない書面閲覧又は謄写請求に対してこれを拒絶す
ることができるが，正当な理由なく閲覧又は謄写を拒否した場合には，法人に
100万円以下の過料が課されることに留意する必要がある（一般法342四）。

12. 評議員会への報告の省略

理事が，評議員の全員に対して評議員会に報告すべき事項を通知した場合に
おいて，当該事項の評議員会での報告を省略することについて，評議員全員か
ら書面又は電磁的記録による同意の意思を取り付けたときは，当該事項の評議
員会への報告があったものとすることが認められている（一般法195）。

評議員会の決議の省略の規定と同様の趣旨により，評議員会への報告も省略
が認められている。

92 第Ⅰ部 制度編

13. 評議員会の議事録

　評議員会の議事については，法務省令に従った議事録の作成が義務付けられている（一般法 193 ①）。議事録には，評議員会の議事の経過や，その決議内容等が記録される。議事録は，法人登記の申請における添付書類として，また，後日評議員会の決議内容等を巡って訴訟にまで発展するような事態が生じた場合に，議事の状況を遡って把握するために活用されることからも，非常に重要な書類であるということができる。

▶評議員会の議事録の記載事項

　一般法人法施行規則では，評議員会の議事録は，書面又は電磁的記録で作成し（一般法規則 60 ②），次の内容を記載するように求めている（一般法規則 60 ③）。
① 　開催された日時と場所（一般法規則 60 ③一）
② 　議事の経過の要領とその結果（一般法規則 60 ③二）
③ 　決議する事項について特別の利害関係を有する評議員がいるときは，当該評議員の氏名（一般法規則 60 ③三）
④ 　評議員会で述べられた意見又は発言があるときは，その意見又は発言概要（一般法規則 60 ③四）
　(a) 　監事や会計監査人が，評議員会において，監事や会計監査人の選任，解任又は辞任について意見を述べたとき（一般法 74 ①，④，177，一般法規則 60 ③四イ）
　(b) 　監事や会計監査人を辞任した者が，辞任後最初に招集された評議員会に出席して辞任をした旨及びその理由を述べたとき（一般法 74 ②，74 ④，177，一般法規則 60 ③四ロ）
　(c) 　監事が，理事が評議員会に提出しようとする議案，書類その他法務省令で定めるものを調査した結果，法令若しくは定款に違反し，又は著しく不当な事項があったとして，その調査結果を評議員会に報告したとき（一般法 102，197，一般法規則 60 ③四ハ）
　(d) 　監事が，評議員会において，監事の報酬等について意見を述べたとき

（一般法 105 ③，197，一般法規則 60 ③四ニ）

(e) 一般社団法人の計算書類及びその附属明細書が，法令又は定款に適合
するかどうかについて，会計監査人と監事との意見が相違し，会計監査
人（監査法人の場合は，業務執行社員）が定時評議員会に出席して意見
を述べたとき（一般法 109 ①，197，一般法規則 60 ③四ホ）

(f) 定時評議員会において，会計監査人が出席を求められ，出席して意見
を述べたとき（一般法 109 ②，197，一般法規則 60 ③四ヘ）

⑤ 評議員会に出席した評議員，理事，監事又は会計監査人の氏名又は名称
（一般法規則 60 ③五）

⑥ 評議員会に議長がいるときは，議長の氏名（一般法規則 60 ③六）

⑦ 議事録の作成を行った者の氏名（一般法規則 60 ③七）

▶評議員会の決議を省略した場合の議事録の記載事項

法人が，評議員会の決議を省略し，一般法人法第 194 条第 1 項の規定により
評議員会の決議があったものとされた場合，一般法人法施行規則では，次の内
容を議事録に記載するよう求めている（一般法規則 60 ④一）。

① 評議員会の決議があったものとみなされた事項の内容

② ①の事項の提案をした者の氏名

③ 評議員会の決議があったものとみなされた日

④ 議事録の作成を行った者の氏名

▶評議員会への報告を省略した場合の議事録の記載事項

法人が，評議員会への報告を省略し，一般法人法第 195 条の規定により評議
員会への報告があったものとされた場合，一般法人法施行規則では，次の内容
を議事録に記載するよう求めている（一般法規則 60 ④二）。

① 評議員会への報告があったものとみなされた事項の内容

② 評議員会への報告があったものとみなされた日

③ 議事録の作成を行った者の氏名

94　第Ⅰ部　制度編

評議員会の議事録に関して，一般法人法では，次のような規定がなされている。

▶議事録の備え置き

一般財団法人では，次のとおり議事録の備え置きが義務付けられている。

① 　主たる事務所に，議事録の原本を，評議員会の日から10年間（一般法193②）

② 　従たる事務所に，議事録の写しを，評議員会の日から5年間（一般法193③）

ただし，次の条件をともに満たす場合には，議事録の備え置きが免除されている。

(a) 　議事録が電磁的記録により作成されている場合

(b) 　従たる事務所において，次の②の評議員及び債権者からの請求に応じる措置として法務省令で定める対応をしている場合

▶議事録の閲覧又は謄写の請求

評議員及び債権者は，法人の業務時間内にいつでも，次の請求ができる。

① 　書面による議事録の閲覧又は謄写の請求（一般法193④一）

② 　電磁的記録に記録された議事録の閲覧又は謄写の請求（一般法193④二）

ただし，法人は，正当な理由がない議事録の閲覧又は謄写の請求に対してはこれを拒絶することができるが，正当な理由なく閲覧又は謄写を拒否した場合には，法人に100万円以下の過料が課されることに留意する必要がある（一般法342四）。

14. 評議員会の決議の瑕疵

評議員会の決議に瑕疵があった場合，一般法人法では，決議の瑕疵の程度に応じて，決議の取消しの訴え（一般法266），決議の不存在の確認の訴え（一般法265①）又は決議の無効の確認の訴え（一般法265②）の3つの訴えが認められている。

第2章　一般社団法人及び一般財団法人　95

図表 2-8　評議員会の決議の瑕疵に関する3つの訴え

	決議の取消しの訴え	決議の不存在の確認の訴え	決議の無効の確認の訴え
取消等の事由	次の場合において，決議の取消しを，訴えにより請求できる。 (1) 招集手続又は決議の方法が法令，定款に違反し，又は著しく不公正なとき（一般法266①一）。 (2) 決議の内容が定款に違反するとき（一般法266①二）。	決議が不存在であることの確認を，訴えにより請求できる（一般法265①）。 (例) (1) 決議が開催されていないものの，議事録が作成しているなど，外観的に決議があったように装っている場合 (2) 何らかの決議はなされたものの手続的に著しい瑕疵があり，法律上存在とは認められない場合（招集権者でない者により招集，招集通知洩れが著しいなど）	決議が無効であることの確認を，訴えにより請求できる（一般法265②）。 ただし，決議の内容が法令に違反している場合（一般法人法以外の法令についても決議の効果を否定するものはすべて含む。）に限られる。 なお，定款違反は，取消しの訴えで担保される。
制度趣旨	比較的軽微な瑕疵においても訴えの機会を認めることは，法的安定性の確保や濫訴防止の見地から望ましくないため，訴訟を提起できる者，提訴（出訴）期間について限定している。	当初から法的な決議の要件を満たしていないため，個人の保護，個人の意思を問わず，法の理念より効力が認められない。	
原告	評議員，理事，監事又は清算人 （これらの者以外，訴えを提起できない。）	限定なし	
被告	当該法人（一般法269五）	当該法人（一般法269四）	
提訴期間	評議員会決議の日から3ヶ月以内（一般法266①）	限定なし	

96　第Ⅰ部　制度編

	決議の取消しの訴え	決議の不存在の確認の訴え	決議の無効の確認の訴え
効果	決議取消しの判決が確定して初めて決議取消しの効果が生じる。それまでは，瑕疵があったとしても決議は有効となる。 　請求を認容する確定判決は，第三者に対しても効力を有する（一般法 273）。	請求を認容する確定判決は，第三者に対しても効力を有する（一般法 273）。	
裁量棄却*	認められる （一般法 266 ②）。	認められない （規定なし）。	

＊裁量棄却

　決議の取消しの訴えでは，決議の取消事由が存在しても，評議員会の招集手続又は決議の方法が法令又は定款に違反した場合において，裁判所は，次の①，②の両方の要件を満たしていると判断した場合に限り，決議の取消しの訴えの請求を棄却することが認められている（一般法 266 ②）。

① 　その違反する事実が重大でないとき

② 　その違反があっても決議に影響を及ぼさないものであると認めるとき

　そのため，一般法人法第 266 条第 1 項第 1 号に規定されているものについてのみ，裁量棄却が適用となる。これにより法は，招集の手続又は決議の方法の瑕疵が重大でなく，決議の結果に影響を及ぼさない場合においては，裁判所に決議の取消しの訴えの請求を棄却する権限を与え，取消しにより生じる混乱の回避と法的安定性を図っている。

15. 評議員及び評議員会以外の機関の設置

　一般財団法人の評議員及び評議員会以外の機関については，一般社団法人の次の箇所で述べているため参照のこと。

6 理事（P. 39）

7 理事会（P. 43）

8 監事（P. 51）

9 会計監査人（P. 63）

14 一般社団法人及び一般財団法人の罰則及び過料

　第1章で記載したとおり，現行制度においては，法人自身による自主的な管理と運営を行うための諸制度が多く取り入れられた。法人の機関については，先に制度として運用がなされている会社法に類似した規定が多くの点で見て取れるが，罰則及び過料についても同様である。

▶罰　則
　一般社団法人及び一般財団法人（及び公益法人）が適用対象となる罰則は，次のとおりである。

　(a)　理事等の特別背任罪
　　次の(ア)～(ケ)の者が，自己若しくは第三者の利益を図り，又は一般社団法人等に損害を加える目的で，その任務に背く行為をし，当該一般社団法人（又は清算法人）等に財産上の損害を加えたとき（未遂を含む。）は，7年以下の懲役若しくは500万円以下の罰金に処され，又はこれを併科される（一般法334）。
　　(ア)　設立時社員
　　(イ)　設立者
　　(ウ)　設立時理事又は設立時監事
　　(エ)　理事，監事又は評議員
　　(オ)　民事保全法第56条に規定する仮処分命令により選任された理事，監事又は評議員の職務を代行する者
　　(カ)　一時理事，監事，代表理事又は評議員の職務を行うべき者
　　(キ)　事業に関するある種類又は特定の事項の委任を受けた使用人
　　(ク)　検査役
　　(ケ)　清算人，清算人の職務を代行する者，一時清算人又は代表清算人の職務を行うべき者

98　第Ⅰ部　制度編

(b)　法人財産の処分に関する罪

　上記(a)(エ)～(キ)の者が，法令又は定款の規定に反して，基金の返還をした
とき，又は一般社団法人等の目的の範囲外において，投機取引のために一
般社団法人等の財産を処分したときは，3年以下の懲役若しくは100万円
以下の罰金に処し，又はこれを併科する（一般法335）。

(c)　虚偽文書行使等の罪

　上記(a)(ア)，(ウ)～(キ)の者，及び基金を引き受ける者の募集の委託を受けた
者が，基金を引き受ける者の募集に際して，一般社団法人の事業その他の
事項に関する説明を記載した資料若しくは当該募集の広告その他の当該募
集に関する文書において，重要な事項について虚偽の記載のあるものをそ
の募集の事務に供したときは，3年以下の懲役若しくは100万円以下の罰
金に処され，又はこれを併科される（一般法336）。

(d)　理事等の贈収賄罪

　上記(a)(ア)～(ケ)の者，及び会計監査人（又は一時会計監査人）の職務を行
うべき者が，その職務に関し，不正の請託を受けて，財産上の利益を収受
し，又はその要求若しくは約束をしたときは，5年以下の懲役又は500万
円以下の罰金に処される（一般法337①）。なお，収受した利益は没収され，
その全部又は一部を没収することができないときは，その価額が追徴され
る（一般法337③）。

　また，利益を供与し，あるいはその申込み若しくは約束をした者は，3
年以下の懲役又は300万円以下の罰金に処される（一般法337②）。

(e)　虚偽記載等の罪

　電子公告調査機関に関する会社法の準用規定（一般法333）に違反して，
調査記録簿等に電子公告調査に関し法務省令で定めるものを記載せず，若
しくは記録せず，若しくは虚偽の記載若しくは記録をし，又は調査記録簿
等を保存しなかった者は，30万円以下の罰金に処される（一般法340）。

第2章　一般社団法人及び一般財団法人　99

　なお，法人の代表者又は法人若しくは人の代理人，使用人その他の従業者が，その法人又は人の業務に関し，上記の違反行為をしたときは，行為者を罰するほか，その法人又は人に対しても，罰金が科される（一般法341）。

▶過　料

　一般社団法人及び一般財団法人（及び公益法人）の次の(ア)〜(ケ)のものが，適用対象となる過料は，次のとおりである（一般法342）。

(ア)　設立時社員

(イ)　設立者

(ウ)　設立時理事，設立時監事又は設立時評議員

(エ)　理事，監事又は評議員

(オ)　会計監査人，その職務を行うべき者又は一時会計監査人の職務を行うべき者

(カ)　民事保全法第56条に規定する仮処分命令により選任された理事，監事又は評議員の職務を代行する者

(キ)　一時理事，監事，代表理事又は評議員の職務を行うべき者

(ク)　検査役

(ケ)　清算人，清算人の職務を代行する者，一時清算人又は代表清算人の職務を行うべき者

(a)　一般法人法による登記を怠ったとき

(b)　一般法人法による公告若しくは通知を怠ったとき，又は不正の公告若しくは通知をしたとき

(c)　一般法人法による開示を怠ったとき

(d)　一般法人法に違反して，正当な理由がないのに，書類若しくは電磁的記録に記録された事項を法務省令で定める方法により表示したものの閲覧若しくは謄写又は書類の謄本若しくは抄本の交付，電磁的記録に記録

された事項を電磁的方法により提供すること若しくはその事項を記載した書面の交付を拒んだとき

(e) 一般法人法による調査を妨げたとき

(f) 官庁又は社員総会若しくは評議員会に対して，虚偽の申述を行い，又は事実を隠ぺいしたとき

(g) 定款，社員名簿，議事録，財産目録，会計帳簿，貸借対照表，損益計算書，事業報告，事務報告，計算書類及び事業報告の附属明細書，清算事務制度に係る貸借対照表及び事務報告の附属明細書，監査報告，会計監査報告，決算報告等の書面若しくは電磁的記録に記載し，若しくは記録すべき事項を記載せず，若しくは記録せず，又は虚偽の記載若しくは記録をしたとき

(h) 一般法人法に違反して，帳簿又は書類若しくは電磁的記録を備え置かなかったとき

(i) 一般法人法に違反して，社員総会又は評議員会を招集しなかったとき

(j) 社員提案権，評議員提案権による請求に係る事項を社員総会又は評議員会の目的としなかったとき

(k) 正当な理由がないのに，社員総会又は評議員会において，社員又は評議員の求めた事項について説明をしなかったとき

(l) 監事の選任又は会計監査人の選解任を社員総会又は評議員会の目的とすること，又は議案を提出することの請求があった場合において，その請求に係る事項を社員総会若しくは評議員会の目的とせず，又はその請求に係る議案を社員総会若しくは評議員会に提出しなかったとき

(m) 理事，監事，評議員又は会計監査人が一般法人法又は定款で定めたその員数を欠くこととなった場合において，その選任（一時会計監査人の職務を行うべき者の選任を含む。）の手続をすることを怠ったとき

(n) 競業及び利益相反取引について規定に違反して，理事会又は清算人会に報告せず，又は虚偽の報告をしたとき

(o) 基金の返還の規定に違反して，自己を債務者とする基金の返還に係る債権を取得したとき，又は当該債権を相当の時期に他に譲渡することを

怠ったとき

(p) 基金の返還の規定に違反して，返還をする基金に相当する金額を代替基金として計上せず，又は代替基金を取り崩したとき

(q) 清算法人の財産がその債務を完済するのに足りないことが明らかになったにもかかわらず，破産手続開始の申立てを怠ったとき

(r) 清算の結了を遅延させる目的で，債権者に対する公告等の期間を不当に定めたとき

(s) 清算法人が債権者に対する公告等の期間中に，債務の弁済をしたとき

(t) 清算法人の債務を弁済する前に，清算法人の財産を引き渡したとき

(u) 合併に関する公告又は債権者の異議等の規定に違反して，吸収合併又は新設合併をしたとき

(v) 電子公告調査機関に関する会社法の準用規定（一般法333）に違反して，会社法の規定による調査を求めなかったとき

なお，上記のいずれかに該当する場合には，100万円以下の過料に処される（ただし，これらの行為について，刑が科される場合を除く。）。

第3章 公益社団法人及び公益財団法人

＜ポイント＞

　第2章で述べたとおり，一般社団法人又は一般財団法人の中から行政庁により公益認定を受けたものが公益社団法人又は公益財団法人となる。公益社団法人又は公益財団法人は，法の定める認定基準を満たした公益性の高い社団法人又は財団法人であり，行政庁による監督を受ける等の制約が課されるが，税制上の優遇措置が取られていることに加え，公益性のある法人として社会的信用が高まるというメリットがある。

　本章では，公益社団法人及び公益財団法人の特徴，公益認定を得て公益法人になることのメリットとデメリット，公益目的事業の定義と種類，公益認定の基準及び情報開示等について解説する。

1 公益法人の特徴

公益法人認定法第1条では，法の目的として次のように規定されている。

> 　内外の社会経済情勢の変化に伴い，民間の団体が自発的に行う公益を目的とする事業の実施が公益の増進のために重要になっていることにかんがみ，当該事業を適正に実施し得る公益法人を認定する制度を設けるとともに，公益法人による当該事業の適正な実施を確保するための措置等を定め，もって公益の増進及び活力ある社会の実現に資することを目的とする。

　このように現行制度では，公益法人においても自主的な法人運営が尊重され，公益法人が自己責任で法人運営を行うことにより，民間の創意工夫を引き出す

方向で改革がなされていることが謳われている。

　今回の制度改革における特徴点として，「法人格の取得」と「公益性の判断」の分離がある。旧公益法人制度においては，非営利活動を行うものなどが法人格の取得を望んだ場合，選択肢が限られており，公益法人になることが数少ない1つの方策であった。しかしながら，旧公益法人制度で規定していた従来の民法第34条による主務官庁制では，「公益性の認定」と「法人格の取得」が一体となっており，さらに公益認定の要件が法定されておらず，主務官庁の裁量に任されていたため，主務官庁が公益と認める団体などでないと，「法人格の取得」ができなかった。

　現行制度では，「法人格の取得」と「公益性の判断」の分離がなされ，「法人格の取得」を望む非営利活動を行うものは，事業の公益性の有無にかかわらず，準則主義（法律上の一定の要件を備えた社団又は財団は，登記手続により直ちに法人設立が可能となる。）により，簡単に一般社団法人又は一般財団法人を設立することができるようになった。

　それにより，法人格の取得のみを望み，必ずしも公益社団法人又は公益財団法人となることを望まない，あるいはなる必要のない法人にとっては，使い勝手のよいものとなった。

　一方で，事業の公益性などから公益社団法人又は公益財団法人となることを望むものは，まずは，準則主義に基づき一般社団法人又は一般財団法人となった上で，次の段階として現行制度において法定化され明確になった公益認定の基準の要件を充たすことにより行政庁から公益認定を得て，公益社団法人又は公益財団法人になるという2段階の手順を踏むこととなった。

　このように現行制度において公益社団法人又は公益財団法人は，行政庁から公益認定を受けた一般社団法人又は一般財団法人と位置付けられるため，公益法人認定基準に従うとともに，公益法人認定基準で規定されていない部分については，一般社団法人又は一般財団法人として一般法人法が適用されることとなる。

　公益認定を得た公益法人には，各種の税制上の優遇措置が用意されているが，その一方で，公益法人としての公益性から，運営についても高い透明性が求め

られ，毎事業年度の開始前における事業計画等と，事業年度の終了後における事業報告を作成し，行政庁に提出するとともに，広く世間一般に情報を公開することが義務付けられている。

2 公益法人としてのメリットとデメリット

　一般社団法人又は一般財団法人が，公益認定を得て公益社団法人又は公益財団法人となることによるメリットとデメリットには，一般的に次のものがある。

1. 公益法人であることのメリット

①　行政庁による社会的信用の付与

　公益社団法人又は公益財団法人になるには，公益法人認定法が定める要件をクリアする必要がある。その意味で公益社団法人又は公益財団法人として認定されること自体が，社会的に信頼しうる法人であることの証明となる。

②　税制上の優遇措置

　各種の税制上の優遇措置が用意されている。公益目的事業が非課税とされるほか，利子・配当等に関する源泉所得税非課税やみなし寄付金制度，また，寄付者に対する寄付金控除等，広く税制上の優遇措置が受けられる。

　詳細は，「第Ⅲ部　税務編」において解説している。

2. 公益法人であることのデメリット

①　事業活動について制約

　一般社団法人又は一般財団法人は，基本的に事業内容に制約はないが，公益認定を受ける場合には，事業活動が公益認定基準に適合するものでなければならない。

　また，公益認定基準に違反した場合，公益認定が取り消されることとなり，

保有する公益目的取得財産残額は，公益法人，国又は地方公共団体等に贈与しなければならない。

② 行政庁による指導監督

一般社団法人又は一般財団法人では，業務や運営について行政庁による監督を原則として受けないが，公益社団法人又は公益財団法人になると，公益性の確保と事業の運営の適正性の維持の観点から，毎年度の報告義務や監督，行政庁による定期的な立入検査を受けることとなる。

③ 事務負担の増加

一般社団法人又は一般財団法人が公益認定を受ける時はもちろんのこと，公益認定後も継続して公益認定基準を充足する必要があるため，法人における事務負担が増加する。

一般社団法人又は一般財団法人は，公益法人認定法が定める要件をクリアし，行政庁から公益認定を受けることにより公益社団法人又は公益財団法人になることができるが，公益法人になった後においても，多くの規制を受けることとなる。

そのため，公益社団法人又は公益財団法人として公益認定を受けるか，一般社団法人又は一般財団法人として活動を続けるかは，将来的にどのような法人を目指すのかを検討し，公益法人となることのメリットとデメリットを十分に吟味して判断することとなる。

特に公益認定を受けてない一般社団法人又は一般財団法人においても，一定の要件を満たす場合，収益事業課税等の税制上の優遇措置を受けられることがあるため，この点も判断要素となる。

一般社団法人又は一般財団法人から公益社団法人又は公益財団法人になるための公益認定を得るまでの流れを図に示すと，次のとおりである。

図表3-1　公益認定を得るまでの流れ

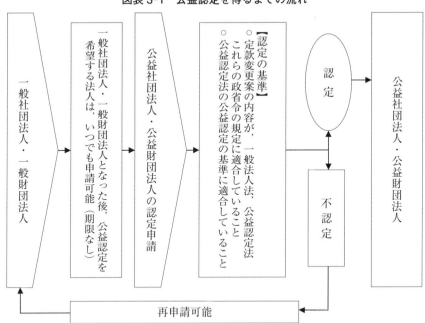

（出典）公益認定等委員会事務局「民による公益の増進を目指して～新公益法人制度の概要～」を一部加筆修正

3 公益法人に認定されるための公益目的事業

公益法人認定法第2条第4号では、「公益目的事業」が定義されている。

1. 公益目的事業の定義

公益法人認定法では、次の①、②の要件を満たすものを、「公益目的事業」としている。

① 学術、技芸、慈善その他の公益に関する別表各号に掲げる種類の事業
② 不特定かつ多数の者の利益の増進に寄与するもの

2. 公益目的事業の種類

「公益目的事業」の定義上の要件の①については，公益法人認定法の別表において具体的な事業の種類が1号から22号にわたり示されている。公益認定を望む法人は，自己の事業が別表に示されている事業のいずれに該当し，かつ，当該事業が公益目的（不特定かつ多数の者の利益の増進に寄与するもの）として営まれていることを検討する必要がある。

別表の23号では，『前各号に掲げるもののほか，公益に関する事業として政令で定めるもの』としているが，将来の新規事業に備えて規定が設けられたものであり，現時点では政令で定められているものはない。

なお，公益法人認定法の別表で示されている公益目的事業とは，次のものを目的とする事業をいう。

図表 3-2　公益目的事業の種類

① 学術及び科学技術の振興
② 文化，芸術の振興
③ 障害者，生活困窮者，事故・災害・犯罪による被害者の支援
④ 高齢者の福祉増進
⑤ 勤労意欲のある者に対する就労の支援
⑥ 公衆衛生の向上
⑦ 児童，青少年の健全な育成
⑧ 勤労者の福祉の向上
⑨ 教育，スポーツ等を通じて国民の心身の健全な発達に寄与又は豊かな人間性を涵養
⑩ 犯罪の防止，治安の維持
⑪ 事故，災害の防止
⑫ 人種，性別その他の事由による不当な差別や偏見の防止，根絶
⑬ 思想，良心，信教の自由，表現の自由の尊重，擁護
⑭ 男女共同参画社会の形成，その他よりよい社会の形成の推進
⑮ 国際相互理解の促進，開発途上にある海外の地域に対する経済協力
⑯ 地球環境の保全，自然環境の保護，整備
⑰ 国土の利用，整備，保全
⑱ 国政の健全な運営の確保
⑲ 地域社会の健全な発展

⑳	公正かつ自由な経済活動の機会確保，促進，活性化による国民生活の安定向上
㉑	国民生活に不可欠な物資，エネルギー等の安定供給の確保
㉒	一般消費者の利益擁護，増進
㉓	前各号の他，公益に関する事業として政令で定めるもの

（出典）公益法人認定法別表（第2条関位）

3. 公益目的事業の事業区分と事業の例

「公益目的事業」の定義上の要件の②では，事業からの利益が特定の者に帰属することなく，社会全体あるいは多くの者に貢献することが求められている。

「公益認定等に関する運用について（公益認定等ガイドライン）」では，【参考】において公益目的事業であるかどうか（すなわち，「不特定かつ多数の者の利益の増進に寄与するか」）の事実認定に当たっての留意点が，事業区分ごとに「チェックポイント」として示されている。

本チェックポイントでは，事業が，「不特定かつ多数の者の利益の増進に寄与するものであること」を説明するために，法人が，どのような点について明らかにすればよいかを明示している。

なお，公益認定等ガイドラインには，【参考】公益目的事業のポイントについて「第1 公益目的事業のチェックポイントの性格」の箇所において次のような記述があり，実質的な観点から公益目的事業を判断し，検討する姿勢が読み取れる。

> 本チェックポイントは，これに適合しなければ直ちに公益目的事業としないというような基準ではなく，公益法人の事実認定に際しての留意点を明示したものとして，公益目的事業か否かについては，本チェックポイントに沿っているかを勘案して判断されることとなる。

具体的な事業区分ごとの公益目的事業のチェックポイントは，同じく，【参考】公益目的事業のポイントについて，の「第2『不特定かつ多数の者の利益の増進に寄与するもの』の事実認定に当たっての留意点」に記載されているが，

110　第Ⅰ部　制度編

事業区分ごとの事業名の例とともに，事業区分の内容，公益目的事業としての趣旨，及び事業認定時の着目点を一覧にまとめたものが，次の「図表 3-3」である。

図表 3-3　事業区分ごとの事業名の例とチェックポイントの内容

番号	事業区分	事業区分の内容／公益目的事業としての趣旨／事実認定時の着目点／事業名	
1.	検査検定	・内容：	申請に応じて，主として製品等の安全性，性能等について，一定の基準に適合しているかの検査を行い，当該基準に適合していれば当該製品の安全性等を認証する事業のことをいう。
		・趣旨：	製品等の安全性，性能等についての適切な確認
		・着目点：	審査の公正性や質の確保
		・事業名：	検査・検定，検査，検定，認証
2.	資格付与	・内容：	申請者の技能・技術等について，一定の水準に達しているかの試験を行い，達していれば申請者に対して資格を付与する事業のことをいう。
		・趣旨：	技能・技術等の一定水準の到達についての適切な確認
		・着目点：	審査の公正性や質の確保
		・事業名：	技能検定，技術検定，資格認定
3.	講座，セミナー，育成	・内容：	受講者を募り，専門的知識・技能等の普及や人材の育成を行う事業のことをいう。
		・趣旨：	専門的知識・技能等の普及や人材の育成を行うこと
		・着目点：	事業内容についての一定の質の確保等
		・事業名：	講座，講習，セミナー，シンポジウム，人材育成，育成，研修会，学術集会，学術講演会
4.	体験活動等	・内容：	公益目的のテーマを定め，比較的短期間の体験を通じて啓発，知識の普及等を行う事業のことをいう。
		・趣旨：	公益目的をテーマにした体験を通じた啓発・普及活動
		・着目点：	業界団体の販売促進や共同宣伝になっていないか等
		・事業名：	イベント，体験，体験教室，ツアー，観察会

5.	相談，助言	・内容：	相談に応じて，助言や斡旋その他の支援を行う事業のことをいう。
		・趣旨：	適切な助言等の支援を行うこと
		・着目点：	助言の質の確保
		・事業名：	相談，相談対応，相談会，指導，コンサルタント，助言，苦情処理
6.	調査，資料収集	・内容：	あるテーマを定めて，法人内外の資源を活用して，意識や実態等についての調査，資料収集又は当該調査の結果その他の必要な情報を基に分析を行う事業のことをいう。
		・趣旨：	結果の社会での活用
		・着目点：	結果の取扱い
		・事業名：	調査研究，調査，統計，資料収集，情報収集，データベース作成，分析
7.	技術開発，研究開発	・内容：	あるテーマを定めて，法人内外の資源を活用して技術等の開発を行う事業のことをいう。
		・趣旨：	結果の社会での活用
		・着目点：	成果の普及
		・事業名：	研究開発，技術開発，システム開発，ソフト開発，研究，試験研究
8.	キャンペーン，○○月間	・内容：	ポスター，新聞その他の各種広報媒体等を活用し，一定期間に集中して，特定のテーマについて対外的な啓発活動を行う事業のことをいう。
		・趣旨：	公益目的をテーマにした体験を通じた啓発・普及活動
		・着目点：	販売促進や共同宣伝になっていないか，要望・提案を行うことによるメリットが特定の者に限定されていないか
		・事業名：	キャンペーン，普及啓発，週間，月間，キャラバン，政策提言
9.	展示会，○○ショー	・内容：	展示という手段により，特定のテーマについて対外的な啓発・普及活動を行う事業（文化及び芸術の振興に係る事業を除く。）のことをいう。
		・趣旨：	公益目的をテーマにした啓発・普及を行うこと
		・着目点：	販売促進や共同宣伝になっていないか，出展者の選定時における公正性の確保
		・事業名：	展示会，博覧会，ショー，○○展，フェア，フェスタ，フェスティバル

10.	博物館等の展示	・内容： 歴史，芸術，民俗，産業，自然科学等に関する資料を収集・保管し，展示を行う事業のことをいう。 ・趣旨： 歴史，芸術，民俗，産業，自然科学等に関する資料の直接接する機会の不特定多数の者への提供 ・着目点：適切なテーマ設定，展示内容へのテーマの反映，一定の質が確保 ・事業名：○○館，コレクション，常設展示場，常設展示
11.	施設の貸与	・内容： 公益目的のため，一定の施設を個人，事業者等に貸与する事業のことをいう。 ・趣旨： 施設の貸与による公益目的の実現 ・着目点：使用目的に沿った貸与等の実施 ・事業名：施設（又は会館，ホール，会議室）管理，施設の管理運営，施設の維持経営
12.	資金貸付， 債務保証等	・内容： 公益目的で個人や事業者に対する資金貸付や債務保証等を行う事業のことをいう。 ・趣旨： 事業目的に沿って資金貸付，債務保証等の実践 ・着目点：実質的に構成員の共通の利益に奉仕していないこと ・事業名：融資，ローン，債務保証，信用保証，リース
13.	助成（応募型）	・内容： 応募・選考を経て，公益目的で，個人や団体に対して資金を含む財産価値のあるものを原則として無償で提供する事業のことをいう。 ・趣旨： 財産価値のあるものの無償提供，助成の対象となるべき事業・者の設定及び対象者の選考 ・着目点：公正性の確保 ・事業名：助成，無償奨学金，支援，補助，援助，補助金，利子補給，家賃補助，無償貸与，無償貸付，無償レンタル
14.	表彰， コンクール	・内容： 作品・人物等表彰の候補を募集し，選考を経て，優れた作品・人物等を表彰する事業のことをいう。 ・趣旨： 適切な選考を通じた優れた作品・人物等の顕彰。 ・着目点：選考の質や公正性の確保 ・事業名：表彰，○○賞，○○大賞，コンクール，コンクール大会，審査，コンテスト，グランプリ，展覧

15.	競技会	・内容：	スポーツ等の競技を行う大会を開催する事業のことをいう。
		・趣旨：	競技者への技能向上の機会の提供，当該競技の普及促進によるスポーツ等の振興
		・着目点：競技会の質を維持・向上に向けた工夫	
		・事業名：競技大会，試合，大会，○○カップ，○○杯，○○オープン	
16.	自主公演	・内容：	法人が，自らの専門分野について制作又は練習した作品を演じ，又は演奏する事業のことをいう。
		・趣旨：	芸術等の振興や不特定多数の者に対する芸術等に触れる機会の提供
		・着目点：質の確保・向上の努力	
		・事業名：公演，興行，演奏会	
17.	主催公演	・内容：	法人が，主として外部制作の公演の選定を行い，主催者として当該公演を実施する事業のことをいう。
		・趣旨：	芸術等の振興や不特定多数の者に対する芸術等に触れる機会の提供
		・着目点：公演作品の適切な企画・選定	
		・事業名：主催公演，主催コンサート	

（出典）公益認定等ガイドライン【参考】公益目的事業のポイントについて「第2『不特定かつ多数の者の利益の増進に寄与するもの』の事実認定に当たっての留意点」

　「公益事業目的のチェックポイントについて」では，各事業区分ごとに公益目的事業のチェックポイントを掲げている。以下は，複数の事業区分に共通したチェックポイントとして掲げられているものである。

（1）当該公益目的事業が，不特定多数の者の利益の増進に寄与することを主たる目的として位置付け，適当な方法で明らかにしているか。

> 1．検査検定～17．主催公演の上記の全公益目的事業において要請

114　第Ⅰ部　制度編

(2) 公益目的として設定されたテーマを実現するためのプログラムになって
いるか（特定の業界団体等の販売促進や共同宣伝になっていないか）。

> 4. 体験活動等，8. キャンペーン，○○月間，
>
> 9. 展示会，○○ショー，10. 博物館等の展示

(3) 基準を公開し，内容を公表しているか。

> 1. 検査検定，2. 資格付与，6. 調査，資料収集，
>
> 7. 技術開発，研究開発，8. キャンペーン，○○月間，
>
> 9. 展示会，○○ショー，12. 資金貸付，債務保証等，
>
> 13. 助成（応募型），15. 競技会，17. 主催公演

(4) 受益の機会が，一般に開かれたものとなっているか。

> 1. 検査検定，2. 資格付与，3. 講座，セミナー，育成，
>
> 5. 相談，助言，12. 資金貸付，債務保証等，
>
> 13. 助成（応募型）

(5) 公正性を確保する仕組みが存在しているか。

> 1. 検査検定，2. 資格付与，13. 助成（応募型），
>
> 14. 表彰，コンクール，15. 競技会，17. 主催公演

(6) 専門家が適切に関与しているか。

> 2. 資格付与，3. 講座，セミナー，育成，
>
> 4. 体験活動等，5. 相談，助言，6. 調査，資料収集，
>
> 7. 技術開発，研究開発，10. 博物館等の展示，
>
> 12. 資金貸付，債務保証等，13. 助成（応募型），
>
> 14. 表彰，コンクール

4. 事業区分に該当しない事業についてのチェックポイント

上記17の事業区分に該当しない事業についても，共通のチェックポイントが挙げられている（公益認定等ガイドライン【参考】公益目的事業のポイントについて　第2「不特定かつ多数の者の利益の増進に寄与するもの」の事実認定に当たっての留意点 2. 上記の事業区分に該当しない事業についてチェックすべき点）。

(1) 事業目的

（趣旨：不特定多数でない者の利益の増進への寄与を，主たる目的としていないかを確認するため）

(2) 事業の合目的性

（趣旨：事業の内容や手段が，事業目的を実現するのに適切であることを確認するため）

① 受益の機会の公開（例：受益の機会が，一般に開かれているか）

② 事業の質を確保するための方策（例：専門家が適切に関与しているか）

③ 審査・選考の公正性の確保（例：当該事業が審査・選考を伴う場合，審査・選考が公正に行われているか）

④ その他（例：公益目的として設定した事業目的と異なり，業界団体の販売促進，共同宣伝になっていないか）

上記のように，17の事業区分に当てはまらない事業についても，チェックすべきポイントが示されていることからも，実務を配慮した柔軟な対応姿勢が見て取れる。

116 第Ⅰ部 制度編

4 公益認定の基準

　公益認定の基準とは，行政庁が公益認定をする際の基準であり，公益法人認定法第5条において第1号から第18号で規定されている。行政庁では，法人における当該各号についての適合性をチェックし，基準の要件を満たしている法人に対して公益認定を下す判断がなされる。

図表3-4　公益認定の基準一覧

番号	項　　目	公益認定の基準（公益法人認定法第5条第1号〜第18号）
1号	法人の主たる目的	公益目的事業を行うことを主たる目的としていること。
2号	経理的基礎及び技術的能力	公益目的事業を行うのに必要な経理的基礎及び技術的能力を有していること。
3号	法人の関係者への特別の利益	その事業を行うに当たり，社員，評議員，理事，監事，使用人その他の政令で定める当該法人の関係者に対して，特別の利益を与えないこと。
4号	営利事業を営む者等への特別の利益	その事業を行うに当たり，株式会社その他の営利事業を営む者，又は特定の個人若しくは団体の利益を図る活動を行うものとして政令で定める者に対して，寄付その他の特別の利益を与える行為を行わないこと。ただし，公益法人に対し，当該公益法人が行う公益目的事業のために寄付その他の特別の利益を与える行為は認められる。
5号	投機的な取引を行う事業	投機的な取引，高利の融資その他の事業で，公益法人の社会的信用を維持する上でふさわしくないものとして政令で定めるもの又は公の秩序若しくは善良の風俗を害するおそれのある事業を行わないこと。
6号	公益目的事業の収入	公益目的事業の収入が実施に要する適正な費用を償う額を超えないと見込まれること。
7号	公益目的事業の実施に支障を及ぼすおそれ	公益目的事業以外の事業（収益事業等）を行う場合において，収益事業等を行うことによって公益目的事業の実施に支障を及ぼすおそれがないこと。
8号	公益目的事業比率	事業活動を行うに当たり，公益目的事業比率が50／100以上になると見込まれること。

9号	遊休財産額の保有の制限	事業活動を行うに当たり，遊休財産額が一定の保有の制限を超えないと見込まれること。
10号	理事と特別の関係がある者	各理事について，当該理事及びその配偶者又は3親等内の親族（これらの者に準ずるものとして当該理事と政令で定める特別の関係がある者を含む。）である理事の合計数が理事の総数の1／3を超えないこと。監事についても同じ。
11号	他の同一の団体の関係者	他の同一の団体（公益法人又はこれに準ずるものとして政令で定めるものを除く。）の理事又は使用人である者その他これに準ずる相互に密接な関係にあるとして政令で定める者である理事の合計数が理事の総数の1／3を超えないこと。監事についても同じ。
12号	会計監査人の設置	会計監査人を置いていること（ただし，毎事業年度における当該法人の収益の額，費用及び損失の額その他の政令で定める勘定の額がいずれも政令で定める基準に達しない場合を除く。）。
13号	役員等の報酬等の支給基準	理事，監事及び評議員に対する報酬等（報酬，賞与その他の職務遂行の対価として受ける財産上の利益及び退職手当）について，内閣府令で定めるところにより，民間事業者の役員の報酬等及び従業員の給与，当該法人の経理の状況その他の事情を考慮して，不当に高額なものとならないような支給の基準を定めていること。
14号	社員の資格得喪に関する条件	一般社団法人において，次のいずれにも該当していること。 ㋐ 社員の資格の得喪に関して，当該法人の目的に照らし，不当に差別的な取扱いをする条件その他の不当な条件を付していないこと。 ㋑ 社員総会において行使できる議決権の数，議決権を行使することができる事項，議決権の行使の条件その他の社員の議決権に関する定款の定めがある場合において，その定めが次のいずれにも該当していること。 　(a) 社員の議決権に関して，当該法人の目的に照らし，不当に差別的な取扱いをしていないこと。 　(b) 社員の議決権に関して，社員が当該法人に対して提供した金銭その他の財産の価額に応じて異なる取扱いを行っていないこと。

		㈡ 理事会を置いていること。
15号	他の団体の意思決定に関与することができる財産	他の団体の意思決定に関与することができる株式その他の内閣府令で定める財産を保有していないこと（ただし，当該財産の保有によって他の団体の事業活動を実質的に支配するおそれがない場合として，政令で定める場合を除く。）。
16号	不可欠特定財産	公益目的事業を行うために不可欠な特定の財産があるときは，その旨並びにその維持及び処分の制限について，必要な事項を定款で定めていること。
17号	公益目的取得財産残額の贈与	公益認定の取消しの処分を受けた場合又は合併により法人が消滅する場合（その権利義務を承継する法人が公益法人であるときを除く。）において，公益目的取得財産残額があるときは，これに相当する額の財産を公益認定の取消しの日又は合併の日から1ヶ月以内に類似の事業を目的とする他の公益法人若しくは次に掲げる法人又は国若しくは地方公共団体に贈与する旨を定款で定めていること。 ㈠ 私立学校法（昭和24年法律第270号）第3条に規定する学校法人 ㈡ 社会福祉法（昭和26年法律第45号）第22条に規定する社会福祉法人 ㈢ 更生保護事業法（平成7年法律第86号）第2条第6項に規定する更生保護法人 ㈣ 独立行政法人通則法（平成11年法律第103号）第2条第1項に規定する独立行政法人 ㈤ 国立大学法人法（平成15年法律第112号）第2条第1項に規定する国立大学法人又は同条第3項に規定する大学共同利用機関法人 ㈥ 地方独立行政法人法（平成15年法律第118号）第2条第1項に規定する地方独立行政法人。 ㈦ その他㈠から㈥までに掲げる法人に準ずるものとして政令で定める法人
18号	残余財産の帰属先	清算をする場合において，残余財産を類似の事業を目的とする他の公益法人若しくは前号㈠から㈦までに掲げる法人又は国若しくは地方公共団体に帰属させる旨を定款で定めていること。

以下，各号の内容について解説する。

1. 法人の主たる目的

> 公益目的事業を行うことを主たる目的とするものであること（認定法
> 5 一）。

「主たる目的としている」とは，認定法第2条第4号で定義する「公益目的
事業」の実施（不特定多数の者の利益の増進に寄与すること）を法人の主たる
目的としていることを指す。定款で定める法人の事業又は目的に根拠がない事
業の場合，公益目的事業として認められないことがあるとされる。申請時には，
公益目的事業比率（認定法5八）（「8. 公益目的事業比率」（P.124）参照）の見
込みが50％以上であれば，この基準は満たしているものと判断される（公益認
定等ガイドラインⅠ-1）。

2. 経理的基礎及び技術的能力

> 公益目的事業を行うのに必要な経理的基礎及び技術的能力を有するもの
> であること（認定法5二）。

「公益目的事業を行うのに必要な経理的基礎」とは，(1)財政基盤の明確化，
(2)経理処理，財産管理の適正性，(3)情報開示の適正性の3つをいう（公益認
定等ガイドラインⅠ-2《経理的基礎》）。公益法人が安定的かつ継続してその事業
を行っていくことができるように設けられた基準である。

▶財政基盤の明確化

① 貸借対照表，収支（損益）予算書等より，財務状態を確認し，法人の
事業規模を踏まえ，必要に応じて今後の財務の見通しについて追加的に
説明が求められる。

② 法人の規模に見合った事業実施のための収入が，適切に見積もられて
いるかを確認するため，次の情報が求められる。

120　第Ⅰ部　制度編

(a)　寄付金収入について，寄付金の大口拠出上位 5 者の見込み

(b)　会費収入について，積算の根拠

(c)　借入れの予定があれば，その計画

▶経理処理，財産管理の適正性

法人に対して，次の対応が求められる。

①　財産の管理，運用について法人の役員が適切に関与していること

②　開示情報や行政庁への提出資料の基礎として十分な会計帳簿を備えて
いること（法人が備え付ける会計帳簿として，仕訳帳，総勘定元帳，予
算管理に必要な帳簿，資産台帳，補助簿（得意先元帳，仕入先元帳等）
等が考えられる。経理区分が必要な場合には，帳簿から判別できるよう
にしておく必要がある。）

③　不適正な経理を行わないこと（不適正な経理として，法人の支出に使
途不明金があるもの，会計帳簿に虚偽の記載があるものなどが考えられ
る。）

▶情報開示の適正性

外部監査を受けていること。ただし，外部監査を受けていない場合でも，次
のものが確認されれば，適切に情報開示が行われるものとして取り扱われる。

①　費用及び損失の額又は収益の額が 1 億円以上の法人については，公認会
計士又は税理士が，監事（2 名以上の場合は少なくとも 1 名）を務めてい
ること

②　上記①の額が 1 億円未満の法人については，営利又は非営利法人の経理
事務を例えば，5 年以上従事した者等が，監事を務めていること

監事監査が十分に機能し，法人のガバナンスが適切に機能しているかどうか
という視点から判断される。

しかしながら，上記①，②は，公益法人の認定において，公認会計士，税理
士又はその他の経理事務の精通者の監事への登用を法人に義務付けるものでは
なく，このような体制にない法人においては，公認会計士，税理士又はその他

の経理事務の精通者が，法人の情報開示にどのように関与するかの説明を行い，その説明をもとに，個別に判断されることになる（公益認定等ガイドラインⅠ-2(3)②）。

他方，「公益目的事業を行うのに必要な技術的能力」とは，事業実施のための技術，専門的人材や設備などの能力の確保を意味している。ただし，事業に必要な技術的能力は，法人自らがすべてを保有していることを求めているものではなく，実態として自らが当該事業を実施していると評価される範囲内であれば，事業に必要な資源を外部に依存することも認められている。

また，事業を行うに際し，法令上許認可等を必要とする場合には，公益認定の申請時に添付する「書類」（認定法7②三）の提出をもって技術的能力が確認される（公益認定等ガイドラインⅠ-2）。

3. 法人の関係者への特別の利益

> その事業を行うに当たり，社員，評議員，理事，監事，使用人その他の政令で定める当該法人の関係者に対して，特別の利益を与えないものであること（認定法5三）。

公益法人は，不特定かつ多数の者の利益追求を目的とする法人であることから，特定の者に対してのみ特別な利益を与えることは，その趣旨に反する。そのため，法人は理事等の関係者や特定の個人等に特別な利益供与をしてはならないと定めた基準であり，公益法人として当然に求められるものである。

ここでいう「特別の利益」とは，利益を与える個人又は団体の選定や利益の規模が，事業の内容や実施方法等の具体的な事情や，社会通念に照らして合理性を欠くような不相当な利益の供与その他の優遇を意味する。「特別の利益」は，申請時に提出書類等から判断される（公益認定等ガイドラインⅠ-3）。

なお，政令で定める法人の関係者の範囲（特別の利益を与えてはならない法人の関係者）について，公益法人認定法施行令第1条では，次のように規定さ

122　第Ⅰ部　制度編

れている。

①　当該法人の理事，監事又は使用人

②　一般社団法人の社員，又は基金の拠出者

③　一般財団法人の設立者，又は評議員

④　①〜③の配偶者，又は3親等内の親族

⑤　①〜④と事実上の婚姻関係にある者

⑥　①〜⑤の者から受ける金銭その他の財産で生計を維持している者

⑦　②，③が法人の場合において，その法人が事業活動を支配する法人，又はその法人の事業活動を支配する者として内閣府令で定める者（子法人など）

4. 営利事業を営む者等への特別の利益

　その事業を行うに当たり，株式会社その他の営利事業を営む者又は特定の個人若しくは団体の利益を図る活動を行うものとして政令で定める者に対して，寄付その他の特別の利益を与える行為を行わないものであること。ただし，他の公益法人に対し，当該公益法人が行う公益目的事業のために寄付その他の特別の利益を与える行為は，この限りでない（認定法5四）。

「営利事業を営む者等への特別の利益」でいう「特別の利益」は，上記「3. 法人の関係者への特別の利益」でいう「特別の利益」と同じである。寄付を行うことが直ちに特別の利益に該当するものではないとされ（公益認定等ガイドラインⅠ-3），他の法人への助成金や補助金についても，それが直ちに特別の利益に該当するものではなく，社会通念に照らして合理性を欠く不相当な利益の供与に当たるものだけが問題とされる（FAQ問Ⅳ-1-①・3）。

5. 投機的な取引を行う事業

> 投機的な取引，高利の融資その他の事業であって，公益法人の社会的信用を維持する上でふさわしくないものとして政令で定めるもの又は公の秩序若しくは善良の風俗を害するおそれのある事業を行わないものであること（認定法5五）。

公益法人には，公益法人としての社会的信用を維持し，広く一般大衆から寄付等を募るために公の秩序や善良の風俗を害さないことが求められている。「投機的な取引を行う事業」に該当するかどうかは，取引の規模，内容等，具体的事情により判断され，ポートフォリオ運用の一環として行う公開市場等を通じる証券投資等はこれに該当しないとされている（公益認定等ガイドラインⅠ-4）。

6. 公益目的事業の収入（収支相償の原則）

> その行う公益目的事業について，当該公益目的事業に係る収入がその実施に要する適正な費用を償う額を超えないと見込まれるものであること（認定法5六）。

公益目的事業は不特定かつ多数の者の利益の増進に寄与するものであり，その対価を無償又は低廉な価格設定として受益者の範囲を拡大することが求められ，公益法人認定法において「公益法人は，その公益目的事業を行うに当たり，当該公益目的事業の実施に要する適正な費用を償う額を超える収入を得てはならない（認定法14）」と規定（これを「収支相償」という。）されている。この基準はこれを受けたものであり，収支相償は公益認定申請時だけでなく，各事業年度の実績としても求められている。

収支相償は，原則として単年度の実績として判定されるものであるが，法人の収支は変動するのが通常であり，また，赤字が続く場合は法人の存続そのものが危ぶまれる。そのため，ある事業年度において余剰が生じた場合において

124 第Ⅰ部 制度編

も，その余剰を翌年度の当該事業費に充当したり，公益目的事業のための将来の資産の取得等に充当したりすることで，中長期的に収支が相償することが確認されれば，本基準は満たされることになる（公益認定等ガイドラインⅠ-5）。

なお，収支相償の判定方法については，「会計編 第6章 ③ 1.収支相償の計算」（P.291）において解説している。

7. 公益目的事業の実施に支障を及ぼすおそれ

> 公益目的事業以外の事業（以下「収益事業等」という。）を行う場合には，収益事業等を行うことにより公益目的事業の実施に支障を及ぼすおそれがないものであること（認定法5七）。

公益法人においても，一定の条件の下，収益事業を行うことが認められているが，公益法人としての社会的存在意義から，公益法人は，公益目的事業に主眼を置いた活動を行い，収益事業において，多額の損失を計上するなど，公益目的事業の実施に支障をきたすような事態に陥らないようにすることが求められる。

申請時には，公益認定の申請書や事業計画書等の添付書類の内容から，総合的に判断される（公益認定等ガイドラインⅠ-6）。

8. 公益目的事業比率

> その事業活動を行うに当たり，公益目的事業比率が50／100以上となると見込まれるものであること（認定法5八）。

「7. 公益目的事業の実施に支障を及ぼすおそれ」で記載したとおり，公益法人は，収益事業を行うことが認められているが，収益事業に主眼を置いた活動をすることはできない。そこで具体的にクリアすべき数値指標として，公益目的事業比率が定義され，法人が行う全事業規模に占める公益目的事業規模の割

合が 50%以上であることが求められている。

公益目的事業比率については，認定法第 15 条において規定されており，算式で示すと，次のとおりとなる。

$$\frac{公益実施費用額}{公益実施費用額＋収益等実施費用額＋管理運営費用額} \geqq \frac{50}{100}$$

この比率も「収支相償の原則」と同様に，公益認定申請時だけではなく，各事業年度の実績としても求められ，申請時点では，予算ベースで判断され，公益認定後においては，決算（実績）ベースで判断される（公益認定等ガイドライン I -7）。

なお，公益目的事業比率については，「会計編 第 6 章 ③ 2.公益目的事業比率の計算」（P. 298）において解説している。

9. 遊休財産額の保有の制限

その事業活動を行うに当たり，遊休財産額が一定の保有の制限を超えないと見込まれるものであること（認定法 5 九）。

公益法人が保有する財産は，公益目的事業に活用するために保有するものである。そのため，公益法人が公益目的事業と関係のない財産を過大に保有することを防ぐため設けられた基準である。

遊休財産とは，公益目的事業又は公益目的事業を行うために必要な収益事業等に現に使用されておらず，かつ，引き続き使用される見込みがない財産をいい，この合計額を遊休財産額という（認定法 16 ②）。

遊休財産額には，保有できる上限が定められており，その額は，法人がその事業年度に行った公益目的事業と同一の内容及び規模の公益目的事業を翌事業年度においても引き続き行うために必要な額（1 年分の公益目的事業費相当額が保有の上限となる。以下「公益実施費用額」という。）とされている（認定

126　第Ⅰ部　制度編

法16条①)。このような上限が定められた趣旨は，仮に法人の収入源が途絶え
た場合においても１年程度は，公益目的事業が実施できるよう，特段の使途の
定めがない財産を保有することを認めたものである（FAQ問Ⅴ-4-②·1)。

　遊休財産の限度額の計算を式で表すと，次のとおりである。

　遊休財産の限度額の計算
　　総資産－総負債－（控除対象財産－対応負債）　≦　公益実施費用額

　なお，遊休財産額の保有の制限については，「会計編　第6章　③　3.遊休財産
額の計算」(P.299）において解説している。

　ちなみに，「6.　公益目的事業の収入（収支相償の原則)」，「8.　公益目的事業
比率」，「9.　遊休財産額の保有の制限」の３つの基準は，「財務三基準」ともよ
ばれ，財務に関する公益認定の基準のうちで，特に重要な基準とされている。

10.　理事と特別の関係がある者

　各理事について，当該理事及びその配偶者又は３親等内の親族（これら
の者に準ずるものとして当該理事と政令で定める特別の関係がある者を含
む。）である理事の合計数が，理事の総数の１／３を超えないものである
こと。監事についても，同様（認定法5十)。

　公益法人の存在意義は，不特定かつ多数の者の利益の増進に寄与することで
あるため，理事がその配偶者や親族等を利用して法人を支配し，実質的に特定
の範囲の者の利益を図ることがないよう，理事について，配偶者，親族及びこ
れらに準ずる者により，一定の割合以上を占めないよう人数の制限がなされて
いる。また，監事についても配偶者や親族が監事を務めると，監事による監査
が適切に行われない状況になりかねないため，監査の実効性を確保するため，
理事と同様に配偶者や親族等の占める割合に一定の制限が設けられている。

理事又は監事の配偶者，3親等内の親族のほか，それに準ずる政令で定める特別の関係にある者とは，次の者をいう（認定法令4）。

① 理事（監事）と婚姻の届出をしていないが，事実上婚姻関係と同様の事情にある者

② その理事（監事）の使用人

③ ①及び②の者以外の者であって，その理事（監事）から受ける金銭その他の財産によって生計を維持している者

④ ②及び③の者の配偶者

⑤ ①〜③までの者の3親等内の親族であり，これらの者と生計を一にする者

なお，理事（監事）と「特別の関係にある者」との判断は，社会通念に照らして判断される（公益認定等ガイドライン I -9）。

11. 他の同一の団体の関係者

> 他の同一の団体（公益法人又はこれに準ずるものとして政令で定めるものを除く。）の理事又は使用人である者，その他これに準ずる相互に密接な関係にあるものとして，政令で定める者である理事の合計数が，理事の総数の1／3を超えないものであること。監事についても，同様（認定法5十一）。

「10. 理事と特別の関係がある者」と同じ趣旨により，同一の団体の関係者が役員の多数を占めることについて規制がなされている。「他の同一の団体」については，人格，組織，規則などから同一性が認められる団体毎に判断される（公益認定等ガイドライン I -10）。

なお，政令で定める「他の同一の団体において相互に密接な関係にある者」とは，次の者をいう（認定法令5）。

(1) 他の同一の団体の理事以外の役員（法人でない団体で代表者又は管理人

の定めのあるものは，その代表者又は管理人）又は業務を執行する社員（認
定法令5一）

(2) 次に掲げる団体の職員（国会議員及び地方公共団体の議会の議員を除
く。）（認定法令5二）

① 国の機関

② 地方公共団体

③ 独立行政法人

④ 国立大学法人又は大学共同利用機関法人

⑤ 地方独立行政法人

⑥ 特殊法人（特別の法律により特別の設立行為で設立され，総務省設置
法の適用を受ける法人）又は認可法人（特別の法律により設立され，設
立に関して行政官庁の認可を要する法人）

『他の同一の団体』とは，基本的には法人格を同じくする単位で考えるが，
国の機関については，一般的には事務分掌の単位である省庁単位と考える。た
だし，法人の目的，事業が国全般に関係する場合には，国の機関全体で考える
こととされている（FAQⅣ-2-①）。

『他の同一の団体』の判定上，法人格の有無は問わないため，『権利能力なき
社団』も『他の同一の団体』に含まれる。なお，『権利能力なき社団』につい
ては，次の4つに該当するかどうかで判断される（FAQⅣ-2-③）。

① 団体としての組織を備えている。

② 多数決の原理により運営が行われている。

③ 構成員の変更後も団体そのものが存続する。

④ その組織によって代表の選出方法，総会の運営，財産の管理その他団体
としての主要な点が確定している。

12. 会計監査人の設置

会計監査人を置いているものであること。ただし，毎事業年度における当該法人の収益の額，費用及び損失の額その他の政令で定める勘定の額がいずれも政令で定める基準に達しない場合はこの限りではない（認定法5十二）。

公益法人には，税制上の優遇措置が設けられており，一般社団法人・一般財団法人以上に情報開示や会計処理の適正性が求められている。そのため，一定規模以上の公益法人については，会計監査人の設置が義務付けられており，公益認定の申請時に設置されていることが必要とされる（公益認定等ガイドラインⅠ-11）。

公益法人認定法施行令で定める基準により，次のすべての条件に該当する公益法人は，会計監査人の設置が任意とされている（認定法令6）。

① 最終事業年度の損益計算書（正味財産増減計算書）の収益の部に計上した額の合計額が1,000億円未満

② 最終事業年度の損益計算書（正味財産増減計算書）の費用及び損失の部に計上した額の合計額が1,000億円未満

③ 最終事業年度の貸借対照表の負債の部に計上した額の合計額が50億円未満

130　第Ⅰ部　制度編

13. 役員等の報酬等の支給基準

> その理事，監事及び評議員に対する報酬等（報酬，賞与その他の職務遂
> 行の対価として受ける財産上の利益及び退職手当（以下「理事等に対する
> 報酬等」という。））について，内閣府令で定めるところにより，民間事業
> 者の役員の報酬等及び従業員の給与，当該法人の経理の状況その他の事情
> を考慮して，不当に高額なものとならないような支給の基準を定めている
> ものであること（認定法5十三）。

公益法人の理事等に対する報酬等が，民間事業者の役員の報酬等や公益法人
の経理の状況に照らして不当に高額な場合には，剰余金の分配を禁止した法人
の非営利性を潜脱するおそれがあり適当ではない。そのため，理事等に対する
報酬等が不当に高額なものとならないよう支給の基準を定めることが，公益認
定の基準とされている（FAQ問Ⅴ-6-③・1）。

▶報酬等の支給基準

公益法人は，報酬等の支給の基準に従って，理事等に対する報酬等を支給し
なければならず，当該報酬等の支給の基準を公表しなければならない（認定法
20）。理事等に対する報酬等の支給基準は，理事等の勤務形態に応じた報酬等
の区分及びその額の算定方法並びに支給の方法及び形態に関する事項を定める
ことが必要となる（認定法規則3）。

支給基準については，理事等各人の報酬額まで定める必要はないが，「理事
の報酬額は，理事長が理事会の承認を得て定める。」といった定め方は，報酬
科目や算定方法が明らかにされず，認定基準を満たしていないと判断される
（FAQ問Ⅴ-6-①・2）。

▶報酬等から除かれるもの

「報酬等」は，法人の理事，監事又は評議員としての職務遂行の対価に限られ，
当該法人の使用人として受ける財産上の利益は含まれない。また，実費支給の

交通費等は，報酬等には含まれず，使用人等と並んで等しく受ける当該法人の通常の福利厚生も含まれない（公益認定等ガイドラインⅠ-12）。

ただし，理事等に対するお車代は，交通費の実費相当額を超える金額を支給する場合には，理事等への報酬等に該当するとされる（FAQ問Ⅴ-6-②）。

14. 社員の資格得喪に関する条件

　一般社団法人にあっては，次のいずれにも該当するものであること（認定法5十四）。
　㈦　社員の資格の得喪に関して，当該法人の目的に照らし，不当に差別的な取扱いをする条件その他の不当な条件を付していないこと。
　㈦　社員総会において行使できる議決権の数，議決権を行使することができる事項，議決権の行使の条件その他の社員の議決権に関する定款の定めがある場合には，その定めが次のいずれにも該当するものであること。
　　(a)　社員の議決権に関して，当該法人の目的に照らし，不当に差別的な取扱いをしないものであること。
　　(b)　社員の議決権に関して，社員が当該法人に対して提供した金銭その他の財産の価額に応じて異なる取扱いを行わないものであること。
　㈦　理事会を置いているものであること。

　公益社団法人において，適正な業務運営を確保する意味から，社員の資格の得喪や社員総会における議決権について，不当に差別的な取扱いを防止することが求められている。

▶社員の資格の得喪に関する不当に差別的な取扱い

　公益社団法人が，社員資格の得喪に関して不当に差別的な取扱いをするような条件（社員資格を合理的な理由なく特定の要件を充たす者に限定しているなど）を設けている場合，社員総会の構成員である社員の意思が一定の傾向を有

132　第Ⅰ部　制度編

することで，当該法人が，不特定かつ多数の者の利益の増進に寄与するという公益法人本来の目的に反する業務運営を行うおそれがある。そのようなことのないよう当該基準が設けられている（FAQ 問Ⅳ-3-(2)-②・1）。

▶不当な条件についての判断

　法人が「社員資格の得喪」に関する定款の定めにおいて「不当な条件」を付しているかどうかは，社会通念に従い判断される。当該法人の目的，事業内容に照らして当該条件に合理的な関連性及び必要性があれば，不当な条件には該当しないとされる（FAQ 問Ⅳ-3-(2)-②・2）。

　したがって，例えば，専門性の高い事業活動を行っている法人において，その専門性の維持，向上を図ることが法人の目的に照らして必要な場合は，合理的な範囲で社員資格を一定の有資格者等に限定したり，理事会の承認等の一定の手続を要件とすることは，不当な条件に該当しないとされる（公益認定等ガイドラインⅠ-13）。

▶社員の議決権に関する不当に差別的な取扱い

　公益社団法人の社員は，社員総会の構成員として，役員の選任・解任，計算書類の承認など法人の組織，運営に関する基本的事項について議決権を行使する。社員が有する議決権は原則1人1個であるが，定款に別段の定めをした場合には，議決権に差異を設けることも許容されている（一般法48①）。しかしながら，不当に差別的な差異を設けると，議決権行使の結果が一定の傾向を有することで，当該法人が，不特定かつ多数の者の利益の増進に寄与するという公益法人本来の目的に反した業務運営を行うおそれが生じる。そのため，社員が有する議決権について不当に差別的な取扱いをしないことが，認定基準として定められている（FAQ 問Ⅳ-3-(2)-①・1）。

▶会費納入額による議決権の差別的な取扱い

　社員が法人に提供する財産額に応じて，社員の議決権に差異を設けると，資力を有する一部の社員によって社員総会の運営が恣意的になされるおそれが大

第3章 公益社団法人及び公益財団法人 133

きくなる。そのため，社員が法人に対して提供した金銭その他の財産の価額に応じて，議決権について異なる取扱いをしないことが，認定基準として定められている（認定法5十四）。

このことから，会費の納入額により社員の議決権数に差を設けることは認められておらず，1人1個の議決権を付与することが望ましいと考えられる。また，個人と法人とで社員の議決権数に差を設けることについても，同様に認められていない（FAQ 問Ⅳ-3-(2)-①・2，3）。

▶理事会の必置

一般社団法人については，理事会及び監事は必置機関ではないが（一般法60②），公益法人については，一般社団法人に比してより適正なガバナンスが求められるため，理事会の設置が義務付けられている。

15. 他の団体の意思決定に関与することができる財産

> 他の団体の意思決定に関与することができる株式その他の内閣府令で定める財産を保有していないものであること。ただし，当該財産の保有によって他の団体の事業活動を実質的に支配するおそれがない場合として政令で定める場合は，この限りでない（認定法5十五）。

公益法人は，公益目的事業比率が50／100以上であることを条件に，収益事業を営むことが認められている（認定法5八）（「8．公益目的事業比率」（P.124）参照）。

しかしながら，公益法人が営利法人の株式等を過半数保有するなどして，営利法人を実質的に支配している場合には，公益法人が株式等の保有を通じて，自ら収益事業を行っていることと何ら変わらない。このような事態を防ぐ趣旨から，公益法人は，原則として収益事業を行うことが可能な団体の意思決定に関与することができる財産を持つことが禁止された。

134　第Ⅰ部　制度編

▶内閣府令で定める他の団体の意思決定に関与することができる財産

内閣府令で定める他の団体の意思決定に関与することができる財産は，次に掲げるものである（認定法規則4）。

① 株式

② 特別の法律により設立された法人の発行する出資に基づく権利

③ 合名会社，合資会社，合同会社その他の社団法人の社員権（公益社団法人に係るものを除く。）

④ 組合契約（民法667条1項に規定するもの），投資事業有限責任組合契約（投資事業有限責任組合契約に関する法律3条1項に規定するもの），又は有限責任事業組合契約（有限責任事業組合契約に関する法律3条1項に規定するもの）に基づく権利（その公益法人が単独で又はその持分以上の業務を執行する組合員であるものを除く。）

⑤ 信託契約に基づく委託者又は受益者としての権利（その公益法人が単独の又はその事務の相当の部分を処理する受託者であるものを除く。）

⑥ 外国の法令に基づく財産であり，①〜⑤までの財産に類するもの

「他の団体の意思決定に関与することができる株式その他の財産を保有することができる場合」とは，株主総会その他の団体の財務及び営業又は事業の方針を決定する機関における議決権の過半数を有していない場合とされる（認定法令7）。

したがって，ある株式会社の議決権の過半数の株式を保有している場合においては，例えば，当該株式を無議決権株にするか，議決権を含めて受託者に信託することにより，本基準を満たし保有することが可能となる（公益認定等ガイドラインⅠ-14）。

16. 不可欠特定財産

> 公益目的事業を行うために不可欠な特定の財産があるときは、その旨並びにその維持及び処分の制限について、必要な事項を定款で定めているものであること（認定法5十六）。

公益法人は、その目的を達成するために、将来にわたり、安定的かつ継続的に公益目的事業を行うことが期待されている。しかしながら、公益目的事業を行うために不可欠な特定の財産（以下「不可欠特定財産」）がある場合に、その財産の安易な処分を認めれば、当該法人の事業の実施に支障が生じるおそれがある。そのため、不可欠特定財産の安易な処分を防止するための措置として、公益法人に自らその財産の維持及び処分の制限に係る必要な事項を定款で定めるよう求められている。

▶公益目的事業を行うために不可欠な特定の財産（不可欠特定財産）

「不可欠特定財産」とは、法人の目的、事業と密接不可分な関係にあり、当該法人が保有、使用することに意義がある特定の財産をいう。例えば、一定の目的の下に収集、展示され、再収集が困難な美術館の美術品や、歴史的文化的価値があり、再生不可能な建造物等が該当する。

法人に当該事業に係る不可欠特定財産がある場合には、全て申請時にその旨を定めておく必要がある（公益認定等ガイドラインⅠ-15(1)）。

なお、金融資産や通常の土地・建物は、処分又は他目的への利用の可能性などから必ずしも上記のような不可欠特定という性質はないと考えられる。そのため、法人において基本財産として定めることは可能であるが、不可欠特定財産には該当しないとされる（公益認定等ガイドラインⅠ-15(4)(注)）。

また、財団法人における不可欠特定財産に係る定款の定めは、基本財産としての定めも兼ね備えるものとされる。一般社団法人においては、基本財産に関する法令上の定めはないが、不可欠特定財産がある場合には、計算書類上、基本財産として表示される（公益認定等ガイドラインⅠ-15(2)）。

136 第Ⅰ部 制度編

▶公益認定申請時の不可欠特定財産の特定

　法人において不可欠特定財産と定めても，結果として公益目的事業に認定されなかった事業の用に供されていたり，不可欠特定であるとは認められなかったりした場合には，当該財産は不可欠特定財産とはならない。そのため，公益認定の申請書において不可欠特定財産がどの事業の用に供するか明らかにする必要がある（公益認定等ガイドラインⅠ-15(3)）。

▶財産目録への記載

　財産目録には，その財産が基本財産かつ不可欠特定財産である旨，また公益認定前に取得した財産については，その旨もあわせて記載する（公益認定等ガイドラインⅠ-15(4)）。

17. 公益目的取得財産残額の贈与

　公益認定の取消しの処分を受けた場合，又は合併により法人が消滅する場合（その権利義務を承継する法人が公益法人であるときを除く。）において，公益目的取得財産残額があるときは，これに相当する額の財産を当該公益認定の取消しの日，又は当該合併の日から1ヶ月以内に類似の事業を目的とする他の公益法人若しくは次に掲げる法人又は国若しくは地方公共団体に贈与する旨を定款で定めているものであること（認定法5十七）。

　　㋐　学校法人（私立学校法（昭和24年法律第270号）第3条に規定するもの）

　　㋑　社会福祉法人（社会福祉法（昭和26年法律第45号）第22条に規定するもの）

　　㋒　更生保護法人（更生保護事業法（平成7年法律第86号）第2条第6項に規定するもの）

　　㋓　独立行政法人（独立行政法人通則法（平成11年法律第103号）第2条第1項に規定するもの）

(オ) 国立大学法人（国立大学法人法（平成 15 年法律第 112 号）第 2 条第
1 項に規定するもの）又は大学共同利用機関法人（同条第 3 項に規定
するもの）

(カ) 地方独立行政法人（地方独立行政法人法（平成 15 年法律第 118 号）
第 2 条第 1 項に規定するもの）

(キ) その他(ア)から(カ)までに掲げる法人に準ずるものとして政令で定める
法人

　公益認定の取消しの処分を受けた法人は，一般社団法人又は一般財団法人と
して存続し，財産を保有し続けることが可能である。しかしながら，公益法人
として取得した財産（以下「公益目的取得財産残額」という。）は，公益目的
事業に供されることを前提に寄付を受けた財産や公益法人として税制上の優遇
を受けたことにより，法人に蓄積した財産などが含まれており，それらの財産
は，引き続き公益目的事業に供されることが寄付者の意思に沿うものと考えら
れる。

　このため，公益法人が公益目的事業のために取得，形成した財産は，法人が
公益認定の取消し等の後も引き続き公益的な活動に使用されるべきとの趣旨か
ら，公益認定の取消し等の場合に公益目的取得財産残額に相当する財産を，取
消し等の日から 1 ヶ月以内に類似の事業を目的とする他の公益法人等に贈与す
る旨を定款に定めることが求められている。

　「公益目的取得財産残額」とは，公益認定後に取得した公益目的事業のため
に使用又は処分すべき財産のうち，未だ費消又は譲渡していない金額であり，
公益法人が公益認定を取り消された場合等に，他の公益法人などに贈与しなけ
ればならない財産額をいう。

　「公益目的取得財産残額」は，次のとおり計算される（認定法 30 ②）。

① その公益法人が取得したすべての公益目的事業財産（公益認定を受けた
日前に取得した不可欠特定財産を除く。）

② その公益法人が公益認定を受けた日以後に公益目的事業を行うために費

消し，又は譲渡した公益目的事業財産

③　公益目的事業財産以外の財産であり，その公益法人が公益認定を受けた日以後に公益目的事業を行うために費消し，又は譲渡したもの及び同日以後に公益目的事業の実施に伴い負担した公租公課の支払その他内閣府令で定めるものの額の合計額

公益目的取得財産残額 ＝ ① － ② － ③

なお，公益目的取得財産残額は，毎事業年度終了時に計算し（認定法規則48①），行政庁に提出する定期提出書類上において報告する義務がある。

18. 残余財産の帰属先

清算をする場合において，残余財産を類似の事業を目的とする他の公益法人若しくは「17. 公益目的取得財産残額の贈与」（P. 136）(ア)から(キ)までに掲げる法人又は国若しくは地方公共団体に帰属させる旨を定款で定めているものであること（認定法5十八）。

公益法人が清算する場合も，前記「17. 公益目的取得財産残額の贈与」と同じ趣旨で，残余財産を類似の事業を目的とする公益法人等に帰属させる旨を，定款で定めることが求められている。

▶残余財産の帰属先の複数指定

公益法人の残余財産の帰属先は，法令で適格な者を定めているが（認定法5十七，十八，認定法令8），適格と定められた者に属する限り，具体的な帰属先が単数である必要はなく，複数の帰属先を指定することが可能である。

その法人と類似の事業を目的とする公益法人は，財産帰属先として適格であると定められていることから，類似事業を目的とする公益法人であれば，複数の帰属先を指定することは差し支えない（FAQ問V-9-①）。

▶残余財産の帰属先として一般社団法人及び一般財団法人の指定

　公益法人が清算をする場合の残余財産は，引き続き公益的な活動に使用される必要があり，法令で一定の要件を満たす公益的な活動を行う者を帰属先とするよう定めている（認定法5十七，十八，認定法令8）。

　一般社団法人及び一般財団法人は，その行う事業に格別の制限がなく，法令や公序良俗に反しない限り，あらゆる事業を目的とすることが可能である。したがって，残余財産の帰属先として適格な者を定める公益法人認定法施行令第8条第2号イの「主たる目的が公益に関する事業を行うものであることが法令で定められている」という要件は満たさないことから，一般社団法人及び一般財団法人を帰属先として指定することは認められない（FAQ問Ⅴ-9-②）。

5　公益認定における欠格事由

　一般社団法人及び一般財団法人が公益認定を受けるためには，公益認定の基準（認定法5）（「4　公益認定の基準」（P.116）参照）とともに，当該法人が公益認定における欠格事由のすべてに該当しないことが求められる。

　公益法人認定法で規定する公益認定の欠格事由は，次のとおりである（認定法6）。

①　公益法人が公益認定を取り消された場合において，取消しの原因となった事実があった日以前1年以内に，当該法人の業務を行う理事であった者で，その取消しの日から5年を経過していない者が当該法人の理事，監事又は評議員である場合（認定法6一イ）

②　公益法人認定法，一般法人法，一定の刑罰法規，税法に違反し，罰金の刑に処せられ，その執行が終わり，又は執行を受けることがなくなった日から5年を経過していない者が当該法人の理事，監事又は評議員である場合（認定法6一ロ）

③　禁錮以上の刑に処せられ，その刑の執行が終わり，又は刑の執行を受けることがなくなった日から5年を経過していない者が当該法人の理事，監

事又は評議員である場合（認定法6一ハ）

④ 暴力団員又は暴力団員でなくなった日から5年を経過していない者が当該法人の理事，監事又は評議員である場合（認定法6一ニ）

⑤ 公益認定を取り消されてから5年を経過していない法人である場合（認定法6二）

⑥ 定款又は事業計画書の内容が，法令又は法令に基づく行政機関の処分に違反している法人である場合（認定法6三）

⑦ 事業を行うに当たり，法令上必要な行政機関の許認可等を受けることができない法人である場合（認定法6四）

⑧ 租税の滞納処分を受けている法人，又は滞納処分終了の日から3年を経過していない法人である場合（認定法6五）

⑨ 暴力団員等が事業活動を支配している法人である場合（認定法6六）

6 寄付の募集に関する禁止行為

寄付は，あくまでも寄付する者の意思により行われるものであり，公益法人の理事，監事，代理人，使用人その他の従業者は，寄付の募集に関して，次の行為をしてはならないとして，公益認定法において明文化されている（認定法17）。

(1) 寄付の勧誘又は要求を受け，寄付をしない旨の意思を表示した者に対して，寄付の勧誘又は要求を継続すること。

(2) 粗野，乱暴な言動を交えて，又は迷惑を覚えさせるような方法で，寄付の勧誘又は要求をすること。

(3) 寄付をする財産の使途について，誤認させるおそれのある行為をすること。

(4) (1)～(3)のほか，寄付の勧誘，要求を受けた者又は寄付者の利益を，不当に害するおそれのある行為をすること。

7 公益目的事業財産

　公益法人が公益目的事業に関して得た財産（以下「公益目的事業財産」という。）は，公益目的事業を行うために使用し，又は処分しなければならない。ただし，内閣府令で定める正当な理由がある場合は，公益目的事業を行うため以外に使用又は処分することが認められている（認定法18）。

　なお，「正当な理由」とは，次の場合とされている（認定法規則23）。

(1) 善良な管理者の注意を払ったにもかかわらず，財産が滅失又は毀損した場合

(2) 財産が陳腐化，不適応化その他の理由によりその価値を減じ，当該財産を廃棄することが相当な場合

　公益目的事業財産は，公益法人認定法及び公益法人認定法施行規則により，次のとおり規定されている（認定法18，認定法規則26）。

① 認定日以後に寄付された財産（公益目的事業以外のために使用すべき旨を定めたものを除く。）

② 認定日以後に交付された補助金その他の財産（公益目的事業以外のために使用すべき旨を定めたものを除く。）

③ 認定日以後の公益目的事業から得た対価としての財産

④ 認定日以後に収益事業等から生じた収益に50％を乗じた額に相当する財産（認定法規則24）

⑤ ①～④に掲げる財産を支出することにより取得した財産

⑥ 公益目的事業を行うために不可欠な特定の財産（不可欠特定財産）（①～⑤を除く。）

⑦ 公益認定日前に取得し，認定日以後に公益目的事業の用に供することを表示した財産

⑧ 公益目的事業を行うために取得又は保有していると認められるものとして内閣府令に定める次の財産

ⓐ 公益社団法人において，認定日以後に徴収した経費（会費）のうち，徴収に際して使途が定められていないものの50％相当額（認定法規則24）又は公益目的事業に使途が定められているものの額に相当する財産

ⓑ 認定日以後に吸収合併をした被合併法人の合併前日における公益目的取得財産残額に相当する財産

ⓒ 認定日以後に公益目的保有財産から生じた収益額に相当する財産

ⓓ 公益目的保有財産の処分により得た額に相当する財産

ⓔ 公益目的保有財産以外の財産とした公益目的保有財産の額に相当する財産

ⓕ ⓐ〜ⓔの財産を支出することにより取得した財産

ⓖ 認定日以後に，ⓐ〜ⓔ及び①〜④の財産以外の財産を支出することにより取得した財産であり，認定日以後に公益目的事業に供するものである旨を表示した財産

ⓗ 上記の他，定款又は社員総会若しくは評議員会において，公益目的事業のために使用又は処分する旨を定めた額に相当する財産

　公益目的事業財産は，上述のとおり，公益目的事業を行うために使用又は処分しなければならない財産であるが，単年度においてすべてを使用又は処分することが求められている訳ではなく，公益法人が存続する限りにおいて，当該公益法人による継続的な使用又は処分が求められている。なお，公益法人が公益認定の取消し処分を受けた場合や合併により消滅する場合，あるいは，清算する場合においては，「公益目的取得財産残額」として，他の公益法人等への贈与が求められ，当該公益目的事業財産は，他の公益法人等において公益目的事業を行うための財産として使用又は処分されることとなる（認定法5十七，十八）（「④ 17. 公益目的取得財産残額の贈与」（P.136），「④ 18. 残余財産の帰属先」（P.138）参照）。

8 定期提出書類の作成及び情報開示

　公益法人はその公益性から，運営についても高い透明性が求められるため，定期提出書類として毎事業年度の開始前において事業計画書等を，事業年度の終了後には事業報告等を作成して行政庁に提出するとともに，広く世間に公開することが求められている。

1. 事業計画書等の提出及び公開

　公益法人は，毎事業年度開始の日の前日までに（公益認定を受けた日の属する事業年度においては，当該公益認定を受けた後遅滞なく），内閣府令の定めに従い，次の書類を作成し行政庁に提出しなければならない。また，当該事業年度の末日までの間，当該書類をその公益法人の主たる事務所に，さらに，当該書類の写しをその公益法人の従たる事務所にそれぞれ備え置かなければならない（認定法21①，22①，認定法規則27，37）。

　なお，提出及び公開が必要となる書類を示すと，次のとおりである。

図表 3-5　事業年度開始前において必要となる定期提出書類

番号	項　目	提　出		公開（備置き）	
		指定様式* ○：（様式規定に則り） 　法人で作成するもの		○：一定期間 　公開するもの	
①	事業計画書等に係る 提出書＜かがみ文書＞	様式第四号 （Ⅱ-2）	認定法規則37	―	―
②	事業計画書	○	認定法21①，22①， 認定法規則27一	○	認定法21①， 認定法規則 27一
③	収支予算書	○	認定法21①，22①， 認定法規則27二	○	認定法21①， 認定法規則 27二

144 第 I 部 制度編

④	資金調達及び設備投資の見込みを記載した書類	（Ⅱ-3）	認定法 21 ①，22①，認定法規則 27 三	○	認定法21①，認定法規則 27 三
⑤	②〜④の書類について，理事会（又は社員総会，評議員会）の承認を受けたことを証する書類	○	認定法規則 37	―	―

・ ②，③，④については，電磁的記録により作成することも認められている（認定法 21 ③）。

＊「定期提出書類の手引き 公益法人編（内閣府／都道府県）」に様式が載っているもの。なお，カッコは記載の箇所を示している。

2. 事業報告等の提出及び公開

公益法人は，毎事業年度経過後3ヶ月以内に（公益認定を受けた日の属する事業年度においては，当該公益認定を受けた後遅滞なく），内閣府令の定めに従い，次の書類を作成し，行政庁に提出しなければならない。また，当該書類を5年間その公益法人の主たる事務所に，さらに，当該書類のその写しを3年間その公益法人の従たる事務所にそれぞれ備え置かなければならない（認定法 21 ②，22 ①，認定法規則 28 ①，38 ①）。

なお，提出及び公開が必要となる書類を示すと，次のとおりである。

図表 3-6　事業年度開始後において必要となる定期提出書類

番号	項　目	提　出		公開（備置き）	
		指定様式＊ ○：（様式規定に則り） 　法人で作成するもの		○：一定期間公開するもの ◎：常時備置するもの	
①	事業報告等に係る提出書＜かがみ文書＞	様式第五号（Ⅲ-2）	認定法規則 38	―	―
②	財産目録	○	認定法 22 ①	○	認定法 21 ②一

第3章　公益社団法人及び公益財団法人　145

③	役員等名簿 （内容：理事，監事及び評議員の氏名及び住所を記載した名簿）	○	認定法22①	○	認定法21②二
④	理事，監事及び評議員に対する報酬等の支給の基準を記載した書類	○	認定法22①	○	認定法21②三
⑤	社員名簿 （公益社団法人のみ）	○	認定法22①	◎	一般法32①
⑥	定款	―	―	◎	一般法14①，156①
⑦	貸借対照表及びその附属明細書	○	認定法22①，認定法規則38①	○	一般法129①，199
⑧	損益計算書及びその附属明細書	○		○	
⑨	事業報告及びその附属明細書	○		○	
⑩	監査報告及び会計監査報告 （会計監査報告は，会計監査人を設置している場合のみ）	○	認定法22①，認定法規則38①，一般法124①，124②	○	一般法129①，199
⑪	キャッシュ・フロー計算書 （法人が作成している場合，又は会計監査人の設置が義務付けられている法人のみ作成が必要）	○	認定法22①	○	認定法21②四，認定法規則28①一
⑫	運営組織及び事業活動の状況の概要，及びこれらに関する数値のうち重要なものを記載した書類	別紙1	認定法22①，認定法規則38①二イ	○	認定法21②四，認定法規則28①二
⑬	滞納処分に係る国税及び地方税の納税証明書	○	認定法22①，認定法規則38①一	―	―

146 第Ⅰ部 制度編

| ⑭ | 行政庁が公益法人の事業の適正な運営を確保するために必要と認める書類
（別紙5：その他の添付書類【以下は，必要な場合に提出すべき添付書類】(k)～(o)（P.152）参照） | ○ | 認定法 22 ①，認定法規則 38 ①三 | — | — |
| ⑮ | その他参考となるべき事項を記載した事項 | ○ | 認定法 22 ①，認定法規則 38 ①二ロ | — | — |

・ ②，⑦，⑧，⑪については，会計監査人による監査を受けることが義務付けられている（一般法 124 ②，認定法規則 40）。
・ ②，③，④，⑪については，電磁的記録により作成することも認められている（認定法 21 ③）。
＊「定期提出書類の手引き　公益法人編（内閣府／都道府県）」に様式が載っているもの。なお，カッコは記載の箇所を示している。

3. 定期提出書類の閲覧

　公益法人の業務時間内であれば，誰でも上記の事業計画書等の書類及び事業報告等の書類の他，定款，社員名簿及び計算書類等について，次の請求が可能とされており，当該公益法人は，正当な理由がある場合を除き，閲覧を拒むことはできない（認定法 21 ④）。
　① 財産目録等が，書面により作成されているとき（認定法 21 ④一）
　　　　　　　　　：当該書面，又は当該書面の写しの閲覧の請求
　② 財産目録等が，電磁的記録により作成されているとき（認定法 21 ④二，認定法規則 35）：当該電磁的記録に記録された事項を紙面又はモニター画面により表示したものの閲覧の請求
　ただし，役員等名簿又は社員名簿については，公益法人の社員又は評議員以外の者からの請求があった場合には，個人の住所にかかわる記載又は記録の部分は削除して閲覧させることができる（認定法 21 ⑤）。

第3章 公益社団法人及び公益財団法人 147

　また，公益法人から財産目録等の提出を受けた行政庁は，閲覧又は謄写の請求があった場合には，内閣府令の定めに従い，その閲覧又は謄写をさせなければならないが（認定法22②），この場合，個人の住所にかかわる記載の部分については，削除しての閲覧又は謄写となる（認定法22③）。なお，閲覧又は謄写する場所は，行政庁が定め，行政庁からインターネットの利用その他の適切な方法により公表される（認定法規則39）。

4. 定期提出書類の内容

　「定期提出書類の手引き　公益法人編」（平成26年3月28日内閣府／都道府県）によれば，定期提出書類の提出は，次の申請書及び添付書類を作成し，行政庁に提出する。

▶事業計画書等

① 事業計画等に係る提出書 ＜かがみ文書＞

　提出先は，公益認定を受けた行政庁となる。提出書を書面により提出する場合は，法人の代表者印が必要となるが，電子申請の場合は不要となる。

② 事業計画書，収支予算書

　事業計画書は，当該事業年度に実施する事業を明確に記載する。

　収支予算書は，損益計算ベースかつ事業別区分された収支予算数値を記載する。

③ 資金調達及び設備投資の見込みについて

　資金調達の見込みについては，資金調達方法又は取得資金の使途を記載する。他方，設備投資の見込みについては，財産の価額，法人の総資産に占める割合，財産の保有目的等を考慮した上で，法人において「重要な設備投資」であると判断するものについて，その内容等を記載する。

④ 理事会等の承認を受けたことを証する書類

　議事録の写しを添付する。

▶事業報告等

事業報告等の提出書類は，提出書（ががみ文書）及び別紙1〜別紙5からなる。なお，別紙4は別表A〜別表Hから構成されている。

① 事業報告等に係る提出書 ＜かがみ文書＞

提出先は，公益認定を受けた行政庁となる。提出書を書面により提出する場合は，法人の代表者印が必要となるが，電子申請の場合は不要となる。

② 別紙1：運営組織及び事業活動の状況の概要及びこれらに関する数値のうちの重要なものを記載した書類について

法人の基本情報及び事業活動等について記載する。基本情報は，定款や登記の内容を基に記載し，事業活動等は，貸借対照表，損益計算書，及び関連する別表から財務数値等を記載又は転記する。

③ 別紙2：法人の基本情報及び組織について

基本情報については，法人の名称，主たる事務所の住所及び連絡先，代表理事の氏名，事業年度，担当者の氏名及び連絡先，事業の概要を記載する。

また，組織については，社員の数，社員の資格の得喪と社員の議決権に関する定款の条項（社員間で異なる取扱いをする場合のみ），役員数と常勤・非常勤の区別，会計監査人の設置の有無と氏名，会員数，職員の数及び社員総会等の開催状況について記載する。

④ 別紙3：法人の事業について

法人の事業については，次の内容から構成されている。

(a) 事業の一覧

(b) 個別の事業の内容について

　(ア) 別紙3-2.(1)：公益目的事業について

　(イ) 別紙3-2.(2)：収益事業について

　(ウ) 別紙3-2.(3)：その他の事業（相互扶助等事業）について

(a) 事業の一覧では，法人が行っている事業をその事業の実態や性質に即

して区分した単位ごとに，公益目的事業，収益事業，その他の事業に区分し，各事業内容が特定できる程度に具体的に記載する。

(b) 個別の事業の内容については，別紙3-2.(1)～別紙3-2.(3)のいずれも，事業の概要と事業を反復継続して行うのに最低限必要となる許認可等を記載するが，別紙3-2.(1)については，事業の公益性，別紙3-2.(2)については，収益事業の利益の額が0円以下である場合において，その理由又は今後の改善方策を記載する。

⑤ **別紙4：法人の財務に関する公益認定の基準に係る書類について**

公益認定の基準のうち，財務に関する「収支相償の計算」，「公益目的事業比率の算定」，「遊休財産額保有制限の判定」の3つについて，それぞれ別表を作成する。なお，（「付録 事例」（P.391）参照）において具体な記載例を示している。

＜公益財務計算の流れ＞

(ア) 別表A：収支相償の計算

(イ) 別表B：公益目的事業比率の算定

(ウ) 別表C：遊休財産額保有制限の判定

(a) 別表A：収支相償の計算について

別表Aでは，公益法人が，その公益目的事業を行うに際して，公益目的事業の実施に要する適正な費用を償う額を超える収入を得ていないか否かについて計算を行う。

収支相償の計算については，公益目的事業会計に収益事業等からの利益額の50％を繰り入れるか，50％を超えて繰り入れるか否かにより，別表A(1)又は別表A(2)のいずれか一方を作成する。

(ア) 別表A(1)：収支相償の計算（収益事業等の利益額の50％を繰り入れる場合）

(イ) 別表A(2)：収支相償の計算（収益事業等の利益額を50％を超えて繰り入れる場合）

(ｳ) 別表 A(3)：収益事業等の利益から公益目的事業財産への繰入額の
計算

(b) 別表 B：公益目的事業比率について

別表 B では，公益法人が公益目的事業比率を満たしているか否かについて計算を行う。

(ｱ) 別表 B(1)：公益目的事業比率の算定総括表
(ｲ) 別表 B(2)：土地の使用に係る費用額の算定
(ｳ) 別表 B(3)：融資に係る費用額の算定
(ｴ) 別表 B(4)：無償の役務の提供等に係る費用額の算定
(ｵ) 別表 B(5)：公益目的事業比率算定に係る計算表

別表 B(1)の計算において，別表 B(2)〜別表 B(4)に関する土地の使用・融資・無償の役務の提供等に係る費用額について，調整額の記載がない場合や，既に公益目的事業比率が 50% 以上となっており，調整額を加算する必要がない場合は，別表 B(2)〜別表 B(4)の作成は不要となる。ただし，前事業年度の事業報告において，調整額を加算した場合は，正当な理由がない限り，当該調整額の加算を毎事業年度継続する必要がある（認定法規則 16②，16 の 2②，17③）。

(c) 別表 C：遊休財産額について

別表 C では，遊休財産額が保有上限を超過していないか否かについて計算を行う。

(ｱ) 別表 C(1)：遊休財産額の保有制限の判定
(ｲ) 別表 C(2)：控除対象財産
(ｳ) 別表 C(3)：公益目的保有財産配賦計算表
(ｴ) 別表 C(4)：資産取得資金
(ｵ) 別表 C(5)：特定費用準備資金

(d) 別表D：他の団体の意思決定に関与可能な財産

別表Dでは，他の団体の意思決定に関与することができる株式その他の内閣府令で定める財産の保有の有無とその内容について記載を行う。

(e) 別表E：経理的基礎（情報開示の適正性）について

別表Eでは，公益目的事業を行うのに必要な経理的基礎の状況についての記載を行う。公認会計士又は税理士である者が監事を務めている場合は，監事の氏名及び公認会計士又は税理士の区別，公認会計士又は税理士である者が監事を務めていない場合で，かつ，費用及び損失の額又は収益の額が1億円未満の場合は，営利又は非営利法人の経理事務に従事した経験を有する監事の氏名及び経理事務経験の内容，いずれにも該当しない場合には，公認会計士，税理士又はその他の経理事務の精通者による関与について記載する。

(f) 別表F：各事業に関連する費用額の配賦について

別表Fでは，各事業に関連する経費の配賦について記載する。役員等の報酬・給料手当については，個人別に，報酬の額及び配賦基準等を記載する。

　　(ア) 別表F(1)：各事業に関連する費用額の配賦計算表（役員等の報酬・給料手当）

　　役員等の報酬や給与手当を，各事業や法人会計に配賦する基準及びその計算について記載する。

　　(イ) 別表F(2)：各事業に関連する費用額の配賦計算表（役員報酬・給料手当以外）

　　複数の事業に共通して発生する費用を，各事業や法人会計に配賦する基準及びその計算について記載する。

(g) 別表H：公益目的取得財産残額について

別表Hでは，公益目的取得財産残額は，当該公益法人が取得したすべ

152　第Ⅰ部　制度編

ての公益目的事業財産から公益目的事業のために費消・譲渡した財産を除くことを基本として計算を行う（認定法 30 ②）。なお，公益認定の取消し等が行われた場合には，直近の事業年度末日における公益目的取得財産残額を基に一定の調整を行うことにより，実際に贈与すべき公益目的取得財産残額を確定する（認定法規則 49）。

　　㋐　別表 H(1)：当該事業年度末日における公益目的取得財産残額
　　㋑　別表 H(2)：当該事業年度中の公益目的増減差額の明細

⑥　**別紙 5：その他の添付書類**

　事業報告等に係る提出書類の提出に当たり，次の添付書類を提出する必要がある。

　(a)　財産目録
　(b)　役員等名簿*1
　(c)　理事，監事及び評議員に対する報酬等の支給の基準を記載した書類
　(d)　社員名簿*1（公益社団法人のみ）
　(e)　貸借対照表及びその附属明細書
　(f)　損益計算書及びその附属明細書
　(g)　事業報告及びその附属明細書
　(h)　監査報告及び会計監査報告（会計監査報告は，会計監査人設置法人のみ）
　(i)　キャッシュ・フロー計算書（作成している場合又は会計監査人を設置しなければならない場合に限る。）
　(j)　滞納処分に係る国税及び地方税の納税証明書

【以下は，必要な場合に提出すべき添付書類】

　(k)　許認可等を証する書類（許認可等が必要な場合のみ）
　(l)　事業・組織体系図
　　　（複数の事業又は複数の組織（施設や事業所等）がある場合のみ）*2
　(m)　社員の資格の得喪に関する細則
　　　（公益社団法人の場合であって，定款のほかに，社員の資格の得喪に

関し何らかの定めを設けている場合のみ）*2

(n) 会員等の位置づけ及び会費に関する細則

（定款のほかに，会員等の位置付け及び会費に関する何らかの定めを設けている場合のみ）*2

(o) 寄付の使途の特定の内容がわかる書類

（公益目的事業以外に使途を特定した寄付がある場合のみ）

*1 行政庁から閲覧又は謄写の請求があった場合には，個人の住所に係る記載の部分を除外して請求に応じることとなるため，①すべての事項を記載したもの，②住所部分が空欄のもの（閲覧用）の2種類を提出する必要がある。なお，評議員，理事，監事は，事業年度の末日時点の者を記載する。

*2 既に行政庁に提出している場合において，その内容に変更がないときは添付不要である。

9 変更認定及び届出

1. 公益法人の変更認定及び届出

公益法人の設立は，旧公益法人制度下では主務官庁の許可制が採られており，公益法人設立後に変更が生じた場合においても許可が必要であった。この範囲は，定款等の変更のみならず，基本財産を処分する場合や長期の借入をする場合においても，主務官庁の許可又は届出が必要であったため，手続的に煩雑であり，迅速性も欠いていた。

これに対して，現行制度においては，公益法人についても自主的な運営が尊重され，公益法人の自己責任で運営を行うことにより，民間の創意工夫を引き出す方向への改革が行われた。その結果，制度改正後は，変更に関する事項は原則として届出制となり，変更に際しての手続も大幅に簡素化された。

しかしながら，行政庁による認定の下に設立された公益法人が，設立後に法人の基本的な事項について安易に変更を行うような場合，設立当初の法人の趣旨とは異なる活動を開始する可能性がある。このような場合，法人の活動が必ずしも公益の増進に寄与しないおそれがある。また，法人の活動や区域に変更

154　第Ⅰ部　制度編

が生じた場合においても，新たに監督する立場となる変更後の行政庁に対して変更事項が適切に伝えられないおそれがある。このような事態を回避し，行政庁による公益法人の活動を引き続き適切に監督して行くために，公益にかかわる基本的な事項については，変更を行った場合に，設立時と同様の行政庁による変更の認定を受けることが引き続き求められることとなった。ただし，基本的な事項であっても，軽微なものについては，届出のみで変更することが認められている。

2.　変更の認定を要する事項

　公益法人は，次の事項を変更しようとする場合において，行政庁から変更の認定を受けることが求められている（認定法 11 ①）。

(1) 公益目的事業を行う都道府県の区域（定款で定めるものに限る。），又は主たる事務所若しくは従たる事務所の所在場所の変更（従たる事務所の新設又は廃止を含む。)

(2) 公益目的事業の種類又は内容の変更（事業の一部を廃止する場合を含む）

(3) 収益事業等の内容の変更（事業の一部を廃止する場合を含む）

　変更の認定を受けようとする公益法人は，内閣府令の定めに従い，変更に係る事項を記載した申請書を行政庁に提出しなければならない（認定法 11 ②）。ただし，軽微な変更の場合は，届出により変更することができる（認定法 11 ①ただし書，認定法規則 7）（「4.　変更の届出を要する事項」（P. 160）参照）。また，変更認定申請書（認定法 11 ②）は，変更前の行政庁を経由して変更後の行政庁に提出しなければならないとされているため，公益法人は，変更前の行政庁に対して申請を行うこととなる（認定法 12 ①）。その後，変更後の行政庁により，遅滞なく，変更前の行政庁から事務の引き継ぎがなされることとなる（認定法 12 ②）。

　以下において，各項目について解説する。

第3章　公益社団法人及び公益財団法人　155

▶公益目的事業を行う都道府県の区域又は主たる事務所若しくは従たる事務所の所在場所の変更

①　公益目的事業を行う都道府県の区域の変更

　公益目的事業を行う都道府県の区域を定款で変更する場合には，変更の認定を受ける必要がある。都道府県の区域の変更に該当する事項としては，次の事項がある。

　(a)　所管行政庁が都道府県知事である公益法人が，定款を変更して，2以上の都道府県の区域で公益目的事業を行うことを定める場合

　(b)　所管行政庁が内閣総理大臣である公益法人が，定款を変更して，1の都道府県の区域で公益目的事業を行うことを定める場合

　なお，所管行政庁が内閣総理大臣である公益法人が，公益目的事業を行う都道府県の区域を定款で変更し，変更後における公益目的事業の活動区域又は事務所の所在場所が2以上の都道府県の区域内となる場合は，所管行政庁の変更が生じないため，変更認定ではなく，変更届出の手続を行う。

②　主たる事務所若しくは従たる事務所の所在場所の変更

　主たる事務所又は従たる事務所の所在場所の変更により，所管（都道府県・内閣府）が変更となる場合には，定款を変更する前に，変更の認定を受ける必要がある。なお，従たる事務所の新設又は廃止も変更の認定を要する。

　しかしながら，現在の行政庁が内閣総理大臣である公益法人は，変更後の事務所の所在場所又は定款で定める公益目的事業の活動区域が2以上の都道府県の区域内であれば，変更認定ではなく，変更届出の手続となる。また，現在の行政庁が都道府県知事である公益法人は，変更後の事務所の所在場所又は定款で定める公益目的事業の活動区域が同一の都道府県の区域内であれば，同様に変更認定ではなく，変更届出の手続を行うこととなる。

156 第Ⅰ部 制度編

▶公益目的事業の種類の変更

公益目的事業の種類とは，公益法人認定法別表（第2条関係）で挙げられている公益目的事業の各号をいうが（「図表3-2」（P.108）参照），これを他の号に変更することを，公益目的事業の種類の変更と呼んでいる。公益法人では，公益認定の申請時（あるいはその後の変更認定申請時又は変更届出時）において，自己の行っている事業が，公益法人認定法別表上のいずれの号に該当するかを申請書上で報告しているが，その号を変更する上において，変更の認定を受ける必要がある。これは，変更により当初の公益法人の設立目的とは異なる趣旨となる可能性があるためであり，あらためて認定を受けることを義務付けたものである。

▶公益目的事業又は収益事業等の内容の変更

公益目的事業又は収益事業等の内容を変更（新規事業を立ち上げる場合及び事業の一部を廃止する場合を含む。）する場合，変更の認定を受ける必要がある。これは，収益事業の変更により公益目的事業比率に影響を与える可能性があることから，公益目的事業比率が50％を下回ることがないように，あらかじめ認定を受けることを義務付けたものである。

ただし，公益目的事業における受益の対象や規模が拡大する場合など，事業の公益性についての判断が明らかに従来と変わらず，公益目的事業比率が50％を下回らないと認められる場合には，変更認定ではなく，変更届出の手続となる。

3. 変更認定に必要な書類及び記載内容

公益法人が変更の認定を受ける場合は，法人内で機関決定を行った後，行政庁に申請をし，変更の認定後に登記等の手続を行う。なお，「変更認定申請・変更届出の手引き」（平成21年6月15日　内閣府／都道府県）によれば，変更認定の申請時に必要となる書類は，変更認定申請書（かがみ文書）及び別紙1〜別紙4であり，別紙3については附属する別表A〜別表Fが含まれる。

▶変更認定申請時に必要な書類

変更認定の申請書類は，提出書（かがみ文書）及び別紙１〜別紙３からなる。なお，別紙３は別表A〜別表Fから構成されている。

① **変更認定申請書 ＜かがみ文書＞**（認定法11 ②）

申請先は認定を受けた行政庁となる。変更の結果，行政庁が変更となる場合でも，提出は現在の行政庁に対して行う。また，提出書を書面により提出する場合は，法人の代表者印が必要となるが，電子申請の場合は不要となる。

② **別紙１：法人の基本情報について**

基本情報については，法人の名称，主たる事務所の住所及び連絡先，代表理事の氏名，事業年度，担当者の氏名及び連絡先等を記載する。

③ **別紙２：法人の事業について**

法人の事業については，次の内容から構成されている。

(a) 事業の一覧

(b) 個別の事業の内容について

　(ア) 別紙2-2.(1)：公益目的事業について

　(イ) 別紙2-2.(2)：収益事業について

　(ウ) 別紙2-2.(3)：その他の事業（相互扶助等事業）について

(a) 事業の一覧では，法人が行っている事業を，公益目的事業，収益事業，その他の事業に区分して記載する。変更する事業については「変更の認定に係る事業」の欄にチェックをする。

(b) 個別の事業の内容については，変更する事業についてのみ，別紙2-2.(1)〜別紙2-2.(3)を作成し，事業の内容（種類）に変更がない場合は，提出が不要である（ただし，事業の一部を廃止する場合には，当該廃止事業について作成する。）。

なお，別紙2-2.(1)〜別紙2-2.(3)は，「変更の内容及び理由」の記載欄がある以外は，定期提出書類の事業報告の際に記載する別紙3-2.(1)〜別紙3-2.(3)と，記載内容はほぼ同じである（「**8**」4. ▶事業報告等 ④

別紙：法人の事業について」(P.148) 参照)。具体的には，別紙2-2.(1)
～別紙2-2.(3)のいずれも，事業の概要を記載するが，別紙2-2.(1)につ
いては，事業の公益性，別紙2-2.(2)については，本事業の利益の額が
0円以下である場合の理由又は今後の改善方策を，さらに別紙2-2.(2)
と別紙2-2.(3)ではともに，本事業を反復継続して行うのに最低限必要
となる許認可等を記載する。

④ **別紙3：法人の財務に関する公益認定の基準に係る書類について**

公益認定の基準のうち，財務に関する「収支相償の計算」，「公益目的事業
比率の算定」，「遊休財産額の保有制限の判定」の3つについて計算を行う。

＜公益財務計算の流れ＞
(ア) 別表A：収支相償の計算
(イ) 別表B：公益目的事業比率の算定
(ウ) 別表C：遊休財産額保有制限の判定

別表A，別表B，別表C(1)，(2)，(3)及び別表Fは，いずれも様式が定
期提出書類の事業報告の際に記載する別表A，別表B，別表C(1)，(2)，(3)
及び別表Fと同じ様式となっており，別表C(4)，(5)についても，ほぼ同
じ様式である（「**8** 4. ▶事業報告等 ⑤別紙4：法人の財務に関する公益認
定の基準に係る書類について」(P.149) 参照)。しかしながら，別表Eにつ
いては，公益目的事業を行うのに必要な経理的基礎の状況についての記載が
求められるが，その記載内容が異なっている。なお，「別表D：他の団体の
意思決定に関与可能な財産」については，変更認定申請時において，提出は
不要とされている。

・別表E：経理的基礎（財産基盤の明確化）について
別表Eでは，定期提出書類の事業報告時，変更認定申請時ともに，公
益目的事業を行うのに必要な経理的基礎の状況について記載する。ただし，

第3章　公益社団法人及び公益財団法人　159

求められる記載内容が，定期提出書類の事業報告における別表Ｅでは，公益法人における情報開示の適正性として，公認会計士，税理士又はその他の経理事務の精通者の法人への関与の状況であるのに対して，変更認定申請時における別表Ｅでは，法人の財政基盤についての記載が求められ，寄付金収入，会費収入及び借入金についての記載が求められている。

　法人に，寄付金収入がある場合，大口拠出者上位5者までの氏名又は名称及び寄付金の額を記載する。公益目的事業以外のために使途を特定した寄付金がある場合には，その寄付ごとに特定の内容がわかる書類（寄付規定，募金要綱等）を添付する。

　会費収入がある場合には，会費の名称を問わず，法人が定款で定めた会費として徴収している金額を記載する。また，積算の根拠として，近年の会費収入の納入実績及び納入者の延べ数を記載する。

　借入金がある場合には，借入金の額を，また，借入れの計画がある場合には，当該内容についても記載する。

⑤　別紙4：その他の添付書類

　変更認定の申請に際して，次の添付書類の提出が追加で必要となる（認定法7②，認定法規則8②）。

＜添付書類＞

　(a)　定款変更の案

　(b)　確認書

　(c)　許認可等を証する書類（許認可等が必要な場合のみ）

　(d)　事業計画書

　(e)　収支予算書

　(f)　事業・組織体系図

　　　（複数の事業又は複数の組織（事業や事業所等）がある場合のみ）

　(g)　寄付の使途の特定の内容がわかる書類

　　　（公益目的事業以外に使途を特定した寄付がある場合のみ）

　(h)　当該変更を決議した理事会の議事録の写し

160　第Ⅰ部　制度編

4. 変更の届出を要する事項

　公益法人は，申請済の内容に変更があったときは，内閣府令の定めに従い，遅滞なく，その旨を行政庁に届け出なければならない（認定法13①）。なお，変更を届け出る事項には，事前に届出を要する事項と，事後に届出を要する事項の2つがある。

▶変更前に届出を要する事項
　変更前に行政庁に届出を要する行為は，次の3つである（認定法24①）。
① 　合併
② 　事業の全部又は一部の譲渡
③ 　公益目的事業の全部の廃止
　ただし，合併により公益法人が消滅する法人となる新設合併契約を締結したときは，当該公益法人は，当該新設合併により設立する法人が当該新設合併により消滅する公益法人の地位を継承することについて，行政庁の許可を申請するため，合併の届出は不要となる（認定法25①）。

▶変更後に届出を要する事項
　変更後に行政庁に届出を要する事項は，次のとおりである（認定法13）。
① 　**名称又は代表者の氏名の変更**
　　公益法人が名称又は代表者の氏名の変更について届出をした場合は，行政庁より内閣府令に従った，その旨の公示がなされる（認定法13②）。

② 　**内閣府令で定める軽微な変更**
　　内閣府令で定める軽微な変更は，次のとおりである（認定法規則7）。
　(a) 　行政庁が内閣総理大臣である公益法人の公益目的事業を行う都道府県の区域の変更（定款で定めるものに限る。）又は事務所の所在場所の変更（従たる事務所の新設又は廃止を含む。）であり，変更後の公益目的事業を行う区域又は事務所の所在場所が2以上の都道府県の区域内にあ

るもの

(b) 行政庁が都道府県知事である公益法人の事務所の所在場所の変更（従たる事務所の新設又は廃止を含む。）であり，変更前及び変更後の事務所の所在場所が同一の都道府県の区域内にあるもの

(c) 公益目的事業又は収益事業等の内容の変更であり，公益認定申請書（認定法7①）（当該事業について変更の認定を受けている場合には，当該変更のうち最も遅いものに係る変更認定申請書（認定法11②））の記載事項の変更を伴わないもの

認定を受けるべき変更か，届出で済む変更かの判断が難しいと思われる事項については，公益性についての判断が明らかに変わらないと認められる場合以外は，変更の認定を受ける必要があると考えられる。

③ 定款の変更

定款の変更は，行政庁による事前の認定が義務付けられている事項（認定法11①）を除き，届出により行われる。

④ その他内閣府令で定める事項の変更

その他内閣府令で定める事項として，公益法人認定法施行規則では，次の事項が挙げられている（認定法規則11②）。

(a) 理事等（代表者を除く。），会計監査人の氏名又は名称の変更

(b) 報酬等の支給の基準の変更

(c) 事業を行うに当たり必要な許認可等の変更

⑤ 解散の届出等

公益法人が合併以外の理由により解散をした場合には，その清算人（解散が破産手続開始の決定による場合においては，破産管財人）は，当該解散の日から1ヶ月以内に，その旨を所管の行政庁に届け出なければならない（認定法26①）。また，清算人は，清算手続において債権者への催告期間が経過したときは，遅滞なく，残余財産の引渡しの見込みを行政庁に届け出なけれ

ばならず，さらに，当該見込みに変更があったとき，清算が結了したときも，同様に遅滞なく，届出が必要となる（認定法26②，③）。

届出後，行政庁よりその旨の公示がなされる（認定法26④，一般法233①）。

5. 変更届出に必要な書類及び記載内容

公益法人が変更の届出をする場合は，法人内で機関決定をした後，行政庁に届出をするとともに，登記等の手続を行う。なお，「変更認定申請・変更届出の手引き」（平成21年6月15日　内閣府／都道府県）によれば，変更の届出時に必要となる書類は，変更届出書（かがみ文書）及び別紙1〜別紙3からなる。

▶変更届出時に必要な書類

① **変更届出書 ＜かがみ文書＞**（認定法規則11①）

提出先は，公益認定を受けた行政庁となる。提出書を書面により提出する場合は，法人の代表者印が必要となるが，電子申請の場合は不要となる。

② **別紙1：法人の基本情報について**

基本情報については，法人の名称，主たる事務所の住所及び連絡先，代表理事の氏名，事業年度，担当者の氏名及び連絡先等を記載する。なお，内容は，変更認定申請時のものとほぼ同じである。

③ **別紙2：法人の事業について**

法人の事業については，次の内容から構成されている。なお，内容は，変更認定申請時のものとほぼ同じである。

(a) 事業の一覧

(b) 個別の事業の内容について

　(ア) 別紙2-2.(1)：公益目的事業について

　(イ) 別紙2-2.(2)：収益事業について

　(ウ) 別紙2-2.(3)：その他の事業（相互扶助等事業）について

第3章　公益社団法人及び公益財団法人　163

(a)　事業の一覧では，法人が行っている事業を，公益目的事業，収益事業，その他の事業に区分して記載する。変更する事業については「変更の届出に係る事業」の欄にチェックをする。

(b)　個別の事業の内容については，変更する事業についてのみ，別紙2-2.(1)〜別紙2-2.(3)を作成し，事業の内容（種類）に変更がない場合は，提出が不要である（ただし，事業の一部を廃止する場合には，当該廃止事業について作成する。）。

　なお，別紙2-2.(1)〜別紙2-2.(3)は，「変更の内容及び理由」の記載欄がある以外は，定期提出書類の事業報告の際に記載する別紙3-2.(1)〜別紙3-2.(3)と，記載内容はほぼ同じである（「 8 4. ▶事業報告等 ④ 別紙：法人の事業について」(P.148) 参照）。具体的には，別紙2-2.(1)〜別紙2-2.(3)のいずれも，事業の概要を記載するが，別紙2-2.(1)については，事業の公益性，別紙2-2.(2)については，本事業の利益の額が0円以下である場合の理由又は今後の改善方策を，さらに別紙2-2.(2)と別紙2-2.(3)ではともに，本事業を反復継続して行うのに最低限必要となる許認可等を記載する。

④　別紙3：その他の添付書類

　変更届出の提出に際して，次の添付書類の提出が追加で必要となる（認定法7②，11③）。

＜添付書類＞

(a)　定款

(b)　登記事項証明書

(c)　就任（又は退任）した理事等の名簿

(d)　理事等の名簿

(e)　役員等名簿

(f)　理事，監事及び評議員に対する報酬等の支給の基準を記載した書類

(g)　確認書

(h)　許認可等を証する書類

164　第Ⅰ部　制度編

　　　（「変更後の許認可等の内容について」も併せて提出）
　（i）　事業計画書
　（j）　収支予算書
　（k）　事業・組織体系図
　　　（複数の事業又は複数の組織（事業や事業所等）がある場合のみ）

10　公益法人の監督

▶基本的な考え方

　新制度では監督の基本方針についても大幅に変更されており，内閣府の「監督の基本的考え方」（平成20年11月21日内閣府）において，国の監督機関（行政庁たる内閣総理大臣及び公益認定等委員会）が，公益法人の監督をする際の考慮すべき点と，監督に臨む基本的な考え方（姿勢）が述べられている。

　監督の際の考慮すべき点として，次のものが挙げられている。
①　監督についても主務官庁による裁量的なものから法令で明確に定められた要件に基づくものに改められたこと
②　法律により法人のガバナンス（内部統治）及び情報開示について詳細に定められたこと
③　不適切な事案は制度に対する信頼を揺るがしかねないこと
④　法人の実態を十分に把握しなければ効果的な監督を行うことができないこと

　上記を踏まえ，監督に臨む基本的な考え方（姿勢）として，次のものが挙げられている。
（a）　法令で明確に定められた要件に基づく監督を行うことを原則とする。
（b）　法人自治を大前提としつつ，民による公益の増進のため新公益法人が新制度に適切に対応できるよう支援する視点を持つ。

(c) 制度への信頼確保のため必要がある場合は，問題ある新公益法人に対し迅速かつ厳正に対処する。

(d) 公益認定申請等の審査，定期提出書類等の確認，立入検査などあらゆる機会を活用して法人の実態把握に努める。

なお，移行法人（公益目的支出計画を実施中の一般社団法人及び一般財団法人）については，公益目的支出計画の履行を確保する観点から監督を行うこととされており，移行法人が公益の目的のための支出（整備法119②一〜三）を行う限りにおいて共通の規律が必要と考えられることから，原則として新公益法人の監督に準じた考え方で監督が行われる。

▶報告及び検査

現行制度では，公益法人の運営について法人自治を原則としているが，公益法人が当初の設立趣旨に反する運営を行った場合，公益法人全体に対する社会的信用の低下を招くおそれがある。そのため，行政庁は，公益法人の事業の適正な運営を確保するために必要な限度において，内閣府令の定めに従い，公益法人に対して，その運営組織及び事業活動の状況に関し必要な報告を求めることが認められている。また，行政庁は職員に対して，当該公益法人の事務所に立ち入らせ，その運営組織や事業活動の状況・帳簿，書類そのほかの物件を検査させ，関係者に対して質問をさせる権限を与えている（認定法27①）。

▶行政庁による勧告等

行政庁に提出された定期提出書類の内容や，行政庁による検査などから，公益法人について，公益法人認定法第29条第2項各号のいずれかに該当すると疑う相当な理由がある場合には，行政庁は，当該公益法人に対し，期限を定めて，必要な措置を採るべき旨の勧告をすることが認められている（認定法28①，29②）。

① 公益法人が公益法人認定法第5条各号の公益認定の基準のいずれかに適合しなくなったとき（認定法29②一）

166　第Ⅰ部　制度編

② 　公益法人が公益法人認定法第14条から第26条で定める公益法人の事業
　活動等に関する規定を遵守していないとき（認定法29②二）
③ 　公益法人が①，②の他，法令又は法令に基づく行政機関の処分に違反し
　たとき（認定法29②三）

　また，行政庁は，公益法人に対して前述の勧告をしたときは，内閣府令の定
めに従い，その勧告の内容を公表しなければならないとされている。これによ
り，勧告制度についても透明化が図られている（認定法28②）。

▶行政庁による命令等

　行政庁は，前述の勧告を受けた公益法人が，正当な理由がなく，その勧告に
対する措置を採らなかったときは，当該公益法人に対して，その勧告に係る措
置を採るべきことを命ずることが認められている（認定法28③）。行政庁は，
前項の規定による命令をしたときは，内閣府令の定めに従い，その旨を公示し
なければならないとされている（認定法28④）。

　また，行政庁は，公益法人に対して前述の勧告及び命令をしようとするとき
は，次の①～③の区分に応じて，当該事由の有無について，各々に該当する者
から意見を聴くことが認められている（認定法28⑤）。

① 　公益認定の基準の適合及び行政機関に係る事由 ……… 許認可等行政機関
② 　暴力団員等に係る事由 ……………………………………… 警察庁長官等
③ 　税金の滞納に係る事由 ……………………………………… 国税庁長官等

　この制度は，行政庁が公益法人に対して，勧告，命令をしようとする場合に
おいて，事前に，当該事由の有無について関係当局に意見を聴くために設けら
れた規定である。

▶公益認定の取消し

　行政庁は，公益法人が次のいずれかに該当するときは，その公益認定を取り
消すことが義務付けられている（認定法29①）。

① 　公益法人認定法で規定する欠格事由（「5 公益認定における欠格事由」
　（④を除く。）（P.139）参照）に該当することとなったとき（認定法6（ただ

し認定法 6 二を除く。））

② 偽りその他不正の手段により公益認定，変更の認定又は新設合併による
地位の承継の認可を受けたとき（認定法 11 ①，25 ①）

③ 正当な理由がなく，行政庁の命令（勧告に係る措置をとること）に従わ
ないとき（認定法 28 ③）

④ 公益法人から公益認定の取消しの申請があったとき

また，公益法人が次のいずれかに該当するときは，行政庁は，その公益認定
を取り消すことができる（認定法 29 ②）。

① 公益法人が公益法人認定法第 5 条各号の公益認定の基準のいずれかに適
合しなくなったとき（認定法 29 ②一）

② 公益法人が公益法人認定法第 14 条から第 26 条で定める公益法人の事業
活動等に関する規定を遵守していないとき（認定法 29 ②二）

③ 公益法人が①，②の他，法令又は法令に基づく行政機関の処分に違反し
たとき（認定法 29 ②三）

この場合においても行政庁は，処分の前において許認可等行政機関，警察庁
長官等，国税庁長官等の意見を聴くことができる（認定法 29 ③）。行政庁が，
公益法人の公益認定を取り消したときは，内閣府令の定めに従い，その旨を公
示しなければならないとされており，透明性が図られている（認定法 29 ④）。

公益認定の取消しの処分を受けた公益法人は，法人自身が名称を変更するか
どうかにかかわらず，その名称中の公益社団法人又は公益財団法人という文字
をそれぞれ一般社団法人又は一般財団法人と変更する定款の変更をしたものと
みなされる（認定法 29 ⑤）。行政庁により，公益法人の公益認定が取り消され
たときには，遅滞なく，当該公益法人の主たる事務所及び従たる事務所の所在
地を管轄する登記所において，当該公益法人の名称の変更の登記がなされる（認
定法 29 ⑥）。

168 第Ⅰ部 制度編

▶公益認定の取消し等に伴う贈与

　行政庁が公益認定の取消し等をした場合，公益目的取得財産残額を贈与する定款に従い（認定法5十七），公益法人は当該公益認定の取消しの日又は当該合併の日から1ヶ月以内に公益目的取得財産残額に相当する額の財産を贈与する必要がある。

　しかしながら，その贈与に係る書面による契約が成立しないときは，国（行政庁が内閣総理大臣の場合）又は都道府県（行政庁が都道府県知事の場合）が当該公益目的取得財産残額に相当する額の金銭について，定款で定める贈与を当該公益認定の取消しを受けた法人等から受ける旨の書面による契約が成立したものとみなされ，その財産に関する権利が，当該法人から国又は都道府県へ移転する（認定法30①）。

　当該公益認定の取消し等の日から1ヶ月以内に当該公益目的取得財産残額の一部に相当する額の財産について定款で定める贈与に係る書面による契約が成立した場合における残余の部分についても同様に扱われる。

　なお「公益目的取得財産残額」については，「**4** 17. 公益目的取得財産残額の贈与」（P.136）において解説している。

▶行政庁への意見

　次の者は，行政庁が公益法人に対して適当な措置をとることが必要であると認める場合には，行政庁に対し，その旨の意見を述べることが認められている（認定法31）。

① 公益認定の基準に適合しない事由及び行政機関に係る事由
　　………………………………………………………………… 許認可等行政機関
② 暴力団員等に係る事由 ………………………………………… 警察庁長官等
③ 税金の滞納に係る事由 ………………………………………… 国税庁長官等

11 公益法人の罰則及び過料

　現行制度において公益法人は，行政庁から公益認定を受けた一般社団法人又は一般財団法人と位置付けられるため，公益法人認定法に従うとともに，公益法人認定法に記載のないものについても，一般社団法人又は一般財団法人として一般法人法が適用される。このことは公益法人における罰則と過料についても当てはまり，公益法人は，公益法人認定法の罰則及び過料とともに，一般法人法上の罰則及び過料についても適用となる。

　なお，一般社団法人及び一般財団法人の罰則及び過料については，「第2章 14 一般社団法人及び一般財団法人の罰則及び過料」(P.97)に記載している。

① 罰　則

　公益法人が適用対象となる罰則は，次のとおりである。

(a)　偽りその他不正の手段により公益認定，変更認定，又は合併による地位の承継認可を受けた者（認定法62一）。

(b)　変更の認定を受けないで変更をした者（認定法62二,三）。

(c)　（他の）公益社団法人又は公益財団法人であると誤認されるおそれのある名称又は商号を使用した者（認定法63）

(d)　公益認定の申請書等に虚偽の記載をして提出した者（認定法64一,二）

(e)　書類又は電磁的記録を備え置かず，又はこれらに記載し，若しくは記録すべき事項を記載せず，若しくは記録せず，若しくは虚偽の記載若しくは記録をした者（認定法64三）

　なお，(a)，(b)の者には，6ヶ月以下の懲役又は50万円以下の罰金が，(c)の者には，50万円以下の罰金が，(d)，(e)の者には，30万円以下の罰金に処される。

　また，法人の代表者若しくは管理人又は法人若しくは人の代理人，使用人その他の従業者が，その法人又は人の業務に関し，上記①(a)〜(e)に違反行為をしたときは，行為者を罰するほか，その法人又は人に対しても，各罰金が

科される（一般法 65）。

② 過 料

公益法人が適用対象となる過料は，次のとおりである（認定法 66 各号）。

(a) 変更の届出を要する事項について届出をせず，又は虚偽の届出をした とき

(b) 財産目録等を提出せず，又はこれに虚偽の記載をして提出したとき

(c) 行政庁からの報告の求めに対し，報告をせず，若しくは虚偽の報告を し，又は行政庁による検査を拒み，妨げ，若しくは忌避し，若しくは質 問に対して答弁をせず，若しくは虚偽の答弁をしたとき

なお，上記いずれかに該当する公益法人の理事，監事又は清算人には 50 万円以下の過料に処される（認定法 66）。

第4章 登記事項

―<ポイント>――

　法人は登記により法人格を備えることができる。登記は、設立時の設立登記の他に、登記事項に変更が生じた場合にも変更登記が必要となる。登記すべき事項は、登記の後でなければ、これをもって善意の第三者に対抗することはできないため（一般法299①）、登記すべき事項が決定した場合には、速やかに登記を行うことが必要となる。
　本章では、一般社団法人と一般財団法人及び公益法人における登記事項について解説する。

1 設立時の登記

1. 一般社団法人の設立の登記

▶設立登記の場所と期限

　一般社団法人の設立の登記は、主たる事務所の所在地において、次に掲げる日のいずれか遅い日から2週間以内にする必要がある（一般法301①）。

① 設立手続が法令、定款に違反が無いことについての設立時理事及び設立時監事による調査が終了した日（一般法20①）
② 設立時社員が定めた日

▶設立登記の登記事項

　一般社団法人の設立に当たっては、次の事項を登記する必要がある（一般法301②）。

172　第Ⅰ部　制度編

① 目的

② 名称

③ 主たる事務所及び従たる事務所の所在場所

④ 一般社団法人の存続期間又は解散の事由についての定款の定めがあるときは，その定め

⑤ 理事の氏名

⑥ 代表理事の氏名及び住所

⑦ 理事会設置の一般社団法人であるときは，その旨

⑧ 監事設置の一般社団法人であるときには，その旨及び監事の氏名

⑨ 会計監査人設置の一般社団法人であるときには，その旨及び会計監査人の氏名又は名称

⑩ 一時会計監査人の職務を行うべき者を置いたときは，その氏名又は名称

⑪ 役員等の責任の免除についての定款の定めがあるときは，その定め

⑫ 外部役員等が負う責任の限度に関する契約の締結についての定款の定めがあるときは，その定め

⑬ ⑫の定款の定めが外部理事に関するものであるときは，理事のうち外部理事について，外部理事である旨

⑭ ⑫の定款の定めが外部監事に関するものであるときは，監事のうち外部監事について，外部監事である旨

⑮ 貸借対照表等の公告を電磁的方法で行う場合，その内容の情報について不特定多数の者がその提供を受けるために必要な事項で，法務省令で定めるもの

⑯ 公告方法

⑰ ⑯の公告方法が電子公告のときは，不特定多数の者がその提供を受けるために必要な事項であり，法務省令で定めるもの，また，電子公告ができない場合の定款の定めがある場合は，その定め

▶登記申請書の添付書類

登記は，当該一般社団法人を代表すべき者が申請する必要がある（一般法

318①)。また，登記の申請書には，事実確認のため次の書面を添付する必要がある（一般法 318②)。

① 定款

② 設立時理事が設立時代表理事を選定したときは，これに関する書面

③ 設立時理事，設立時監事及び設立時代表理事が就任を承諾したことを証する書面

④ 設立時会計監査人を選任したときは，就任承諾書，その者が法人のときは，当該法人の登記事項証明書，その者が公認会計士のときは，その者が公認会計士であることを証する書面

2. 一般財団法人の設立の登記

▶設立登記の場所と期限

一般財団法人の設立の登記は，主たる事務所の所在地において，次に掲げる日のいずれか遅い日から 2 週間以内にしなければならない（一般法 302①)。

① 財産の拠出の履行が完了し，設立手続が法令，定款に違反が無いことについての設立時理事及び設立時監事による調査が終了した日（一般法 161①)

② 設立者が定めた日

▶設立登記の登記事項

一般財団法人の設立の登記に際しては，次の事項を登記する必要がある（一般法 302②)。

① 目的

② 名称

③ 主たる事務所及び従たる事務所の所在場所

④ 一般財団法人の存続期間又は解散の事由についての定款の定めがあるときは，その定め

⑤ 評議員・理事及び監事の氏名

⑥ 代表理事の氏名及び住所

174　第Ⅰ部　制度編

⑦　会計監査人設置の一般財団法人であるときには，その旨及び会計監査人
　の氏名又は名称

⑧　一時会計監査人の職務を行うべき者を置いたときは，その氏名又は名称

⑨　役員等の責任の免除についての定款の定めがあるときは，その定め

⑩　外部役員等が負う責任の限度に関する契約の締結についての定款の定め
　があるときは，その定め

⑪　⑩の定款の定めが外部理事に関するものであるときは，理事のうち外部
　理事について，外部理事である旨

⑫　⑩の定款の定めが外部監事に関するものであるときは，監事のうち外部
　監事について，外部監事である旨

⑬　貸借対照表等の公告を電磁的方法で行う場合，その内容の情報について
　不特定多数の者がその提供を受けるために必要な事項で，法務省令で定め
　るもの

⑭　公告方法

⑮　⑭の公告方法が電子公告でのときは，不特定多数の者がその提供を受け
　るために必要な事項であり，法務省令で定めるもの，また，電子公告がで
　きない場合の定款の定めがある場合は，その定め

▶登記申請書の添付書類

　登記は，当該一般財団法人を代表すべき者が申請する必要がある（一般法
319①）。また，登記の申請書には，事実確認のため次の書面を添付する必要が
ある（一般法319②）。

①　定款

②　財産の拠出の履行があったことを証する書面

③　設立時評議員，設立時理事及び設立時監事の選任に関する書面

④　設立時代表理事の選定に関する書面

⑤　設立時評議員，設立時理事，設立時監事及び設立時代表理事が就任を承
　諾したことを証する書面

⑥　設立時会計監査人を選任したときは，選任に関する書面及び就任承諾書，

その者が法人のときは，当該法人の登記事項証明書，その者が公認会計士のときは，その者が公認会計士であることを証する書面

2 変更時の登記事項

▶変更の登記

設立時に登記すべき事項（一般法301②，302②）に変更が生じた場合は，2週間以内に，その主たる事務所の所在地において，変更の登記を行う必要がある（一般法303）。

▶名称，目的及び公告方法の変更登記

法人の名称，目的及び公告方法は定款記載事項（一般法11①，153①）であるため，変更登記には，定款変更に関する機関の決議を経た上で，その議事録等を添付して変更登記を申請する（一般法317②，③）。

一般（公益）社団法人では，定款に記載が求められている事項について変更が生じた場合，いずれの事項についても，社員総会の決議により変更することができるが（一般法146），一般（公益）財団法人においては，定款で記載が求められている事項のうち，目的と，評議員の選解任の方法について，評議員会の決議による定款の変更が認められていない（一般法200①）。（ただし，設立者が評議員会の決議による変更を認める定款の定めをしていた場合を除く。（一般法200②））。

しかしながら，一般（公益）財団法人においても，設立時に予見することのできなかった特別の事情が生じ，定款の定めを変更しなければ，その法人の運営の継続が不可能又は著しく困難となるような状況に直面することもないとは限らない。そこで，一般法人法では，定款で変更できる旨の規定がない場合であっても，裁判所の許可を得ることにより，評議員会の決議によって，目的と評議員の選解任の方法についての定款の定めを変更することが認められている（一般法200③）。この場合，変更登記において定款を添付して，申請すること

となる。

　また，一般社団法人が公益社団法人に，一般財団法人が公益財団法人に認定された場合には，「みなし定款変更」により，自動的に定款上の，一般社団法人又は一般財団法人の文字が公益社団法人又は公益財団法人に変更したものとみなされ，定款の名称変更手続は必要ないが（認定法9①），名称の変更の登記は必要となる。その際も，登記の申請書には，公益認定を受けたことを証する書面を添付することが求められている（認定法9②）。

▶役員等（理事，代表理事，監事，評議員又は会計監査人）の変更登記

　既存の役員等の辞任，任期満了，死亡又は解任等が生じた場合には，変更登記が必要となる。また，増員が生じた場合においても，新任役員についての変更登記が必要となる。さらに，代表理事は住所も登記事項となっているため（一般法301②六，302②六），代表理事が住所を変更した場合にも，変更登記が必要となる。

　なお，役員等の変更等が生じた場合において，一般法人法では，変更登記に際して，次の書面の添付を求めている（一般法317，320）。

① **就任による変更登記**

　(a)　選任した機関の議事録等

　(b)　就任が理事，監事又は代表理事の場合：

　　　　就任を承諾したことを証する書面

　　　就任が評議員の場合：

　　　　選任に関する書面及び就任を承諾したことを証する書面

　　　会計監査人の場合：

　　(ｱ)　就任を承諾したことを証する書面

　　(ｲ)　会計監査人が法人のときは，原則として当該法人の登記事項証明書

　　　　会計監査人が個人のときは，その者が公認会計士であることを証する書面

② **退任による変更登記**

　(a)　退任をした機関の議事録等

(b) 理事，監事，代表理事，評議員，会計監査人の場合：
退任を証する書面

▶職務執行停止の仮処分等の登記

理事，監事，代表理事又は評議員の職務の執行を停止し，若しくはその職務を代行する者を選任する仮処分命令又はその仮処分命令を変更し，若しくは取り消す決定がなされたときは，その主たる事務所の所在地において，その登記をしなければならない（一般法305）。

▶主たる事務所の移転の登記

主たる事務所を他の登記所の管轄区域内に移転したときは，2週間以内に，旧所在地においては移転の登記をし，新所在地においては上記の設立時の登記事項（一般社団法人については，「①1.▶設立登記の登記事項」（P.171），一般財団法人については，「①2.▶設立登記の登記事項」（P.173））を登記しなければならない（一般法304①）。その際，法人の成立の年月日，主たる事務所を移転した旨及びその年月日についても登記しなければならない（一般法304②）。この場合，新所在地を管轄する登記所宛の変更登記の申請は，旧所在地を管轄する登記所を経由して行うこととなる。

他方，主たる事務所を同一の登記所の管轄区域内に移転したときは，その登記所において移転の登記を行う。その際に次のものが，登記すべき事項を証する書面として添付書面となる（一般法317）。

① 主たる事務所を移転したことを決議した機関の議事録
② 移転に伴い定款を変更した場合は，定款変更を決議した機関の議事録

▶従たる事務所の所在地における登記

従たる事務所を設けた場合には，一定の期間内に，従たる事務所の所在地において，従たる事務所の所在地における登記をしなければならない（ただし，従たる事務所が主たる事務所の所在地を管轄する登記所の管轄区域内にある場合を除く。）（一般法312①）。その場合，原則として次の事項を登記しなければ

ならない（一般法 312②）。

① 名称

② 主たる事務所の所在場所

③ 従たる事務所（その所在地を管轄する登記所の管轄区域内にあるものに限る。）の所在場所

▶吸収合併・新設合併の登記

吸収合併をしたときは，その効力が生じた日から2週間以内に，その主たる事務所の所在地において，吸収合併消滅法人についての解散の登記をし，吸収合併存続法人についての変更の登記をしなければならない（一般法 306①）。また，吸収合併による変更の登記においては，吸収合併をした旨並びに吸収合併消滅法人の名称及び主たる事務所も登記しなければならない（一般法 306②）。

新設合併をするときは，次の日のいずれか遅い日から2週間以内に，その主たる事務所の所在地において，新設合併消滅法人については解散の登記をし，新設合併設立法人については設立の登記をしなければならない（一般法 307①）。

① 社員総会又は評議員会の決議の日

② 債権者の異議申立ての手続が終了した日

③ 新設合併消滅法人が合意により定めた日

新設合併による設立の登記においては，新設合併をした旨，新設合併消滅法人の名称及び主たる事務所も登記しなければならない（一般法 307②）。

▶解散の登記

法人が，解散したときは，2週間以内に，その主たる事務所の所在地において，解散の登記をしなければならない。解散の登記においては，解散の旨，その事由及び年月日を登記する必要がある（一般法 308）。

▶継続の登記

法人が，清算が結了するまでの間（一般法 150，204）又は設立無効又は取消しの判決が確定した後（一般法 276）に，法人が継続したときは，2週間以内に，

その主たる事務所の所在地において，継続の登記をしなければならない（一般法309）。

▶清算人等の登記

清算人が就任したときは，解散の日から2週間以内に，その主たる事務所の所在地において，次の事項を登記しなければならない（一般法310）。

① 清算人の氏名
② 代表清算人の氏名及び住所
③ 清算法人が清算人会を置くときは，その旨
④ 清算一般財団法人が監事を置くときは，その旨

▶清算結了の登記

清算が結了したときは，清算法人は，社員総会又は評議員会による決算報告の承認の日から2週間以内に，その主たる事務所の所在地において，清算結了の登記をしなければならない（一般法240③，311）。

第 II 部

会 計 編

第 1 章 公益法人会計の概要

> **＜ポイント＞**
>
> 　制度編第1章では，公益法人制度が，時代背景や社会からの要請を受け，平成18年の公益法人制度改革関連3法の制定をもって大規模に改革されたことを述べた。
> 　一方で，公益法人に係る会計については，法人活動の非営利性や，制度改革前までは設立から運営までを主務官庁主導で行われてきたことなどの特質から，企業会計とは異なる「公益法人会計基準」が従前より存在し適用されてきた。このような状況の下，制度改革と呼応して平成20年に公益法人会計の改正がなされ，社会への適応がはかられることとなった。
> 　本章では，公益法人会計の概要として，公益法人会計基準がどのような社会的要請のもとで改正されたのかを説明し，あわせて，現在の適用状況について解説する。

1 公益法人会計基準の変遷

　「公益法人会計基準」は，昭和52年に制定され，昭和60年の改正後，平成16年に全面的な改正（以下「平成16年改正基準」という。）が行われ，平成18年4月1日より施行された。

　その後，平成18年に公益法人制度改革関連3法が成立し，平成20年に，当該関連3法の施行に伴う所要の改正を盛り込んだ現行の公益法人会計基準（以下「平成20年基準」という。）が設定された。

　なお，公益法人会計基準等の公表日等を示すと，次のとおりである。

184　第Ⅱ部　会計編

図表 1-1　公益法人会計基準等の公表日等

公表日等	基　準　等
昭和 60 年 9 月 17 日	公益法人会計基準の改正 （公益法人指導監督連絡会議決定） 「昭和 60 年改正基準」
平成 16 年 10 月 14 日	公益法人会計基準の改正 （公益法人等の指導監督等に関する関係省庁連絡会議申合せ） 「平成 16 年改正基準」
平成 17 年 3 月 23 日	公益法人会計基準の運用指針について （公益法人等の指導監督等に関する関係省庁連絡会議幹事会 申合せ） 「平成 16 年改正基準の運用指針」
平成 20 年 4 月 11 日 平成 21 年 10 月 16 日 （一部改正）	公益法人会計基準について（内閣府公益認定等委員会） 「平成 20 年基準」及び 「公益法人会計基準」の運用指針（内閣府公益認定等委員会） 「平成 20 年基準の運用指針」

② 平成 20 年基準設定の趣旨

1. 平成 16 年改正基準への改正の経緯

　公益法人会計基準は，昭和 60 年に改正されて以降，長期にわたり改正が行われてこなかったが，その間，社会・経済情勢など公益法人を取り巻く環境は著しく変化した。それとともに企業会計においても，国際的な会計基準への対応に迫られ，日本の会計制度も大きな変革を余儀なくされた。

　このような状況下において，公益法人会計基準についても，変貌する社会や経済からの新たなニーズや要請に対応すべく，平成 16 年に企業会計の基準の考え方を取り入れる形で公益法人会計基準の大幅な改正がなされた。その結果，公益法人会計においても発生主義会計の考え方が採り入れられ，固定資産の減価償却や退職給付引当金の計上が求められることとなった。

　さらに，正味財産を指定正味財産，一般正味財産に区分して開示するなどの，企業会計にはない公益法人会計に特有の会計処理も求められることとなり，公益法人の実態をより適切に表すことが可能となった。

第1章　公益法人会計の概要　185

2. 平成16年改正基準から平成20年基準への改正の趣旨

　平成16年改正基準で行われた改正の趣旨は，平成20年基準においても引き継がれており，財務諸表の基本的枠組みとして，貸借対照表と正味財産増減計算書を中心とした発生主義をベースとする点は，基本的に踏襲されている。

　しかしながら，平成16年改正基準では，公益法人制度改革関連3法の施行前に設定されたことなどから，「収支相償の計算」，「公益目的事業比率の計算」，「遊休財産額の計算」，「公益目的支出計画の実施状況の計算」など，現行制度で求められている公益法人に特有の計算を念頭に置いた体系にはなっていなかった。

　そこで，公益法人会計基準としての基本的な考え方を平成16年改正基準から引き継ぎながらも，行政庁への提出資料の基礎を直接提供できるように，現行の公益法人制度に整合する形で平成20年基準が設定された。

③　適用の時期，範囲及び要否

1. 平成20年基準と平成16年改正基準の適用の可否

　平成20年基準は，平成20年12月1日以後開始する事業年度から適用が開始された。しかしながら，公益法人においては，公益法人認定法施行規則第12条により，一般に公正妥当と認められる公益法人の会計の基準その他の公益法人の会計の慣行をしん酌することを求める規定が設けられているのみであり，公益法人に対して特定の会計基準の適用が義務付けられているものではない。そのため，現行制度においても，平成16年改正基準の適用も引き続き認められると解することができる。

　公益法人には，平成20年基準の適用が強制されるという誤解があるが，内閣府から公表されている「新たな公益法人制度への移行等に関するよくある質問（FAQ）」にもあるように，公益法人においても平成16年改正基準を採用することに問題はなく，平成20年基準の適用が強制されるものではない。重要

なのは，どのような会計基準を選択する場合であっても，法令で定められた書類を法令に則った方法により作成し，提出することである（FAQ問Ⅵ-4-①）と述べられている。

しかしながら，平成20年基準において作成が求められる財務諸表と，公益社団法人及び公益財団法人に対して現行制度が提出を求めている定期提出書類や，移行法人である一般社団法人及び一般財団法人に対して現行制度が提出を求めている公益目的支出計画に係る実施報告書の様式は，基本的に同様のものとなっている。そのため，実務上の効率性の観点からは，平成20年基準を適用することが望ましいといえる。

2. 公益法人会計基準の変遷と現在までの適用の可否

公益法人会計基準の制定から現在までの改正の変遷を示すと，次のとおりである。

図表1-2　公益法人会計基準の改正の変遷と現状適用可能な公益法人会計基準の関係

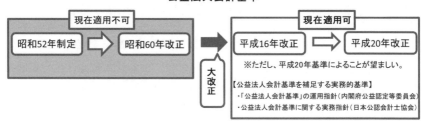

現行の法令により作成が必要な書類や公益認定基準における財務会計関係の基準が，損益計算をベースとしているのに対して，昭和60年改正基準は，現金収支をベースとしているため，現在では，昭和60年改正基準の適用はできないと考えられている。

また，公益法人が財務諸表をはじめとする会計書類を作成する上において，まず従うべき法令や基準として，公益法人制度改革関連3法，関係する施行令

及び施行規則並びに公益法人会計基準があり，さらに，これらを補足又は補完するものとして「「公益法人会計基準」の運用指針」（内閣府公益認定等委員会）（以下「平成20年基準の運用指針」という。）や日本公認会計士協会非営利法人委員会が公表する報告，実務指針，研究報告，研究資料等がある（「図表1-3」参照）。これらは，上記の公益法人が遵守すべき公益法人認定法施行規則第12条でいう「一般に公正妥当と認められる公益法人の会計の基準その他の公益法人の会計の慣行」に相当するものと位置付けることができる。

図表1-3 「一般に公正妥当と認められる公益法人の会計の基準その他の公益法人の会計の慣行に相当」する主な公表物

名　称	設定主体
公益法人会計基準	内閣府公益認定等委員会
「公益法人会計基準」の運用指針	内閣府公益認定等委員会
公益法人会計基準に関する実務指針 （非営利法人委員会報告第28号）	日本公認会計士協会
公益法人会計基準に関する実務指針（その2） （非営利法人委員会報告第29号）	日本公認会計士協会
公益法人会計基準に関する実務指針（その3） （非営利法人委員会報告第31号）	日本公認会計士協会
公益法人会計基準に関する実務指針（その4） （非営利法人委員会報告第32号）	日本公認会計士協会
貸借対照表内訳表及び正味財産増減計算書内訳表の作成と会計処理について（非営利法人委員会研究資料第4号）	日本公認会計士協会
公益認定等に関する運用について （公益認定等ガイドライン）	内閣府公益認定等委員会
新たな公益法人制度への移行等に関するよくある質問 （FAQ）	内閣府

188 第Ⅱ部 会計編

＜コラム＞

公益法人会計基準（平成 20 年基準）における公益法人について

　公益法人会計基準（平成 20 年基準）が対象とする公益法人には，次のものがあります。

(1) 公益社団法人及び公益財団法人（認定法 2 三）

(2) 移行法人（整備法 123 ①）…… 特例民法法人 [*] が一般社団法人又は一般財団法人に移行した法人

(3) 申請法人（整備法 60）…… 公益社団法人又は公益財団法人の認定，一般社団法人又は一般財団法人への認可の申請をする特例民法法人

(4) 一般社団法人及び一般財団法人（認定法 7 の申請）…… 公益社団法人又は公益財団法人の認定を申請する一般社団法人又は一般財団法人

　* 旧民法第 34 条の規定により設立された社団法人又は財団法人で，移行登記を行っていない移行期間（整備法施行日 平成 20 年 12 月 1 日から起算して 5 年間）における移行途上の法人

　本文でも記載のとおり，移行法人を除く一般社団法人及び一般財団法人（従来，特例民法法人でなかった法人等）は，一般に公正妥当と認められる会計の基準その他の慣行をしん酌しなければならないとされていますが（一般法規則 21），特に適用が義務付けられている会計基準がある訳ではなく，平成 16 年改正基準，平成 20 年基準や企業会計の基準を適用することも可能です。しかしながら，どのような基準を選択する場合であっても，法令に則った書類 [**] を作成する必要があります。

　** 計算書類（貸借対照表，損益計算書（公益法人会計基準では「正味財産増減計算書」という。））及び事業報告並びにこれらの附属明細書

　なお，事業報告の附属明細書は，事業報告の内容を補足する重要な事項をその内容としなければならないとされていますが（一般法規則 34 ③），具体的な定めがなされていません。そのため，事業報告の附属明細書を作成している法人は，あまり見られません。

　他方，計算書類の附属明細書は，次に掲げる事項のほか，貸借対照表及び損益計算書の内容を補足する重要な事項を表示しなければなりません（一般法規則 33）。

　① 重要な固定資産の明細

　　（公益法人会計基準では「基本財産及び特定資産の明細」に該当する。）

　② 引当金の明細

第 2 章 公益法人会計基準総則

―<ポイント>―

　公益法人の資産，負債及び正味財産の状態や，正味財産のすべての増減内容を表わすために必要な共通のルールが「公益法人会計基準」である。当該基準には，資産，負債，正味財産，収益，費用といった各項目に対する規定だけではなく，それらの考え方や処理方法，開示の前提となる総則が定められている。

　本章では，公益法人会計基準総則について，会計の考え方，処理及び開示の基本原則となる「一般原則」，継続して存在する公益法人の活動に一定の期間的区切りを設定する「事業年度」，公益法人の活動を事業の種類等に応じて会計単位に区分する「会計区分」を中心に解説する。

1　一般原則

　一般原則（平成20年基準　第1　総則 2）は，財務諸表（貸借対照表，正味財産増減計算書及びキャッシュ・フロー計算書）及び附属明細書並びに財産目録を作成する上における基本原則であり，次の4つの原則から構成されている。

・真実性と明瞭性の原則	（平成20年基準　第1　総則 2(1)）
・正規の簿記の原則	（平成20年基準　第1　総則 2(2)）
・継続性の原則	（平成20年基準　第1　総則 2(3)）
・重要性の原則	（平成20年基準　第1　総則 2(4)）

以下，それぞれの原則について説明する。

1. 真実性と明瞭性の原則

真実性と明瞭性の原則とは，「財務諸表は，資産，負債及び正味財産の状態並びに正味財産増減の状況に関する真実な内容を明りょうに表示するものでなければならない。」とするものである。財務諸表が「真実な内容」であるためには，この原則のほか，他の一般原則や公益法人会計基準についても遵守することが求められる。なお，ここでいう真実とは，「絶対的真実」ではなく，「相対的真実」を意味し，具体的には，公益法人会計基準や会計慣行を踏まえた上で判断される。

また，「明りょうに表示する」とは，当該公益法人の財務内容を正しく理解できるような明瞭な財務諸表を作成することを要求するものであり，財務諸表の表示方法（様式，科目の名称，区分，配列等）のみならず，注記事項についても明瞭性が求められるものと解されている。

2. 正規の簿記の原則

正規の簿記の原則とは，「財務諸表は，正規の簿記の原則に従って正しく記帳された会計帳簿に基づいて作成しなければならない。」とするものである。具体的には，(a)一定の記帳の原則により会計帳簿に記録すること，(b)財務諸表作成の基礎資料を提供できるよう組織的な会計記録を保有すること，(c)正確な会計記録により財務諸表を作成することが求められている。

なお，ここでいう一定の記帳の原則においては，取引のすべてが記帳されていること（網羅性），記帳が検証可能な証拠書類に基づいていること（検証可能性），記帳が発生順に行われ，集計，整理が継続して順序立てて行われていること（秩序性）の3つが求められている。

3. 継続性の原則

継続性の原則とは，「会計処理の原則及び手続並びに財務諸表の表示方法は，

毎事業年度これを継続して適用し，みだりに変更してはならない。」とするものである。財務諸表の比較可能性の確保や利益操作の排除の観点から，公益法人には，採用した会計処理の原則及び手続並びに財務諸表の表示方法を，毎事業年度継続して適用することが求められている。なお，この原則が問題となるのは，1つの会計事実について2つ以上の会計処理の原則及び手続並びに財務諸表の表示方法の選択適用が認められている場合である。そのため，公益法人が従来適用していた会計処理の原則及び手続並びに財務諸表の表示方法が誤りであったため修正する場合には，継続性の原則の問題とはならず，正しい会計処理の原則及び手続等への変更が，当然になされることとなる。

4. 重要性の原則

重要性の原則とは，「重要性の乏しいものについては，会計処理の原則及び手続並びに財務諸表の表示方法の適用に際して，本来の厳密な方法によらず，他の簡便な方法によることができる。」とするものである。

公益法人には，上記の一般原則に従い，定められた会計処理の方法に従って正確な計算を行うべきことが求められているが，それと同時に，公益法人の資産，負債及び正味財産の状態並びに正味財産増減の状況に関する内容を明らかにし，公益法人に係る利害関係者の判断を不当に誤らせることがないようにすることが求められている。

重要性の原則では，利害関係者の判断の視点から，重要性の乏しいものについては，本来の厳密な会計処理や表示方法によらず，簡便的な方法を採用することも容認されるという考え方が採られている。そのため，財務諸表の作成等に係るコストと簡便的な方法により作成された財務諸表の利用者が享受する便益とを比較衡量し，財務諸表の主たる利用者である利害関係者の判断を誤らせない程度に重要性がなければ，厳密な方法に代えて簡便な方法の採用が認められている。それにより，実務的な便宜が図られ，広く適用されている。

なお，平成20年基準注解「(注1) 重要性の原則の適用について」では，次の5つを重要性の適用例として挙げている。

192　第Ⅱ部　会計編

(1) 重要性が乏しい消耗品，貯蔵品等は，買入時又は払出時に正味財産の減少原因として処理する方法を採用できる。

(2) 取得価額と債券金額との差額について，重要性が乏しい満期保有目的の債券は，償却原価法を適用しないことができる。

(3) 使途等が指定された寄付金について，その金額，制約の課される期間，制約自体に重要性が乏しい場合，受入時に指定正味財産の増加額とはせずに，一般正味財産の増加額として処理することができる。

(4) リース物件の取得価額に重要性が乏しい場合，賃貸借取引に準じて会計処理を行うことができる。

(5) 法人税法上の収益事業に係る課税所得に重要性が乏しい場合，税効果会計を適用しないで，繰延税金資産又は繰延税金負債を計上しないことができる。

2　事業年度

　事業年度とは，公益法人が実施する事業計画や財務諸表の作成を目的に制度的に設けた「区切られた会計期間」であり，公益法人の定款に定めることが求められているものである。

　従来，公益法人では，主務官庁が主導で運営に関与していたこともあり，4月1日から翌3月31日までの事業年度を多くの公益法人が採用してきた。しかしながら，公益法人制度改革により主務官庁制が廃止された後は，公益法人の判断で事業年度を定めることができるようになったため，公益法人に対する寄付金や補助金等の資金提供者の便宜や公益法人の実情に即した事業年度の設定が可能になった。

3 会計区分

1. 会計単位と会計区分

　会計単位とは，貸借対照表や正味財産増減計算書等の財務諸表を作成する単位をいうが，財務諸表が公益法人全体で作成されることから，公益法人が1つの会計単位とされている。

　一方，会計区分とは，1つの会計単位を，事業の種類等に基づき複数に区分し，各区分ごとに正味財産増減や財政状態を把握し報告する体制を整えた場合におけるこれらの区分のことをいい，会計区分を設けることを区分経理を行うと表現される。

　平成16年改正基準の下での会計区分の考え方は，「公益法人は，特定の目的のために特別会計を設けることができる」との規定にあるように，一般会計とは別に特別会計として，会計を区分する必要があると判断した場合において，自主的に設けるものであった。これに対して，平成20年基準においては，「法令の要請等により，必要と認めた場合には会計区分を設けなければならない」として，会計区分の考え方が平成16年改正基準から改められた。

　ここでいう「法令の要請等」とは，法律により区分することが要請されるものをいい，公益法人認定法第19条では「収益事業等に関する会計は，公益目的事業に関する会計から区分し，各収益事業等ごとに特別の会計として経理しなければならない。」として，公益法人が収益事業等を行っている場合においては，収益事業とその他の事業とを区分することが求められ，さらに，事業の内容，設備・人員，市場等により必要に応じて追加で区分される。なお，収益事業については，関連する小規模事業又は付随的事業を含めて「○○等事業」とし，その他の事業については，まとめて「その他事業」とすることができる。

　なお，公益法人認定法第19条の「収益事業等の区分経理」については，公益認定等ガイドラインⅠ-18において実務的な対応方法についての説明が次のようになされている。

194　第Ⅱ部　会計編

図表 2-1　収益事業等の区分経理

18. 認定法第 19 条関係＜収益事業等の区分経理＞

(1) 認定法第 19 条の「各収益事業等ごとに特別の会計として経理する」際の事業
単位については，当該法人の収益事業等のうち，まず①収益事業と②その他の事
業（注）を区分し，次に必要に応じ，事業の内容，設備・人員，市場等により区
分する。①は関連する小規模事業又は付随的事業を含めて「○○等事業」とする
ことができる。②は，一事業として取り上げる程度の事業規模や継続性がないも
の（雑収入・雑費程度の事業や臨時収益・臨時費用に計上されるような事業）を
まとめて「その他事業」とすることができる。

　　(注)　①の「収益事業」とは，一般的に利益を上げることを事業の性格とする
　　　　事業である。②「その他の事業」には，法人の構成員を対象として行う
　　　　相互扶助などの事業が含まれる。例えば，構成員から共済掛金の支払を
　　　　受け，共済事故の発生に関し，共済金を交付する事業，構成員相互の親
　　　　睦を深めたり，連絡や情報交換を行ったりなど構成員に共通する利益を
　　　　図る事業などは②「その他の事業」である。

(2) 計算書類の作成について，①損益計算書（正味財産増減計算書）は，内訳表に
おいて会計を(ア)公益目的事業に関する会計（公益目的事業会計），(イ)収益事業等
に関する会計（収益事業等会計），及び(ウ)管理業務やその他の法人全般に係る事
項（公益目的事業や収益事業等に属さない事項）に関する会計（法人会計）の 3
つに区分し，更に上記(1)の区分に応じて収益事業等ごとに表示する。内訳表に
おいては公益目的事業も事業ごとに表示する。認定法第 7 条第 2 項第 2 号の「収
支予算書」の作成も同様とする。②貸借対照表は，収益事業等から生じた収益の
うち 50％を超えて公益目的事業財産に繰り入れる法人については，内訳表におい
て会計を(ア)公益目的事業に関する会計（公益目的事業会計），(イ)収益事業等に関
する会計（収益事業等会計）及び(ウ)管理業務やその他の法人全般に係る事項（公
益目的事業や収益事業等に属さない事項）に関する会計（法人会計）の 3 つに区
分して表示する。

【参照条文】
（収益事業等の区分経理）
　認定法第 19 条　収益事業等に関する会計は，公益目的事業に関する会計から区
分し，各収益事業等ごとに特別の会計として経理しなければならない。

　（出典）公益認定等ガイドラインⅠ-18

公益認定等ガイドライン I -18 では，収益事業を，一般的に利益を上げることを事業の性格とするものと定義し，その他の事業には，公益法人の構成員を対象として行う相互扶助などの事業が含まれるとしている（「図表 2-1」(注) 参照）。具体的には，公益法人の構成員に対する共済事業やその他法人構成員に対して共通の利益を図る事業等が該当するとされている。

さらに，会計区分の中には，これまで説明した公益もしくは収益等のいわゆる事業に関する区分以外に，法人全般の管理業務に関する区分が存在する。この会計区分が「法人会計」である。

2. 会計区分相互間の取引と会計処理及び開示

平成 16 年改正基準では，特別会計を設けている場合，会計区分ごとに貸借対照表及び正味財産増減計算書を作成し，総括表により公益法人全体の貸借対照表及び正味財産増減計算書を表示していた。一方，平成 20 年基準では，公益法人全体の貸借対照表及び正味財産増減計算書を基本として，会計区分ごとの情報は，財務諸表の一部である貸借対照表内訳表及び正味財産増減計算書内訳表において表示することとされた。

なお，会計区分間の取引については，公益法人全体の貸借対照表及び正味財産増減計算書を作成する際に内部取引として相殺消去される点は，両基準とも同様である。

公益法人認定法などにおいて要請される内訳表の様式や作成要領については，平成 20 年基準の運用指針，公益認定等ガイドライン及び非営利法人委員会研究資料第 4 号「貸借対照表内訳表及び正味財産増減計算書内訳表の作成と会計処理について」において規定されている。

3. 支部会計

公益法人によっては，事業活動を本部のある地域にとどまらず，支部を設けて行っているケースがある。そのような場合，地理的な制約などから，支部で

行われる取引を支部会計という区切りの中で，本部とは区別して日常的に処理することがある。このような場合においても，支部で行われる事業活動が，当該法人の事業活動の一部であることには変わりないため，会計上は支部会計についても，法人の一部として取り扱うことが必要となる。そのため，法人の取引等は最終的にすべて合算されることを念頭に置いて，会計処理及び勘定科目を法人全体で統一しておくことが必要となる。

平成 20 年基準においては，既述のとおり法令等の要請によって会計区分を設けることが求められているが，支部会計については，事業等を基準とする会計区分ではないため，法人としては，すべての拠点の会計を合算した上で，会計区分ごとに表示し直すこととなる。このことから，支部会計においても，あらかじめ「公益目的事業会計」（移行法人の場合は「実施事業等会計」），「収益事業等会計」（移行法人の場合は「その他会計」）及び「法人会計」の会計区分を設けて，収益及び費用の項目をそれぞれの区分ごとに把握しておくことが必要となる。

なお，正味財産増減計算書内訳表作成上の留意事項として，平成 20 年基準の運用指針では，「支部を有する法人においては，支部の活動等を勘案して内訳表を作成するものとする。」としている（平成 20 年基準の運用指針（様式 2-3)，(様式 2-4))。

第3章 財務諸表等

> **＜ポイント＞**
>
> 公益法人において財務諸表は，一般に公正妥当と認められる公益法人の会計の基準その他の公益法人の会計の慣行に基づいて作成されるが，第1章で述べたように公益法人における財務諸表の体系は，公益法人会計基準の変遷とともに変わってきた。
>
> 本章では，平成20年基準における財務諸表及び附属明細書並びに財産目録について，記載例を交えて解説する。

1 財務諸表の体系

平成16年改正基準では，財務諸表は貸借対照表，正味財産増減計算書，キャッシュ・フロー計算書及び財産目録から構成されていたが，平成20年基準において，財務諸表の範囲から財産目録が外された。しかしながら，公益法人においては，財産目録は，貸借対照表の内訳明細書として引き続き作成が義務付けられた。

加えて，平成20年基準では，新たに附属明細書の作成が義務付けられた。その結果，平成20年基準を採用する公益法人においては，原則として財務諸表（貸借対照表，正味財産増減計算書及びキャッシュ・フロー計算書）及び附属明細書並びに財産目録を作成することとなる。

なお，移行法人を含む一般社団法人及び一般財団法人においては，キャッシュ・フロー計算書及び財産目録の作成を省略することが認められている（平成20年基準の運用指針3，4）。

198 第Ⅱ部 会計編

② 貸借対照表

貸借対照表とは，事業年度末の法人の財政状態を資産，負債及び正味財産として一表にまとめたものである。

1. 貸借対照表の区分

平成20年基準 第2「2貸借対照表の区分」では，「貸借対照表は，資産の部，負債の部及び正味財産の部に分かち，更に資産の部を流動資産及び固定資産に，負債の部を流動負債及び固定負債に，正味財産の部を指定正味財産及び一般正味財産に区分しなければならない。なお，基金を設定した場合には，正味財産の部を基金，指定正味財産及び一般正味財産のそれぞれについて，基本財産への充当額及び特定資産への充当額を内書きとして記載するものとする。」としている。

この貸借対照表の区分表示に関して，企業会計における純資産に相当する区分を正味財産の部として表示する点，正味財産の部を基金，指定正味財産及び一般正味財産に区分し，併せて，基本財産や特定資産への充当額を内書きする点が，公益法人会計の特徴ということができる。

なお，次の「図表3-1」は，平成20年基準の運用指針の（様式1-1）及び（様式1-3）に基づく貸借対照表及び貸借対照表内訳表の記載例である。

第3章 財務諸表等 199

図表 3-1 平成 20 年基準の運用指針の様式に基づく記載例
（貸借対照表及び貸借対照表内訳表）

貸 借 対 照 表

平成 ×1 年 3 月 31 日現在

（単位：円）

科　　目	当年度	前年度	増　　減
Ⅰ　資産の部			
1.　流動資産			
現金預金	286,200	250,330	35,870
未収金	184,560	150,120	34,440
立替金	71,700	50,000	21,700
流動資産合計	542,460	450,450	92,010
2.　固定資産			
（1）基本財産			
投資有価証券	4,257,000	4,257,000	0
基本財産合計	4,257,000	4,257,000	0
（2）特定資産			
退職給付引当資産	795,000	774,393	20,607
固定資産取得積立資産	158,400	158,400	0
特定資産合計	953,400	932,793	20,607
（3）その他固定資産			
建物	3,487,830	3,518,757	△ 30,927
車両運搬具	24,000	26,000	△ 2,000
土地	3,932,100	3,932,100	0
ソフトウェア	1,022,700	1,053,287	△ 30,587
その他固定資産合計	8,466,630	8,530,144	△ 63,514
固定資産合計	13,677,030	13,719,937	△ 42,907
資産合計	14,219,490	14,170,387	49,103
Ⅱ　負債の部			
1.　流動負債			
未払金	1,742,370	1,818,465	△ 76,095
流動負債合計	1,742,370	1,818,465	△ 76,095
2.　固定負債			
退職給付引当金	795,000	774,393	20,607
固定負債合計	795,000	774,393	20,607
負債合計	2,537,370	2,592,858	△ 55,488
Ⅲ　正味財産の部			
1.　指定正味財産			
寄付金	495,000	495,000	0
指定正味財産合計	495,000	495,000	0
（うち基本財産への充当額）	（495,000）	（495,000）	（0）
2.　一般正味財産	11,187,120	11,082,529	104,591
（うち基本財産への充当額）	（3,762,000）	（3,762,000）	（0）
（うち特定資産への充当額）	（158,400）	（158,400）	（0）
正味財産合計	11,682,120	11,577,529	104,591
負債及び正味財産合計	14,219,490	14,170,387	49,103

200　第Ⅱ部　会計編

貸 借 対 照 表 内 訳 表
平成×1年3月31日現在

（単位：円）

科　　目	公益目的事業会計	収益事業等会計	法人会計	内部取引消去	合計
Ⅰ　資産の部					
1　流動資産					
現金預金	151,500	73,200	61,500		286,200
未収金	67,470	117,090	0		184,560
立替金	57,000	0	14,700		71,700
流動資産合計	275,970	190,290	76,200		542,460
2　固定資産					
(1)　基本財産					
投資有価証券	4,182,000	0	75,000		4,257,000
基本財産合計	4,182,000	0	75,000		4,257,000
(2)　特定資産					
退職給付引当資産	609,000	61,500	124,500		795,000
固定資産取得積立資産	92,400	66,000	0		158,400
特定資産合計	701,400	127,500	124,500		953,400
(3)　その他固定資産					
建物	1,665,000	251,220	1,571,610		3,487,830
車両運搬具	15,000	9,000	0		24,000
土地	2,670,000	1,172,700	89,400		3,932,100
ソフトウェア	927,000	86,700	9,000		1,022,700
その他固定資産合計	5,277,000	1,519,620	1,670,010		8,466,630
固定資産合計	10,160,400	1,647,120	1,869,510		13,677,030
資産合計	10,436,370	1,837,410	1,945,710		14,219,490
Ⅱ　負債の部					
1　流動負債					
未払金	1,197,000	295,020	250,350		1,742,370
流動負債合計	1,197,000	295,020	250,350		1,742,370
2　固定負債					
退職給付引当金	609,000	61,500	124,500		795,000
固定負債合計	609,000	61,500	124,500		795,000
負債合計	1,806,000	356,520	374,850		2,537,370
Ⅲ　正味財産の部					
1　指定正味財産					
寄付金	420,000	0	75,000		495,000
指定正味財産合計	420,000	0	75,000		495,000
（うち基本財産への充当額）	(420,000)	(0)	(75,000)		(495,000)
2　一般正味財産	8,210,370	1,480,890	1,495,860		11,187,120
（うち基本財産への充当額）	(3,762,000)	(0)	(0)		(3,762,000)
（うち特定資産への充当額）	(92,400)	(66,000)	(0)		(158,400)
正味財産合計	8,630,370	1,480,890	1,570,860		11,682,120
負債及び正味財産合計	10,436,370	1,837,410	1,945,710		14,219,490

2. 正味財産の内容と基本財産及び特定資産の関係

　正味財産とは，資産から負債を差し引いた金額であり，指定正味財産と一般正味財産とに区分される。

　指定正味財産とは，寄付等により受け入れた資産であり，寄付者等の意思により，当該資産の使途について制約のあるものをいう。平成 20 年基準「(注 6) 指定正味財産の区分について」では，「寄付によって受け入れた資産で，寄付者等の意思により当該資産の使途について制約が課されている場合には，当該受け入れた資産の額を，貸借対照表上，指定正味財産の区分に記載するものとする。」と規定されている。他方，一般正味財産は，指定正味財産以外の正味財産とされている。

　貸借対照表上の正味財産を指定正味財産と一般正味財産とに区分掲記する表示方法は，平成 16 年改正基準より導入され，後述する正味財産増減計算書においても，一般正味財産増減の部と指定正味財産増減の部とに計算区分を設けることが必要とされている。

　また，受け入れた正味財産の内容と基本財産及び特定資産との関係を明らかにするため，貸借対照表の正味財産の部において，内書きでそれぞれの充当額を記載することが求められている。

　さらに，財務諸表の注記においても，基本財産及び特定資産の財源等の内訳を記載することが求められている。なお，「うち指定正味財産からの充当額」及び「うち一般正味財産からの充当額」の小計欄の金額は，貸借対照表の正味財産の部における指定正味財産及び一般正味財産の各内書きの金額（「図表 3-1」（P. 199）参照）に一致するものとして，次のように作成される。

202　第Ⅱ部　会計編

図表 3-2　注記例 基本財産及び特定資産の財源等の内訳

○．基本財産及び特定資産の財源等の内訳

　　基本財産及び特定資産の財源等の内訳は，次のとおりである。

（単位：円）

科　　目	当期末残高	（うち指定正味財産からの充当額）	（うち一般正味財産からの充当額）	（うち負債に対応する額）
基本財産				
投資有価証券	4,257,000	（495,000）	（3,762,000）	－
小　　計	4,257,000	（495,000）	（3,762,000）	－
特定資産				
退職給付引当資産	795,000	－	－	（795,000）
固定資産取得積立資産	158,400	－	（158,400）	－
小　　計	953,400	－	（158,400）	（795,000）
合　　計	5,210,400	（495,000）	（3,920,400）	（795,000）

③　正味財産増減計算書

　正味財産増減計算書とは，事業年度における法人の事業活動の状況を正味財産の増減として一表にまとめたものである。

　法人の正味財産は，貸借対照表において，一般正味財産と指定正味財産とに区分して表示される。これに対応させるため，正味財産増減計算書においても，法人の正味財産の増減が，一般正味財産増減の部と指定正味財産増減の部に区分して表示される。

1. 正味財産増減計算書の区分

　平成 20 年基準　第 3「2 正味財産増減計算書の区分」では，「正味財産増減計算書は，一般正味財産増減の部及び指定正味財産増減の部に分かち，更に一般正味財産増減の部を経常増減の部と経常外増減の部に区分するものとする。」としている。なお，法人が基金を設定している場合には，正味財産増減計算書は，一般正味財産増減の部，指定正味財産増減の部及び基金増減の部の 3 つに区分される。

　これにより，一般正味財産増減の部において，経常的な事業活動により生じる正味財産の増減を経常増減の部に計上し，それ以外の臨時的及び過年度修正により生じる正味財産の増減を経常外増減の部に計上することで，法人における事業活動の効率性をより明確に表示することが可能となる。

　具体的には，一般正味財産増減の部では，経常収益及び経常費用を記載して当期経常増減額を表示し，これに経常外増減に属する項目を加減することにより当期一般正味財産増減額を表示し，さらに一般正味財産期首残高を加算して一般正味財産期末残高を表示する。

　一方，指定正味財産増減の部では，当期指定正味財産増減額を発生原因別に表示し，これに指定正味財産期首残高を加算して，指定正味財産期末残高を表示する。

　なお，経常増減と経常外増減の具体的な内容と区分は，次のとおりである。

204　第Ⅱ部　会計編

図表 3-3　経常増減と経常外増減の内容と区分

・経常収益の具体的内容は，目的たる事業活動を実施するための経常的財源であり，
　例えば，次のようなものがある。
　　(1) 基本財産や特定資産の運用益
　　(2) 入会金や会費，受取寄付金，補助金等の財産の受入れ行為
　　(3) 事業活動収益
・経常費用の具体的内容は，目的たる事業活動や事業活動に付随して生じる管理活
　動等のための費用であり，例えば，次のようなものがある。
　　(1) 事業費
　　(2) 管理費
・経常外増減の具体的内容は，臨時的項目及び過年度修正項目であり，例えば，次
　のようなものがある。
　　(1) 固定資産売却損益
　　(2) 固定資産受贈益
　　(3) 災害損失
　　(4) 過年度減価償却費
　　経常外増減に属する項目であっても，金額の僅少なもの又は毎期経常的に発生す
　るものは，経常増減の部に記載することができる。なお，過年度修正項目について
　は，〈コラム〉「過年度修正項目について」(P.205) において記載している。

（出典）「実務指針（第 28 号）Ⅱ 1.（Q14）」を一部加筆修正

第3章　財務諸表等　205

＜コラム＞

過年度修正項目について

　企業会計では，過年度修正項目について平成23年4月1日以後開始する事業年度から「会計上の変更及び誤謬の訂正に関する会計基準」及び「会計上の変更及び誤謬の訂正に関する会計基準の適用指針」（以下「過年度遡及会計基準」という。）が適用されています。そのため，企業会計においては，重要性が乏しい場合を除き，原則として過去の誤謬が当期の損益計算書上で過年度修正項目として表示されることは想定されていません。

　一方，公益法人会計では，「図表3-3　経常増減と経常外増減の内容と区分」（P.204）でも分かるとおり，「実務指針（第28号）Ⅱ 1.経常増減と経常外増減の内容とその区分（Q14）」の(3)において，過年度修正項目は，経常外増減に区分されることが規定されています。また，平成20年基準の運用指針の附則「6.移行時における過年度分の収益又は費用の取扱いについて」においても，移行時における過年度分の収益又は費用の取扱いについては，原則として当期の正味財産増減計算書の経常外収益又は経常外費用に計上することが規定されています。

　このように，平成20年基準では，明示的には過年度遡及の会計処理を求めていませんが，当該運用指針は，上記の過年度遡及会計基準が，企業会計において適用される前に設定されたものであり，公益法人会計が企業会計への歩み寄りを進めてきた過去の経緯などから判断して，公益法人会計においても，重要な過去の財務諸表の訂正が必要になった場合などにおいては，過年度遡及会計基準の適用が求められるものと思われます。

　なお，次の「図表3-4」は，平成20年基準の運用指針の（様式2-1）及び（様式2-3）に基づく正味財産増減計算書及び正味財産増減計算書内訳表の記載例である。

206 第Ⅱ部 会計編

図表 3-4 平成 20 年基準の運用指針の様式に基づく記載例
(正味財産増減計算書及び正味財産増減計算書内訳表)

正 味 財 産 増 減 計 算 書

平成×0 年 4 月 1 日から平成×1 年 3 月 31 日まで

(単位：円)

科　　目	当年度	前年度	増　減
Ⅰ　一般正味財産増減の部			
1.　経常増減の部			
(1)　経常収益			
基本財産運用益			
基本財産受取利息	31,944	32,063	△ 119
特定資産運用益			
特定資産受取利息	104	146	△ 42
事業収益			
受託料収益	550,790	550,950	△ 160
受取補助金等			
受取国庫補助金	417,160	387,230	29,930
受取寄付金			
受取寄付金	130,000	130,000	0
雑収益			
受取利息	3,651	2,667	984
雑収益	1,295	2,066	△ 771
経常収益計	1,134,944	1,105,122	29,822
(2)　経常費用			
事業費			
給料手当	255,654	264,250	△ 8,596
臨時雇賃金	3,752	10,215	△ 6,463
退職給付費用	20,298	12,185	8,113
福利厚生費	61,461	61,577	△ 116
会議費	3,041	1,294	1,747
旅費交通費	12,472	10,568	1,904
通信運搬費	33,622	33,250	372
減価償却費	54,677	52,859	1,818
消耗品費	160,393	113,860	46,533
印刷製本費	64,622	62,646	1,976
光熱水費	50,210	48,777	1,433
保険料	54,210	96,774	△ 42,564
租税公課	99,166	119,871	△ 20,705
支払手数料	10,994	9,255	1,739
雑費	2,046	587	1,459

管理費			
役員報酬	13,803	3,390	10,413
給料手当	73,651	24,157	49,494
臨時雇賃金	0	86	△ 86
退職給付費用	309	138	171
福利厚生費	3,981	3,344	637
旅費交通費	49,152	15,957	33,195
減価償却費	8,528	8,112	416
消耗品費	130	240	△ 110
租税公課	1,052	2,412	△ 1,360
経常費用計	1,037,224	955,804	81,420
評価損益等調整前当期経常増減額	97,720	149,318	△ 51,598
基本財産評価損益等	0	0	0
投資有価証券評価損益等	0	0	0
評価損益等計	0	0	0
当期経常増減額	97,720	149,318	△ 51,598
2. 経常外増減の部			
（1）経常外収益			
雑収益	7,180	172,946	△ 165,766
経常外収益計	7,180	172,946	△ 165,766
（2）経常外費用			
固定資産除却損	309	0	309
経常外費用計	309	0	309
当期経常外増減額	6,871	172,946	△ 166,075
当期一般正味財産増減額	104,591	322,264	△ 217,673
一般正味財産期首残高	11,082,529	10,760,265	322,264
一般正味財産期末残高	11,187,120	11,082,529	104,591
Ⅱ　指定正味財産増減の部			
基本財産受取利息	31,944	32,063	△ 119
一般正味財産への振替額	△ 31,944	△ 32,063	119
当期指定正味財産増減額	0	0	0
指定正味財産期首残高	495,000	495,000	0
指定正味財産期末残高	495,000	495,000	0
Ⅲ　正味財産期末残高	11,682,120	11,577,529	104,591

正味財産増減計算書内訳表
平成×0年4月1日から平成×1年3月31日まで

（単位：円）

科目	公益目的事業会計				収益事業等会計				法人会計	内部取引消去	合計
	研究事業	助成事業	共通	小計	受託事業	共済事業	共通	小計			
I 一般正味財産増減の部											
1. 経常増減の部											
(1) 経常収益											
基本財産運用益											
基本財産受取利息	3,000	2,500		5,500	0	0	0	0	26,444		31,944
特定資産運用益											
特定資産受取利息	27	25		52	0	0	0	0	52		104
事業収益											
受託料収益	0	0		0	400,000	0	0	400,000	150,790	0	550,790
受取補助金等											
受取国庫補助金	278,160	139,000		417,160	0	0	0	0	0		417,160
受取寄付金	40,000	25,000		65,000	0	0	0	0	65,000		130,000
雑収益											
受取利息	0	0		0	0	651		651	3,000		3,651
雑収益	0	0		0	0	95		95	1,200		1,295
経常収益計	321,187	166,525	0	487,712	400,000	746	0	400,746	246,486	0	1,134,944
(2) 経常費用											
事業費											
給料手当	50,000	74,107		124,107	131,547	0		131,547	0		255,654
臨時雇賃金	1,800	1,000		2,800	952	0		952	0		3,752
退職給付費用	6,766	5,884		12,650	7,648	0		7,648	0		20,298
福利厚生費	20,487	17,816		38,303	23,158	0		23,158	0		61,461
会議費	1,520	1,521		3,041	0	0		0	0		3,041
旅費交通費	5,000	4,100		9,100	3,200	172		3,372	0		12,472
通信運搬費	11,200	12,000		23,200	10,400	22		10,422	0		33,622
減価償却費	18,200	18,200		36,400	18,277	0		18,277	0		54,677
消耗品費	53,464	53,464		106,928	53,465	0		53,465	0		160,393
印刷製本費	30,600	22,000		52,600	12,022	0		12,022	0		64,622
光熱水費	16,737	16,736		33,473	16,737	0		16,737	0		50,210
保険料	18,070	18,070		36,140	18,070	0		18,070	0		54,210
租税公課	33,000	33,055		66,055	33,111	0		33,111	0		99,166
支払手数料	3,650	3,300		6,950	4,044	0		4,044	0		10,994
雑費	638	411		1,049	985	12		997	0		2,046

管理費											
役員報酬	0	0	0	0	0	0	0	0	13,803	0	13,803
給料手当	0	0	0	0	0	0	0	0	73,651	0	73,651
臨時雇賃金	0	0	0	0	0	0	0	0	0	0	0
退職給付費用	0	0	0	0	0	0	0	0	309	0	309
福利厚生費	0	0	0	0	0	0	0	0	3,981	0	3,981
旅費交通費	0	0	0	0	0	0	0	0	49,152	0	49,152
減価償却費	0	0	0	0	0	0	0	0	8,528	0	8,528
消耗品費	0	0	0	0	0	0	0	0	130	0	130
租税公課	0	0	0	0	0	0	0	0	1,052	0	1,052
経常費用計	281,664	271,132	0	552,796	0	333,616	206	333,822	150,606	0	1,037,224
評価損益等調整前当期経常増減額	△115,139	50,055	0	△65,084	0	66,384	540	66,924	95,880	0	97,720
基本財産評価損益等	0	0	0	0	0	0	0	0	0	0	0
投資有価証券評価損益等	0	0	0	0	0	0	0	0	0	0	0
評価損益等計	0	0	0	0	0	0	0	0	0	0	0
当期経常増減額	△115,139	50,055	0	△65,084	0	66,384	540	66,924	95,880	0	97,720
2. 経常外増減の部											
(1) 経常外収益											
雑収益	0	0	0	0	0	0	7,180	7,180	0	0	7,180
経常外収益計	0	0	0	0	0	0	7,180	7,180	0	0	7,180
(2) 経常外費用											
固定資産除却損	50	179	0	229	0	80	0	80	0	0	309
経常外費用計	50	179	0	229	0	80	0	80	0	0	309
当期経常外増減額	△50	△179	0	△229	0	△80	7,180	7,100	0	0	6,871
他会計振替額			8,660	8,660				△8,660			
当期一般正味財産増減額	△115,189	49,876	8,660	△56,653	0	66,304	7,720	65,364	95,880	0	104,591
一般正味財産期首残高	0	0	8,267,023	8,267,023	0	0	0	1,415,526	1,399,980	0	11,082,529
一般正味財産期末残高	△115,189	49,876	8,275,683	8,210,370	0	66,304	7,720	1,480,890	1,495,860	0	11,187,120
II 指定正味財産増減の部											
基本財産受取利息	2,500	3,000		5,500	0	0	0	0	26,444	0	31,944
一般正味財産への振替額	△2,500	△3,000		△5,500	0	0	0	0	△26,444	0	△31,944
当期指定正味財産増減額	0	0	0	0	0	0	0	0	0	0	0
指定正味財産期首残高	420,000	420,000	420,000	420,000	0	0	0	0	75,000	0	495,000
指定正味財産期末残高	420,000	420,000	420,000	420,000	0	0	0	0	75,000	0	495,000
III 正味財産期末残高	△115,189	49,876	8,695,683	8,630,370	0	66,304	7,720	1,480,890	1,570,860	0	11,682,120

210 第Ⅱ部　会計編

―＜コラム＞――――――――――――――――――――――――

> ## 内訳表上の会計区分ごとの期首，期末残高の記載方法について

　「非営利法人委員会報告研究資料第４号」の事例では，正味財産増減計算書内訳表の一般正味財産期首残高，一般正味財産期末残高，指定正味財産期首残高及び指定正味財産期末残高は，各会計（公益目的事業会計（実施事業等会計），収益事業等会計（その他会計），法人会計）ごとに記載されていますが，実務では，会計ごとの財産の区分が困難なため，正味財産増減計算書内訳表に脚注として，次の記載をすることにより，各会計ごとの残高を表示していないところが見られます。

： ： ：	： ： ：	：	：	：	：
Ⅲ　正味財産期末残高	－	－	－	－	1,356,868,916

　（注）貸借対照表を会計区分していないため，一般正味財産期首残高，一般正味財産期末残高及び指定正味財産期首残高，指定正味財産期末残高並びに正味財産期末残高は合計欄に記載している。

　そもそも，公益法人における公益目的事業会計の収支相償や移行法人における実施事業等会計において，正味財産増減額の収支が０もしくは赤字を想定していることから，収益事業等会計（その他会計）及び法人会計からの資産の振替えがない限り，期末の残高はマイナスになる可能性が高いと考えられます。マイナス表示の残高は，数値としてはありえるかもしれませんが，資産がマイナスという現実的ではない状況が表示されることとなります。

　法人の事業活動の状況を明らかにする正味財産増減計算書においては，貸借対照表を会計区分している場合を除き，会計区分ごとの当期一般正味財産増減額及び当期指定正味財産増減額さえ明らかにしておけば，全体としての正味財産期末残高（期首残高）が表示されればよいのではないかと考えます。

第3章 財務諸表等 211

4 貸借対照表内訳表及び正味財産増減計算書内訳表

1. 貸借対照表内訳表

貸借対照表内訳表については，法令等により要請されている場合を除き，公益法人及び移行法人ともに作成が任意とされている。なお，平成20年基準の運用指針の（様式1-3）及び（様式1-4）の貸借対照表内訳表は，法人が，会計区分を有する場合の様式として示されているものであり，平成20年基準上は，内訳表作成の要否についての規定はなされていない（貸借対照表内訳表の記載例は，「図表3-1」（P.199）を参照のこと）。

以下，貸借対照表内訳表の作成が要請される場合と，任意とされる場合について説明する。

▶貸借対照表内訳表の作成が要請される場合

貸借対照表内訳表は，収益事業等から生じた利益のうち，公益目的事業財産に繰り入れる割合を50％超とする公益法人に対してのみ作成が義務付けられている。

公益法人においては，収益事業等から生じた利益のうち50％は，公益目的事業財産に繰り入れなければならないが（認定法18四），公益目的事業の財源確保のために，50％を超えて利益を繰り入れることも認められている（認定法規則26七，八）。

収益事業等の利益の50％を超えて公益目的事業財産へ繰り入れることを選択した公益法人に対して，正味財産増減計算書内訳表に加えて，貸借対照表についても貸借対照表内訳表において，会計ごとの区分表示が求められている（公益認定等ガイドライン1-18(2)）。

これは，公益法人が収益事業等からの利益の繰入れについて，現金による繰入れに限らず現金以外の資産の公益目的事業財産への転用も含めて，法人税法上のみなし寄付として，税務上の優遇措置が受けられることの見返りに義務付けられたものである。すなわち，収益事業等から公益目的事業財産への利益の

212　第Ⅱ部　会計編

繰入れを，法人の自主的判断により法令上義務付けられる50％を超えて行う場合は，享受する優遇部分が増えることとなる。このことから，より詳細な情報開示が求められ，当該資産がどの事業に属するかを明確にするために，貸借対照表内訳表による区分経理を行うことが義務付けられたものと考えられる。

なお，収益事業等の利益の繰入れを50％超とするか50％とするかは，毎事業年度において選択することができる。ただし，一旦50％超の繰入れを行った場合には，その後の繰入れが50％に留まった場合でも，継続性の観点から区分経理を続ける必要がある（FAQ問Ⅴ-2-②）。

▶貸借対照表内訳表の作成が任意とされる場合

公益法人において，収益事業等の利益の繰入れが法令上の規定どおりの50％の場合は，貸借対照表内訳表の作成は任意とされている。また，収益事業等がない公益法人，もしくは，収益事業等を行っていても公益目的事業財産に繰り入れる利益がない公益法人についても，そもそも収益事業等の利益の繰入れという概念自体がなじまないため，貸借対照表内訳表の作成は任意となる。

以上をまとめたものが，次の「図表3-5」である。

第3章　財務諸表等　213

図表 3-5　貸借対照表内訳表の作成の要否判定

判 定 ポ イ ン ト

```
┌─────────────┐    NO
│収益事業等がある。│ ─────────────────────────→ ┐
└─────────────┘                              │
    │ YES                                     │
    ↓                                         │
┌─────────────┐    NO                        │
│収益事業等からの │ ─────────────────────────→ │
│利益がある。   │                             │
└─────────────┘                              │
    │ YES                                     │
    ↓                                         │
┌─────────────┐  NO          ┌──────────┐  NO │
│公益目的事業財産 │ （繰入れは   │過 去 に  │ ──→ │
│への繰入れは，収│ 50%のみ）  →│50％超の  │     │
│益事業等の利益額 │            │繰入れを  │     │
│の50％超である。│            │行い，貸  │     │
└─────────────┘            │借対照表  │     │
    │ YES                   │内訳表を  │     │
    ↓                       │作成した  │     │
┌─────────────┐            │ことがあ  │     │
│貸借対照表内訳表 │ ←─────── │る。      │     │
│の作成が必要   │           └──────────┘     │
└─────────────┘     YES（継続性の観点から求められる）
```

貸借対照表内訳表の作成が任意（作成しないことが可能）

214　第Ⅱ部　会計編

＜コラム＞

移行法人における貸借対照表内訳表の作成について

　公益法人では，収益事業等から生じた利益の50％を超えて公益目的事業財産へ繰り入れる場合，貸借対照表内訳表において各会計ごとに区分表示が求められています（公益認定等ガイドラインⅠ-18(2)）。

　ただし，正味財産増減計算書内訳表に収益事業等がない場合，収益事業等はあるものの繰り入れる利益がない場合，あるいは収益事業等から生じた利益の繰入額が50％の場合には，作成は要請されておらず任意となります。

　一方，移行法人では，実施事業資産を貸借対照表において区分して明らかにする必要がありますが，貸借対照表内訳表において明示する方法のほかに，貸借対照表に実施事業資産を注記する方法があります（FAQ問Ⅹ-4-②）。以下は，その注記による記載例です。

（注）　実施事業資産は，以下のとおりである。	
研究支援事業積立資産	20,000,000 円
特定寄付積立資産	1,000,000 円

　※ 勘定科目は，建物，土地などでもよいと考えられます。

　なお，一般社団法人及び一般財団法人（移行法人を除く。）では，貸借対照表内訳表の作成は求められていません。

2.　正味財産増減計算書内訳表

　正味財産増減計算書内訳表は，「第6章　公益法人の提出書類」（P.287），「第7章　移行法人の定期提出書類」（P.307）で詳述する「収支相償の計算」，「公益目的事業比率の計算」，「遊休財産額の計算」等，さらには，公益目的支出計画の実施状況に対する提出書類に係る情報提供のために，すべての公益法人及び移行法人において作成することが必要となる（正味財産増減計算書内訳表の記載例は，「図表3-4」（P.206）を参照のこと）。

5 キャッシュ・フロー計算書

　キャッシュ・フロー計算書とは，事業年度における法人の現金及び現金同等物の収入と支出の状況を一表にまとめたものである。

1. 作成義務の有無

　平成20年基準の運用指針「3. キャッシュ・フロー計算書の作成について」では，「公益法人会計基準に定めのあるキャッシュ・フロー計算書については，認定法第5条第12号の規定により会計監査人を設置する公益社団・財団法人以外の公益法人はこれを作成しないことができる。」としている。

　ここで，公益法人認定法第5条第12号の規定により，会計監査人の設置義務がある公益法人，すなわち，キャッシュ・フロー計算書の作成義務のある公益法人は，次の(1)〜(3)のいずれかに該当する法人であるとされている（認定法令6）。

　(1) 損益計算書の収益の部に計上した額の合計額　1,000億円以上
　(2) 損益計算書の費用及び損失の部に計上した額の合計額　1,000億円以上
　(3) 貸借対照表の負債の部に計上した額の合計額　50億円以上

　したがって，これらいずれにも該当しない公益法人は，会計監査人の設置のほか，キャッシュ・フロー計算書の作成についても義務付けられていない。また，一般社団法人及び一般財団法人においては，会計監査人を設置していても，キャッシュ・フロー計算書の作成は，義務付けられていない。

　なお，公益法人におけるキャッシュ・フロー計算書の作成義務の要否判定は，次のようにフローチャートで表わすことができる。

図表 3-6 公益法人におけるキャッシュ・フロー計算書の作成義務の有無
判 定 ポ イ ン ト

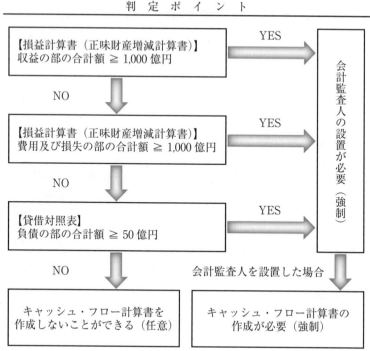

2. キャッシュ・フロー計算書における資金の範囲

　平成20年基準「第4 キャッシュ・フロー計算書」では，キャッシュ・フロー計算書における資金の範囲を，現金及び現金同等物と定義している。
　ここでいう現金とは，手許現金及び当座預金，普通預金，通知預金などの要求払預金をいい，現金同等物とは，容易に換金可能であり，価値の変動リスクが少ない短期投資資産（取得日から満期日又は償還日までの期間が3ヶ月以内の定期預金，譲渡性預金，コマーシャル・ペーパーなどがこれに該当する。）をいう。
　キャッシュ・フロー計算書における資金の範囲については，貸借対照表に記載する現金預金の金額と，現金及び現金同等物との関連性を明確にしておく必要がある。現金同等物に具体的に何を含めるかは，各法人の資金管理の方針により異なるため，重要な会計方針として，「キャッシュ・フロー計算書におけ

る資金の範囲」を記載するとともに，別途，「キャッシュ・フロー計算書の資金の範囲及び重要な非資金取引」を注記することが求められている（「図表3-9」（P.222）参照）。なお，法人が資金の範囲を変更する場合には，会計方針の変更に該当し，「会計方針の変更」の注記が必要となる。

3. キャッシュ・フロー計算書の内容

キャッシュ・フロー計算書は，現金及び現金同等物の収入及び支出の視点から事業年度における法人の財務状況を報告するとともに，法人の支払能力及び返済余力に関する情報を提供するものである。

一般的に法人が事業活動を行う上で生じるキャッシュ・フローには，通常の事業活動から直接生じるもののほか，当該事業を行う上で必要な投資活動に起因して生じるもの，さらには，それら諸活動を支えるための資金調達をも含めた財務活動に起因して生じるものなどからなる。

キャッシュ・フロー計算書では，これらの活動の情報提供ができるよう，計算書上に種類ごとの区分が設けられており，法人はキャッシュの流れを，（Ⅰ）事業活動によるキャッシュ・フロー，（Ⅱ）投資活動によるキャッシュ・フロー及び（Ⅲ）財務活動によるキャッシュ・フローの3つの区分に分けて表示することが求められる。

4. キャッシュ・フロー計算書の区分

キャッシュ・フロー計算書の区分については，前述のとおり，①事業活動によるキャッシュ・フロー，②投資活動によるキャッシュ・フロー，③財務活動によるキャッシュ・フローの3区分からなる。

▶事業活動によるキャッシュ・フローの区分

事業活動によるキャッシュ・フローの区分には，法人の事業活動により生じたキャッシュ・フローの他，その他の投資活動及び財務活動以外の取引により

生じたキャッシュ・フローを記載する。

　平成20年基準の運用指針では，「事業活動によるキャッシュ・フローの区分においては，直接法又は間接法のいずれかを用いてキャッシュ・フローの状況を記載しなければならない。」として，直接法にするか，間接法にするかの選択を法人に認めている（平成20年基準の運用指針3.（2））。

　直接法とは，事業活動より生じる主要な取引ごとに収入及び支出を総額で記載する方法である。

　他方，間接法とは，正味財産増減計算書の当期一般正味財産増減額（税効果会計を適用する場合は，税引前当期一般正味財産増減額)から，非資金取引(減価償却費，各引当金の増減額及び固定資産除却損等）と，事業活動により生じた未収金・未払金等の資産・負債の増減額を調整項目として記載する方法である。

　それぞれの方法での様式例は，「図表3-7」（P.219）及び「図表3-8」（P.221）に記載している。なお，直接法と間接法いずれの方法を選択したとしても，事業活動に係るキャッシュ・フローの最終金額（事業活動によるキャッシュ・フローの金額）は同額になる。

▶投資活動によるキャッシュ・フローの区分

　投資活動によるキャッシュ・フローの区分には，固定資産の取得及び売却，有価証券等の取得及び売却等によるキャッシュ・フローを記載する。

▶財務活動によるキャッシュ・フローの区分

　財務活動によるキャッシュ・フローの区分には，資金の調達及び返済によるキャッシュ・フローを記載する。

　上記のとおり，事業活動によるキャッシュ・フローの記載方法には，直接法と間接法の2通りがあるが，どちらの方法を選択した場合でも，投資活動によるキャッシュ・フローの区分及び財務活動によるキャッシュ・フローの区分についての記載内容に違いはない。

第 3 章　財務諸表等　219

図表 3-7　直接法によるキャッシュ・フロー計算書の様式例

キャッシュ・フロー計算書
平成×0 年 4 月 1 日から平成×1 年 3 月 31 日まで

（単位：円）

科　　目	当年度	前年度	増　減
Ⅰ　事業活動によるキャッシュ・フロー			
1.　事業活動収入			
基本財産運用収入			
基本財産利息収入	555,750	555,700	50
特定資産運用収入			
特定資産利息収入	628,293	190,866	437,427
事業収入			
○○事業収入	623,346,405	200,913,953	422,432,452
寄付金収入			
寄付金収入	30,146,253	5,107,833	25,038,420
雑収入			
受取利息収入	269,727	544,307	△ 274,580
事業活動収入計	654,946,428	207,312,659	447,633,769
2.　事業活動支出			
事業費支出			
給料手当支出	62,088,884	66,867,884	△ 4,779,000
賞与支出	3,350,000	3,950,000	△ 600,000
退職給付支出	2,038,112	7,066,179	△ 5,028,067
法定福利費支出	8,692,443	9,361,503	△ 669,060
福利厚生費支出	6,037,926	6,008,862	29,064
会議費支出	10,924,468	15,016,798	△ 4,092,330
旅費交通費支出	9,154,442	13,154,380	△ 3,999,938
通信運搬費支出	7,763,544	8,889,635	△ 1,126,091
消耗品費支出	3,726,966	6,285,223	△ 2,558,257
賃借料支出	12,350,695	12,350,695	0
光熱水料費支出	6,717,336	7,336,321	△ 618,985
広告費支出	999,621	3,615,000	△ 2,615,379
什器備品費支出	3,343,352	13,602,512	△ 10,259,160
管理費支出			
給料手当支出	48,573,662	52,530,331	△ 3,956,669
賞与支出	2,350,000	2,950,000	△ 600,000
法定福利費支出	6,800,312	7,354,246	△ 553,934
福利厚生費支出	370,272	670,550	△ 300,278
会議費支出	2,049,606	2,083,788	△ 34,182
旅費交通費支出	1,274,240	3,032,550	△ 1,758,310

通信運搬費支出	1,693,143	1,857,933	△ 164,790
消耗品費支出	809,115	1,203,111	△ 393,996
賃借料支出	8,233,797	8,233,797	0
光熱水料費支出	1,462,524	1,624,245	△ 161,721
什器備品費支出	2,145,147	4,563,741	△ 2,418,594
諸会費支出	384,900	426,900	△ 42,000
租税公課支出	19,512,800	100,109,300	△ 80,596,500
事業活動支出計	232,847,307	360,145,484	△ 127,298,177
事業活動によるキャッシュ・フロー	422,099,121	△ 152,832,825	574,931,946
Ⅱ 投資活動によるキャッシュ・フロー			
1. 投資活動収入			
定期預金取崩収入	750,000	0	750,000
投資活動収入計	750,000	0	750,000
2. 投資活動支出			
特定資産取得支出			
退職給付引当資産取得支出	129,040,167	0	129,040,167
○○事業積立資産取得支出	0	30,000,000	△ 30,000,000
固定資産取得積立資産取得支出	0	180,000,000	△ 180,000,000
固定資産取得支出			
什器備品取得支出	14,611,275	159,934,950	△ 145,323,675
ソフトウェア取得支出	0	7,256,025	△ 7,256,025
投資有価証券取得支出	0	1,508,926,500	△ 1,508,926,500
定期預金預入支出	600,000,000	0	600,000,000
投資活動支出計	743,651,442	1,886,117,475	△ 1,142,466,033
投資活動によるキャッシュ・フロー	△ 742,901,442	△ 1,886,117,475	1,143,216,033
Ⅲ 財務活動によるキャッシュ・フロー			
1. 財務活動収入			
財務活動収入計	0	0	0
2. 財務活動支出			
リース債務の返済支出	2,847,600	0	2,847,600
財務活動支出計	2,847,600	0	2,847,600
財務活動によるキャッシュ・フロー	△ 2,847,600	0	△ 2,847,600
Ⅳ 現金及び現金同等物の増減額	△ 323,649,921	△ 2,038,950,300	1,715,300,379
Ⅴ 現金及び現金同等物の期首残高	1,371,132,900	3,410,083,200	△ 2,038,950,300
Ⅵ 現金及び現金同等物の期末残高	1,047,482,979	1,371,132,900	△ 323,649,921

第 3 章　財務諸表等　221

図表 3-8　間接法によるキャッシュ・フロー計算書の様式例

キャッシュ・フロー計算書
平成×0年4月1日から平成×1年3月31日まで

（単位：円）

科　　　目	当年度	前年度	増　減
Ⅰ　事業活動によるキャッシュ・フロー			
1.　税引前当期一般正味財産増減額	115,844,499	341,179,779	△ 225,335,280
2.　キャッシュ・フローへの調整額			
減価償却費	63,205,869	60,971,580	2,234,289
受取利息	1,453,770	1,290,873	162,897
固定資産除却損	309,165	0	309,165
未収金の増減額	284,508,918	△ 351,425,235	635,934,153
棚卸資産の増減額	△ 2,777,808	△ 3,239,589	461,781
未払金の増減額	△ 49,560,441	△ 114,991,944	65,431,503
前受金の増減額	△ 24,568,608	18,215,868	△ 42,784,476
賞与引当金の増減額	△ 1,206,783	16,622,127	△ 17,828,910
退職給付引当金の増減額	12,825,558	△ 5,595,273	18,420,831
未払消費税等の増減額	43,775,100	△ 123,009,300	166,784,400
預り金の増減額	12,642	18,971,514	△ 18,958,872
その他の増減額	△ 4,209,960	△ 3,713,925	△ 496,035
小　　計	323,767,422	△ 485,903,304	809,670,726
3.　法人税等の支払額	△ 17,512,800	△ 8,109,300	△ 9,403,500
事業活動によるキャッシュ・フロー	422,099,121	△ 152,832,825	574,931,946
Ⅱ　投資活動によるキャッシュ・フロー			
1.　投資活動収入			
定期預金取崩収入	750,000	0	750,000
投資活動収入計	750,000	0	750,000
2.　投資活動支出			
特定資産取得支出			
退職給付引当資産取得支出	129,040,167	0	129,040,167
○○事業積立資産取得支出	0	30,000,000	△ 30,000,000
固定資産取得積立資産取得支出	0	180,000,000	△ 180,000,000
固定資産取得支出			
什器備品取得支出	14,611,275	159,934,950	△ 145,323,675
ソフトウェア取得支出	0	7,256,025	△ 7,256,025
投資有価証券取得支出	0	1,508,926,500	△ 1,508,926,500
定期預金預入支出	600,000,000	0	600,000,000
投資活動支出計	743,651,442	1,886,117,475	△ 1,142,466,033
投資活動によるキャッシュ・フロー	△ 742,901,442	△ 1,886,117,475	1,143,216,033
Ⅲ　財務活動によるキャッシュ・フロー			
1.　財務活動収入			
財務活動収入計	0	0	0

222 第Ⅱ部 会計編

2. 財務活動支出			
リース債務の返済支出	2,847,600	0	2,847,600
財務活動支出計	2,847,600	0	2,847,600
財務活動によるキャッシュ・フロー	△ 2,847,600	0	△ 2,847,600
Ⅳ 現金及び現金同等物の増減額	△ 323,649,921	△ 2,038,950,300	1,715,300,379
Ⅴ 現金及び現金同等物の期首残高	1,371,132,900	3,410,083,200	△ 2,038,950,300
Ⅵ 現金及び現金同等物の期末残高	1,047,482,979	1,371,132,900	△ 323,649,921

図表 3-9 注記例 キャッシュ・フロー計算書の資金の範囲及び重要な非資金取引

○．キャッシュ・フロー計算書の資金の範囲及び重要な非資金取引

（1）現金及び現金同等物の期末残高と貸借対照表に掲記されている金額との関係は，以下のとおりである。

前 期 末	当 期 末
現金預金勘定　　　　　1,671,132,900 円 預入期間が3ヶ月を超える定期預金 　　　　　　　　　　△ 300,000,000 円 現金及び現金同等物　　1,371,132,900 円	現金預金勘定　　　　　1,946,732,979 円 預入期間が3ヶ月を超える定期預金 　　　　　　　　　　△ 899,250,000 円 現金及び現金同等物　　1,047,482,979 円

（2）重要な非資金取引は，以下のとおりである。

前 期 末	当 期 末
現物により寄付を受けた固定資産が 260,000,000 円ある。	現物により寄付を受けた固定資産が 40,000,000 円ある。

6 財務諸表の注記

1. 財務諸表の注記とは

　財務諸表の注記とは，財務諸表に関する補足的情報を財務諸表利用者に対して提供するものである。したがって，提供する注記は，いずれも財務諸表利用者の理解を助けるための有用な情報でなければならない。

　注記の種類として，重要な会計方針のような財務諸表の作成の前提となる情報の注記の他，担保，保証債務，後発事象などのような財務諸表だけでは把握

できないオフバランス項目についての情報を補足するための注記等がある。

平成20年基準「第5 財務諸表の注記」では，次の事項を注記項目として挙げている。なお，アンダーラインは，公益法人会計に特有の注記である。

図表3-10　財務諸表の注記

　財務諸表には，次の事項を注記しなければならない。
(1) 継続事業の前提に関する注記
(2) 資産の評価基準及び評価方法，固定資産の減価償却方法，引当金の計上基準等財務諸表の作成に関する重要な会計方針
(3) 重要な会計方針を変更したときは，その旨，変更の理由及び当該変更による影響額
(4) 基本財産及び特定資産の増減額及びその残高
(5) 基本財産及び特定資産の財源等の内訳
(6) 担保に供している資産
(7) 固定資産について減価償却累計額を直接控除した残額のみを記載した場合には，当該資産の取得価額，減価償却累計額及び当期末残高
(8) 債権について貸倒引当金を直接控除した残額のみを記載した場合には，当該債権の債権金額，貸倒引当金の当期末残高及び当該債権の当期末残高
(9) 保証債務（債務の保証を主たる目的事業とする公益法人の場合を除く。）等の偶発債務
(10) 満期保有目的の債券の内訳並びに帳簿価額，時価及び評価損益
(11) 補助金等の内訳並びに交付者，当期の増減額及び残高
(12) 基金及び代替基金の増減額及びその残高
(13) 指定正味財産から一般正味財産への振替額の内訳
(14) 関連当事者との取引の内容
(15) キャッシュ・フロー計算書における資金の範囲及び重要な非資金取引
(16) 重要な後発事象
(17) その他公益法人の資産，負債及び正味財産の状態並びに正味財産増減の状況を明らかにするために必要な事項

（出典）平成20年基準 第5 財務諸表の注記（アンダーラインは筆者記載）

224　第Ⅱ部　会計編

2.　公益法人会計に特有の注記事項と様式

公益法人会計に特有の財務諸表の注記事項は，次の5項目である。

(1)　基本財産及び特定資産の増減額及びその残高

(2)　基本財産及び特定資産の財源等の内訳

(3)　補助金等の内訳並びに交付者，当期の増減額及び残高

(4)　基金及び代替基金の増減額及びその残高

(5)　指定正味財産から一般正味財産への振替額の内訳

▶基本財産及び特定資産の増減額及びその残高

　この注記は，基本財産及び特定資産について，資産毎に前期末及び当期末の残高と当期中の増減内訳を記載して開示するものである。その際，前期末残高及び当期末残高は，貸借対照表上の該当科目の金額に一致させる。

　注記例は，次のとおりである。

図表3-11　注記例 基本財産及び特定資産の増減額及びその残高

○.　基本財産及び特定資産の増減額及びその残高

　基本財産及び特定資産の増減額及びその残高は，次のとおりである。

（単位：円）

科　　目	前期末残高	当期増加額	当期減少額	当期末残高
基本財産				
投資有価証券	4,257,000	0	0	4,257,000
小　　　計	4,257,000	0	0	4,257,000
特定資産				
退職給付引当資産	774,393	20,607	0	795,000
固定資産取得積立資産	158,400	0	0	158,400
小　　　計	932,793	20,607	0	953,400
合　　　計	5,189,793	20,607	0	5,210,400

▶基本財産及び特定資産の財源等の内訳

　この注記は，基本財産及び特定資産の当期末残高について，資産ごとに，

第3章 財務諸表等 225

㈎「うち指定正味財産からの充当額」，㈑「うち一般正味財産からの充当額」，㈒「うち負債に対応する額」の３つに区分して，その財源の内訳を記載するものである。

注記例は，「図表3-2」（P.202）のとおりである。

▶補助金等の内訳並びに交付者，当期の増減額及び残高

この注記は，法人において補助金等による収入がある場合に，財源の補足情報として，当該補助金の名称や内容，交付者，前期末及び当期末の残高と当期中の増減内訳，貸借対照表上の記載区分を記載して開示するものである。これは，国民の負担に帰する補助金等の財源を明示するための注記である。

当該注記の様式には，貸借対照表における記載区分の欄が設けられており，未使用の補助金等が期末時点において残存する場合において，記載することが求められている。

注記例は，次のとおりである。

図表3-12　注記例 補助金等の内訳並びに交付者，当期の増減額及び残高

○．補助金等の内訳並びに交付者，当期の増減額及び残高
補助金等の内訳並びに交付者，当期の増減額及び残高は，次のとおりである。

（単位：円）

補助金等の名称	交付者	前期末残高	当期増加額	当期減少額	当期末残高	貸借対照表上の記載区分
補助金 　国庫補助金	国	0	417,160	417,160	0	―
合　　計		0	417,160	417,160	0	

なお，当期末残高がある場合は，貸借対照表上の記載区分欄には，その財源として「指定正味財産」等を記載する。

▶基金及び代替基金の増減額及びその残高

この注記は，基金及び代替基金について，科目もしくは内訳毎に前期末及び当期末の残高と当期中の増減内訳を記載して開示するものである。基金及び代

226 第Ⅱ部 会計編

替基金の受入れや返還に伴う増減額は，正味財産増減計算書上の基金の増減として記載されるが，その内訳を明示するものが当該注記である。

注記例は，次のとおりである。

図表3-13 注記例 基金及び代替基金の増減額及びその残高

○．基金及び代替基金の増減額及びその残高

　基金及び代替基金の増減額及びその残高は，次のとおりである。

（単位：円）

科　　　目	前期末残高	当期増加額	当期減少額	当期末残高
基金				
○○○基金	10,000,000	0	5,500,000	4,500,000
基　金　計	10,000,000	0	5,500,000	4,500,000
代替基金				
○○○基金	0	5,500,000	—	5,500,000
代替基金計	0	5,500,000	—	5,500,000
合　　計	10,000,000	5,500,000	5,500,000	10,000,000

▶指定正味財産から一般正味財産への振替額の内訳

　この注記は，指定正味財産に区分される寄付等として受け入れた資産について，目的の達成により指定の制約が解除された場合，減価償却を行った場合，あるいは災害により消滅した場合などにおける一般正味財産への振替えについて，その振替額の内訳を記載して開示するものである。

　正味財産増減計算書では，指定正味財産から一般正味財産への振替額が合計額で表示されるが，補足的情報として振替額の内訳を明示するものが当該注記である。

　注記例は，次のとおりである。

第3章　財務諸表等　227

図表3-14　注記例 指定正味財産から一般正味財産への振替額の内訳

○．指定正味財産から一般正味財産への振替額の内訳
　　指定正味財産から一般正味財産への振替額の内訳は，次のとおりである。

（単位：円）

内　　　容	金　　　額
経常収益への振替額	
減価償却費計上による振替額	15,000,000
経常外収益への振替額	
目的達成による指定解除額	22,800,000
合　　　計	37,800,000

7　附属明細書

　附属明細書は，事業年度における貸借対照表及び正味財産増減計算書に係る事項の補足的情報を提供するものである。

　附属明細書は，一般法人法第123条第2項において作成することが定められており，一般法人法施行規則第33条及び整備法施行規則第5条において記載内容が定められている。

　平成16年改正基準では，附属明細書に関する規定は設けられていなかったが，公益法人制度改革に伴い，平成20年基準において新設されたものである。

1．附属明細書の構成

　附属明細書については，平成20年基準の運用指針において，次の事項が例示されており，一般法人法施行規則第33条において，これ以外でも貸借対照表及び正味財産増減計算書の内容を補足する重要な事項を表示することが求められている。

　①　基本財産及び特定資産の明細

　②　引当金の明細

228　第Ⅱ部　会計編

　なお，財務諸表の注記に記載している事項については，附属明細書においては，その旨の記載をすることにより，内容の記載を省略することができるものとされている（平成 20 年基準の運用指針 13. (5)）。

2. 附属明細書の様式

附属明細書の様式は，次のとおりである。

図表 3-15　附属明細書の様式

附　属　明　細　書

1. 基本財産及び特定資産の明細

（単位：円）

区　　分	資産の種類	期首帳簿価額	当期増加額	当期減少額	期末帳簿価額
基本財産	投資有価証券	4,257,000	0	0	4,257,000
	基本財産計	4,257,000	0	0	4,257,000
特定資産	退職給付引当資産	774,393	20,607	0	795,000
	固定資産取得積立資産	158,400	0	0	158,400
	特定資産計	932,793	20,607	0	953,400

2. 引当金の明細

（単位：円）

科　　目	期首残高	当期増加額	当期減少額		期末残高
			目的使用	その他	
退職給付引当金	774,393	20,607	0	0	795,000

実際の開示においては，財務諸表の注記に記載していることを理由に，附属明細書での「基本財産及び特定資産の明細」の記載を省略することが一般的である。なお，記載を省略した場合の様式は，次のとおりである。

図表 3-16　附属明細書の様式（記載を省略した場合）

附　属　明　細　書

1. 基本財産及び特定資産の明細
　財務諸表に対する注記「○. 基本財産及び特定資産の増減額及びその残高」に記載しているため，省略している。

---

8 財産目録

1. 財産目録の位置付け

本章の冒頭でも述べたように，公益法人における財務諸表の体系は，公益法人会計基準の改正の都度，見直しが行われ，平成20年基準では，財産目録が財務諸表から外された。しかしながら，公益法人においては，財産目録により提供される貸借対照表の科目明細としての情報の有用性から，引き続き作成が義務付けられている。なお，一般社団法人及び一般財団法人においては，財産目録の作成は任意とされている。

2. 財産目録の様式

財産目録は，事業年度末におけるすべての資産及び負債について，その内容，すなわち，場所・物量等，使用目的等及び金額を詳細に記載する一覧表である。貸借対照表上の科目の区分に準じて，資産の部，負債の部に分けてその内訳や内容を明らかにする様式となっていることから，貸借対照表項目の科目明細として位置付けることができる。複数の事業で共用する資産については，できる

230　第Ⅱ部　会計編

限り区分や分離をして，事業への帰属や使途ごとに財産を確定して表示することが求められるが，特定が困難な場合には，1つの事業の資産としてまとめた上で，共用財産である旨を記載することとなる。

「図表 3-17」は，平成 20 年基準の運用指針における財産目録のひな型に則った記載例である。公益法人認定法施行規則第 25 条に基づき，財産目録により公益目的保有財産を区分表示するが，このひな型では，公益目的保有財産についての詳細な記載が表示できない場合には，さらに公益目的保有財産の明細を作成することとなる（「図表 3-18」（P. 232）参照）。

財産目録は，平成 16 年改正基準と平成 20 年基準とで，様式が異なっており，平成 16 年改正基準で規定されている様式には，「場所・物量等」の欄はなく，これらの内容は，科目欄に勘定科目と併記して表示する様式となっている。また，「使用目的等」欄も平成 20 年基準で新設されたものである（「図表 3-17」参照）。

この「使用目的等」欄には，財産の事業への帰属や使途を記載することとなるが（共用財産の旨の記載を含む。），これは公益法人認定法で規定する会計区分や財産に関する規定との整合性から設けられたものである。そのため，平成 20 年基準においては，公益法人は，財産目録の作成が義務付けられているのに対して，移行法人を含む一般社団法人及び一般財団法人については，財産目録の作成は任意となっている。

図表 3-17　財産目録（平成 20 年基準）の記載例

財　産　目　録

平成×1 年 3 月 31 日現在

（単位：円）

貸借対照表科目		場所・物量等	使用目的等	金　額
（流動資産）				
	現金	手許保管	運転資金として	86,003
	預金	普通預金		
		○○銀行○○支店	運転資金として	100,007
		定期預金		
		○○銀行○○支店	運転資金として	100,190

	未収金	○○に対する未収額	公益事業の補助金及び受託事業の未収金	184,560
	立替金	○○会社に対する立替額	交通費の立替金	71,700
流動資産合計				542,460
（固定資産）				
基本財産	投資有価証券	第○○回利付国債	公益目的保有財産であり、運用益を公益事業及び管理業務の財源として使用している。	4,257,000
特定資産	退職給付引当資産	定期預金 ○○銀行○○支店	職員に対する退職給付に備えるためのものであり、公益事業、受託事業及び管理費に使用される預金	795,000
	固定資産取得積立資産	定期預金 ○○銀行○○支店	公益事業及び受託事業の積立資産であり、資産取得資金として管理されている預金	158,400
その他固定資産	建物	330m² ○○区○○ 1-2-3　7 階建	公益目的保有財産であり、公益事業、受託事業及び管理業務の施設に使用している。	3,487,830
	車両運搬具	事業用車両	公益事業及び受託事業に使用している。	24,000
	土地	410m² ○○区○○ 1-2-3	公益目的保有財産であり、公益事業、受託事業及び管理業務の施設に使用している。	3,932,100
	ソフトウェア	会計システム	公益目的保有財産であり、公益事業、受託事業及び管理業務に使用している。	1,022,700
固定資産合計				13,677,030
資産合計				14,219,490
（流動負債）				
	未払金	（株）○○に対する未払額	公益事業、受託事業及び管理業務に供する建物増築の未払分。	1,742,370
流動負債合計				1,742,370
（固定負債）				
	退職給付引当金	職員に対するもの	職員に対する退職金の支払いに備えたもの。	795,000
固定負債合計				795,000
負債合計				2,537,370
正味財産				11,682,120

232 第Ⅱ部 会計編

図表 3-18 公益目的保有財産の明細

公益目的保有財産の明細

財産種別	公益認定前取得 不可欠特定財産	公益認定後取得 不可欠特定財産	その他の 公益目的保有財産	使用事業
基本財産 　投資有価証券			第○○回利付国債 4,182,000 円	研究事業 （助成事業と共有）
特定資産 　固定資産取得 　積立資産			定期預金　○○銀行○○支店 92,400 円	研究事業
その他固定資産 　建物			157m² ○○区○○ 1-2-3 7 階建の 4〜7 階部分 1,665,000 円	研究事業 （助成事業と共有）
その他固定資産 　車両運搬具			事業用車両 15,000 円	研究事業
その他固定資産 　土地			278m² ○○区○○ 1-2-3 2,670,000 円	研究事業 （助成事業と共有）
その他固定資産 　ソフトウェア			会計システム 927,000 円	研究事業 （助成事業と共有）
合計			9,551,400 円	

第 3 章　財務諸表等　233

<コラム>

平成 16 年改正基準及び平成 20 年基準における財務諸表等について

　平成 16 年改正基準及び平成 20 年基準において作成が求められている財務諸表等は，次のとおりです。

平成 16 年改正基準	平成 20 年基準
1.　財務諸表 　①　貸借対照表 　②　正味財産増減計算書 　③　キャッシュ・フロー計算書 　　　（大規模公益法人以外は任意） 　④　財産目録	1.　財務諸表 　①　貸借対照表（内訳表を含む。） 　②　正味財産増減計算書（内訳表を含む。） 　③　キャッシュ・フロー計算書 　　　（大規模公益法人以外は任意）
	2.　附属明細書 　①　基本財産及び特定資産の明細 　②　引当金の明細
	3.　財産目録

　平成 20 年基準では，上記のとおり，財産目録が財務諸表の範囲から外れました。しかしながら，財産目録は，法人が保有する財産を示す重要書類であるため，引き続き様式等が定められるとともに，公益法人において作成が求められています（移行法人を含む一般社団法人及び一般財団法人においては，作成義務はありません。）。

　他方，附属明細書は，平成 20 年基準において，新たに公益法人，一般社団法人及び一般財団法人に対して，作成が求められることとなりました。

　また，貸借対照表内訳表及び正味財産増減計算書内訳表については，移行法人を除く一般社団法人及び一般財団法人には，作成は求められていません。

　キャッシュ・フロー計算書については，平成 16 年改正基準と平成 20 年基準ともに，大規模な公益法人において作成が求められているという点では変わりません。しかしながら，規模の基準（大規模公益法人の定義）が，平成 20 年基準では変更がなされています。具体的には，平成 16 年改正基準では，作成を義務付ける公益法人の規模を，「前事業年度の財務諸表において，資産の合計額 100 億円以上もしくは負債の合計額 50 億円以上又は経常収益の合計額 10 億円以上の公益法人」とされていたものが，キャッシュ・フロー計算書を作成しないことができる法人の規模として，「認定法第 5 条 12 号の規定により会計監査人を設置する公益社団・財団法人以外の法人」としています（平成 20 年基準の運用指針 3）。公益法人認定法第 5 条 12 号では，「会計監査人を置いているもので

234　第Ⅱ部　会計編

あること。ただし，毎事業年度における当該法人の収益の額，費用及び損失の
額その他の政令で定める勘定の額がいずれも政令で定める基準（最終事業年度
の収益の額，費用及び損失の合計額のいずれかが1,000億円以上，又は負債の額
が50億円以上（認定法令6））に達しない場合は，この限りでない。」としてい
るため，結果として，会計監査人の設置が義務付けられている大規模公益法人
においてのみ，キャッシュ・フロー計算書の作成が求められたこととなりました。
それにより，この公益法人認定法第5条12号の規定により会計監査人を設置す
る公益法人以外の公益法人，一般社団法人及び一般財団法人は，キャッシュ・
フロー計算書を作成しないことが認められています。

第4章 財務諸表の主要な勘定科目及び会計処理

―<ポイント>――

　第3章では，公益法人が作成する財務諸表等について，その体系と概要を解説した。公益法人における財務諸表等は，法人の利害関係者が法人の財政状態等を理解するために作成されるものであり，営利企業が作成する財務諸表等と，その作成目的が大きく変わるものではない。しかしながら，公益法人は，営利企業とはその設立趣旨や運営体制等が異なることから，財務諸表における勘定科目，勘定体系及び会計処理方法等について，公益法人会計に特有な部分が存在する。

　本章では，公益法人会計における貸借対照表と正味財産増減計算書に特有な勘定科目と主要な会計処理を中心に解説する。

1 公益法人会計における貸借対照表に特有な勘定科目と会計処理等

1. 基本財産

▶基本財産とは

　基本財産とは，法人の定款において基本財産として定められた資産のことをいう。具体的には，定款において「基本財産とすることを指定して寄付された財産」あるいは「理事会等の決議で基本財産に組み入れた財産」として定められた資産等であり，具体的には，土地，建物，美術品等の有形固定資産並びに有価証券，銀行預金等の金融資産がこれに該当する。以下では，財団法人の場合と社団法人の場合とに分けて説明する。

① 財団法人の基本財産

　財団法人の基本財産は，財団法人の目的である事業を行うために不可欠なものとして定款で定めた上で，維持義務と処分制限を有し（一般法172②），仮に基本財産の滅失等により財団法人の目的事業の成功が不能になった場合には，財団法人の解散事由になる（一般法202①三）。また，財団法人が基本財産を定めた場合には，貸借対照表上の資産の部において基本財産として表示することになる。ただし，現行公益法人制度においては，必ずしも基本財産を定めることが義務付けられてはおらず，その点において，基本財産が必須とされていた従来の主務官庁の指導監督下における財団法人とは，取扱いが異なっている。

② 社団法人の基本財産

　社団法人の基本財産も，財団法人と同様に，法人の定款において基本財産として定められた資産である。しかしながら，財団法人の基本財産とは異なり，社団法人の基本財産には，法律等による規定がなされていない。そのため，従来から社団法人として存続している法人においては，既にある定款の定めが，引き続き効力を持つものと考えられる（FAQ問Ⅵ-3-①）。一方で，新たに設立した社団法人においては，資産を法人運営に不可欠な財産として理事会で決定した上で，定款で定めることにより基本財産とされ，社団法人に維持義務と処分制限が生じ，その後，社団法人において保有し続けることとなる。なお，社団法人においても定款で基本財産として定めた資産は，貸借対照表上，資産の部において基本財産として表示することとなる。

▶公益法人における基本財産と不可欠特定財産との関係

　公益法人認定法第5条第16号では，「公益目的事業を行うために不可欠な特定の財産があるときは，その旨並びにその維持及び処分の制限について，必要な事項を定款で定めているものであること」として「不可欠特定財産」が規定されている（「制度編　第3章　④　16. 不可欠特定財産」（P.135）参照）。

　また，公益認定等ガイドラインⅠ-15(2)では，「財団法人における不可欠特

定財産に係る定款の定めは，基本財産としての定め（一般法172②）も兼ね備えるものとする。」として，不可欠特定財産が基本財産に該当することが明記されている。ただし，基本財産のすべてが不可欠特定財産に相当するものではないことに留意する必要がある。すなわち，基本財産が，公益目的事業に供されるものであったとしても，その資産が通常の土地・建物や有価証券等といった代替が可能な資産であるような場合，公益目的事業に不可欠な特定の財産，すなわち，公益認定法上の「不可欠特定財産」に該当することにはならない。しかしながら，その場合でも，財産目録上においては，公益目的で保有する財産である旨を表示し，公益目的事業財産に組み入れる必要がある（認定法18七）。

　一方，基本財産が，法人の目的や事業と密接不可分な関係にあり，その法人が当該資産を保有，使用することに意義があるような場合には，不可欠特定財産に該当するものとして，その旨，維持及び処分の制限を定款で定めて，公益目的事業財産に組み入れ，財産目録において不可欠特定財産である旨を表示することとなる。

　基本財産と不可欠特定財産との関係をまとめると，次のとおりである。

図表4-1　基本財産と不可欠特定財産との関係

『基本財産』
法人運営において不可欠なものとして定款で定めたもの

『不可欠特定財産』

基本財産のうち公益目的事業に不可欠な財産

〈例〉・一定の目的の下に収集，展示され，再収集が困難
　　　な美術館の美術品
　　　・歴史的文化的価値があり，再生不可能な建造物等

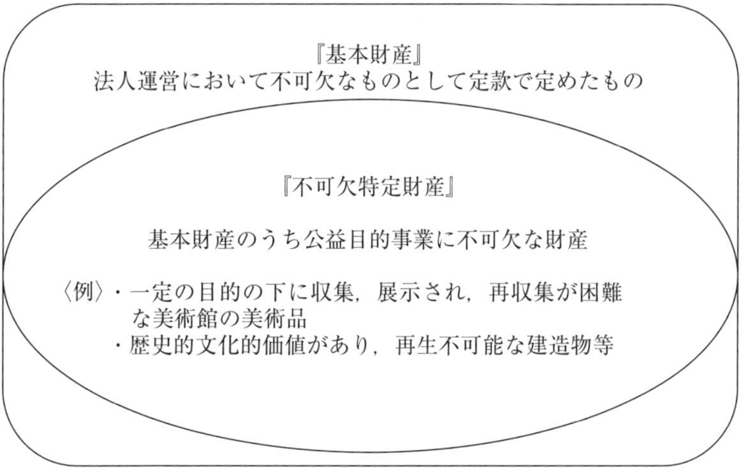

238　第Ⅱ部　会計編

　なお，基本財産を公益目的事業財産とした場合，金融資産等から生じる運用益も公益目的事業に使用しなければならないとされているが，基本財産のうち，法人の管理業務やその他の必要な活動に使用するものについては，合理的な範囲内において公益目的事業財産に組み入れないことが認められている（FAQ問Ⅵ-3-①）。

▶基本財産についての定款の定め

　法人は，定款で基本財産を定めるに当たり，どの財産を基本財産とするかについての，具体的な基準をあらかじめ定めておく必要がある。具体的な定め方については，法人の判断に任されており，それぞれの実情に合った方法を決定することとなる。

　基本財産に係る定款の一例（社団法人の場合）を示すと，次のとおりである。

図表 4-2　基本財産の制定における定款の具体例

（基本財産）
第○○条　この法人の目的である事業を行うために不可欠な別表の財産は，この法人の基本財産とする。
2. 前項の財産は，社員総会において別に定めるところにより，この法人の目的を達成するために善良な管理者の注意をもって管理しなければならず，処分するときは，あらかじめ理事会及び社員総会の承認を要する。

　別表　基本財産

財産種別	場所・物量等
土地	○○ m^2 ○○市○○町 3-2-1
建物	○○ m^2 ○○市○○町 3-2-1　3 階建

＜コラム＞

基本財産の管理運用，会計処理について

　平成20年基準において，資産の貸借対照表価額は，原則として当該資産の取得価額を基礎として計上しなければなりません。そのため，基本財産についても，取得価額を基礎として貸借対照表に計上されます。

　法人が災害等により基本財産を減失（喪失）したような場合や，土地による運用から定期預金による運用に変更するなど，法人の意思により基本財産としての性質に著しい変更を加えたような場合には，これらは，基本財産の処分に該当するものとして扱われます。

　一方で，建物等の減価償却資産，価値が変動する株式・債券等の投資有価証券を基本財産に区分している場合において，減価償却費の計上，償却原価法の適用，時価評価等によって，基本財産が減少することがあります。これらの会計上の認識にとどまる基本財産の減少は，基本財産の処分には，該当しないものとされています。

　しかしながら，基本財産の処分に該当しない会計上の認識による基本財産の減少であったとしても，基本財産を維持するという考えから，計上した減価償却費に対応した減価償却引当資産を設定することがあります。このような減価償却引当資産は，特定資産としての性質を有するものの，基本財産の維持のために特に必要なものとして準備していることにかんがみ，基本財産の区分に計上することが適当であるとされ，特定資産の区分としての減価償却引当資産には含まないとされています（総官管第55号　平成17年3月23日）。

　また，基本財産に組み入れられた投資有価証券についても，時価評価によって，減少した場合においては，基本財産を維持するという同様の考えから，定期預金等で補充することが行われています。

　基本財産の管理運用については，安全，確実な方法，すなわち元本が確実に回収できるほか，固定資産として常識的な運用益が得られ，又は利用価値を生み出すことのできる方法で行う必要があるとされています。

　なお，適当でない運用方法として，「公益法人の効率的・自立的な事業運営の在り方等に関する研究会報告書」（総務省平成16年7月28日）では，次のような例が挙げられています。

(1) 価値の変動が著しい財産・・・・・・・・株式*，株式投資信託，金，外貨
　　　　　　　　　　　　　　　　　　　　建債券等
(2) 客観的評価が困難な財産・・・・・・・・美術品，骨董品等*
(3) 減価する財産・・・・・・・・・・・・建築物，建造物等減価償却資産
(4) 利子又は利用価値を生じない財産・・・現金，当座預金，事務所用施設
(5) 換金の容易な財産・・・・・・・・・・普通預金，預入期間の短い定期
　　　　　　　　　　　　　　　　　　　　預金等の流動資産
(6) 回収が困難になるおそれのある方法・・・融資

　＊当然に，当初より株式を基本財産とし，その運用益にて公益目的事業を行
　　う公益財団法人や博物館等の運営事業を行う公益財団法人の場合は，基本
　　財産として認められています。

2. 特定資産

▶特定資産とは

　特定資産とは，特定の目的のために使途，保有又は運用方法等に制約が存在
する資産のことをいう。具体的な資産としては，預金や有価証券等の金融資産
のほか，土地や建物等が含まれる。

▶特定資産を表示する科目

　金融資産については，土地や建物等とは異なり，外観だけでは特定し難いた
め，当該資産の保有目的を示す独立の科目を用いて，貸借対照表上の特定資産
の区分に記載される。

　特定資産を表示する主な科目としては，退職金支払いのための退職給付引当
資産，固定資産の再調達のための減価償却引当資産，所有する建物等の修繕の
ための修繕積立資産などが挙げられる。

　一方，土地や建物等の特定資産については，通常，保有目的を示す独立の科
目とする必要はない。ただし，必要があると認められる場合には，当該科目を
使用することとなる。

また，特定資産に関連する資産項目として，公益法人認定法上の控除対象財産に含まれる「資産取得資金」と「特定費用準備資金」とがある。これらは，法人の財務に関する公益認定の基準である収支相償，公益目的事業比率，遊休財産額の計算要素あるいは調整項目として関連性を有するが，貸借対照表においては，いずれも当該資産の保有目的を示す独立の科目として特定資産に計上することが求められている。なお，「資産取得資金」と「特定費用準備資金」については，「第6章 公益法人の提出書類」（P.287）において詳述する。

▶指定正味財産を財源とする特定資産

指定正味財産を財源とする特定資産とは，寄付者等から受け入れた使途に制約が課されている資産のうち，基本財産としていないものをいう。

▶一般正味財産や負債を財源等とする特定資産

一般正味財産を財源とする特定資産とは，法人自らが特定の目的のために預金や有価証券等を当該資産の保有目的を示す科目を用いて積み立てるものをいい，減価償却引当資産，修繕積立資産等がこれに該当する。

一方，負債に対応する特定資産とは，負債の支払に充てるために預金や有価証券等を当該資産の保有目的を示す科目を用いて積み立てるものをいい，退職給付引当金に対応する退職給付引当資産等がこれに該当する。

これらの指定正味財産を財源としない特定資産は，当該資産の保有目的により法人の任意で積み立てるものである。そのため，次の事項を規定する取扱要領を理事会等の決議により定めることが望ましいとされる（実務指針（その2）（第29号）Ⅱ4.（Q10））。

① 目的
② 積立ての方法
③ 目的取崩の要件
④ 目的外取崩の要件
⑤ 運用方法
⑥ その他

3. その他固定資産

その他固定資産とは,固定資産のうち,基本財産及び特定資産以外の固定資産をいい,指定正味財産を財源とはせず,一般正味財産及び負債を財源とするものである。寄付者等から受け入れた資産で,寄付者等により資産の使途に制約が課されているものについては,指定正味財産として受け入れることとなり,貸借対照表上,基本財産又は特定の目的のための資産である特定資産として計上される。そのため,その他固定資産の財源が指定正味財産となることはない。

基本財産,特定資産及びその他固定資産と財源との関係を示すと,次のとおりである。

図表4-3 基本財産,特定資産及びその他固定資産と財源との関係

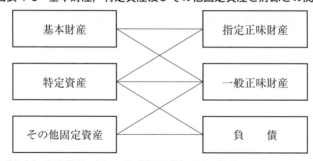

(出典)実務指針(その2)(第29号)Ⅱ2.(Q8)

なお,基本財産及び特定資産の財源等の内訳は,財務諸表上の注記事項である(「第3章 [6] 財務諸表の注記」(P.222)参照)。

第4章　財務諸表の主要な勘定科目及び会計処理　243

＜コラム＞

特定資産の管理運用について

＜特定資産の運用形態について＞

　特定資産は，特定の目的のために使途，保有又は運用方法等に制約が存在する資産です。解約に制限がある預金や満期保有目的の債券などは，長期にわたり資金化できない金融資産であるため，短期的な特定の目的のために使用することができなくなる可能性があります。また，時価が変動する金融資産を特定資産とする場合も，時価の下落により資産の帳簿価額が下落し，当初の目的が達成できなくなる可能性があります。このようなことから，流動性に支障をきたす金融資産や，時価が変動する金融資産を特定資産とする場合には，特定資産の運用形態について，その使途や使用時期を十分に考慮して決める必要があります。

＜退職給付引当資産について＞

　企業会計では，現在，退職給付引当金に見合う特定資産（退職給付引当資産）の計上は行われていませんが，公益法人会計では，当初，資金会計がその中核となっており，退職給付引当金を繰り入れたときには，その支出に充てるための特定資産を留保しておくことが望ましいとされていました。もし多額の退職給付引当金の設定がなされているにもかかわらず，それに見合った資金の留保がなされていないような場合（いわゆる紐付きでない場合），収支計算書（従来，作成されていた資金ベースの収支計算書）の資金残高に，将来の退職金に充てるための資金までも含まれることになり，すべて自由に使用できる資金であるとの誤解を与えるおそれがあるからと思われます。

　このようなことから，従来から公益法人においては，退職給付引当金に見合う特定資産（退職給付引当資産）を設定し，収支計算書において資金残高から控除する実務がなされてきました。

4. 正味財産

　正味財産とは，貸借対照表上の資産から負債を差し引いたものであり，企業会計でいうところの純資産額に相当するものである。公益法人においては，資本という概念はなく，「正味財産の部」は，財源に応じて「基金」，「指定正味財産」及び「一般正味財産」の3つの区分に大別されている。

　このうち「基金」以外の部分は，「指定正味財産」と「一般正味財産」とに分けられているが，その理由は，寄付者等から受け入れた財産に対する法人の受託責任を明確にすることである。すなわち，寄付者等の意思によって特定の目的に使途が制限されている財産を「指定正味財産」として表示し，基金，指定正味財産以外の正味財産を「一般正味財産」として表示することとしている。

　また，正味財産増減計算書においても，正味財産の区分ごとにその増減を表示することとなる。

▶基　金

　基金とは，一般社団法人（公益社団法人を含む。）に拠出された金銭その他の財産であって，拠出者との合意に基づき法人が返還義務を負うものである。これは，一般法人法の規定により，一般社団法人（公益社団法人を含む。）において設定が認められている資金調達の手段である。基金は，拠出者に対する法人の債務としての性質が強く，基金の拠出者の法人に対する地位は，法人に対する債権者であり，法人の社員としての地位とは関連性がない。また，基金制度の採用は，法人の任意事項とされており，基金自体には返還義務はあるが，使途については，法人の裁量に任されている。

　なお，ここでいう「基金」は，一般法人法により定められているものであって，平成20年基準以前の公益法人会計基準において，貸借対照表の資産の部に「○○○○基金」として設定されていた「基金」とは，異なるものである。

　基金は，その使途に制限はなく，一般正味財産と同様に，基本財産，特定資産及びその他固定資産のそれぞれに対応する。

　基金を設けた場合の貸借対照表上の科目欄は，次のように表示される。

図表4-4　基金を設けた場合における貸借対照表の正味財産の部

```
Ⅲ 正味財産の部
    1. 基金
            基金                              × × ×
            (うち基本財産への充当額)        (    × × ×    )
            (うち特定資産への充当額)        (    × × ×    )
    2. 指定正味財産
            国庫補助金                        × × ×
            寄付金                            × × ×
        指定正味財産合計                      × × ×
            (うち基本財産への充当額)        (    × × ×    )
            (うち特定資産への充当額)        (    × × ×    )
    3. 一般正味財産
        (1) 代替基金                          × × ×
        (2) その他一般正味財産                × × ×
        一般正味財産合計                      × × ×
            (うち基本財産への充当額)        (    × × ×    )
            (うち特定資産への充当額)        (    × × ×    )
        正味財産合計                          × × ×
        負債及び正味財産合計                  × × ×
```

（出典）平成20年基準の運用指針（様式1-2）

なお，一般正味財産に計上される代替基金は，基金の返還により計上される。

▶指定正味財産

指定正味財産とは，寄付によって受け入れた資産で，寄付者等の意思により当該資産の使途について制約が課された財産をいう。

寄付によって受け入れた資産のうち，指定正味財産の区分に計上される額については，平成20年基準の運用指針「7. 指定正味財産として計上される額について」において，次のように例示されている。

> 7. 指定正味財産として計上される額について
>
> 　指定正味財産として計上される額は，例えば，以下のような寄付によっ
> て受け入れた資産で，寄付者等の意思により当該資産の使途，処分又は保
> 有形態について制約が課せられている場合の当該資産の価額をいうものと
> する。
>
> (a) 寄付者等から公益法人の基本財産として保有することを指定された
> 　　土地
> (b) 寄付者等から奨学金給付事業のための積立資産として，当該法人が
> 　　元本を維持することを指定された金銭

　上記(a)，(b)は，例示として列挙されたものであるが，「当該資産の使途，処
分又は保有形態について制約が課せられている。」との記述のとおり，例示列
挙されたもの以外でも，制約の有無により指定正味財産として計上すべきもの
があると考えられる。

　寄付者等の意思により制約を受ける場合であっても，金額的な重要性，制約
期間の長短あるいは制約内容の程度により一般正味財産に計上することが認め
られている。

▶一般正味財産

　一般正味財産とは，正味財産のうち，基金，指定正味財産を除いた額であり，
法人の意思で自由に使える財産をいう。

▶指定正味財産の部から一般正味財産の部への振替え

　指定正味財産の部から一般正味財産の部への振替えについては，平成20年
基準注解や運用指針等において具体的な会計処理が規定されている。

① 　平成20年基準注解「(注15) 指定正味財産の部から一般正味財産の部
　　への振替について」では，指定正味財産に区分されている資産について，

次の(a)から(c)の事象が生じた場合に，一般正味財産の部に振り替えることを求めている。

(a) 指定正味財産に区分される寄付によって受け入れた資産について，制約が解除された場合には，当該資産の帳簿価額
(b) 指定正味財産に区分される寄付によって受け入れた資産について，減価償却を行った場合には，当該減価償却費の額
(c) 指定正味財産に区分される寄付によって受け入れた資産が災害等により消滅した場合には，当該資産の帳簿価額

(a)の「制約が解除された場合」とは，寄付提供者の求める事業の実施による制約の解除を意味する。すなわち，事業を実施することにより費用が発生したことをもって指定正味財産として受け入れた財産に対する制約が解除されたものとして捉え，費用発生額と同額を指定正味財産から一般正味財産へ振り替える。

(b)の「減価償却を行った場合」にも，(a)の「制約が解除された場合」と同様に，事業の実施により発生した費用とみなし，当該減価償却費と同額を指定正味財産から一般正味財産へ振り替える。寄付により受け入れた資産が減価償却資産の場合における，当該資産の減価償却についての取扱いを示したものである。

(c)の「災害等により消滅した場合」とは，寄付により受け入れた資産が，当初予期し得なかった災害の発生による減失や，土地等の時価の著しい下落による減損損失の計上，あるいは実質的にその資産の価値を低下させるような状況の発生などがこれに該当する。このような状況は，寄付者の当初想定していた資金使途とは異なる状況にあるため，当該資産の減少額については，実質的に指定の解除がなされたものと同様の状況にあるとみなし，当該減少額と同額を指定正味財産から一般正味財産へ振り替える。

248　第Ⅱ部　会計編

②　有価証券については，平成20年基準注解「（注11）指定正味財産に区
分される寄付によって受け入れた有価証券の会計処理について」において
規定されており，当該注解では，指定正味財産に区分される寄付によって
受け入れた有価証券を時価又は償却原価で評価する場合，従前の帳簿価額
との差額（増減額）は，正味財産増減計算書上，指定正味財産増減の部に
記載するものとして，当該金額の指定正味財産から一般正味財産への振替
えを求めていない。これは，指定正味財産として受け入れた資産の時価評
価や償却原価による価額の増減が，当該資産に対する指定の解除ではなく，
資産自体の評価損益等の計上にすぎないと考えているためである。

　他方，発行会社の破綻又はその他の理由により，株式の時価又は実質価
額が著しく下落した場合においては，回復する見込みがある場合を除き，
評価損を正味財産増減計算書上の指定正味財産増減の部に記載するととも
に，当該損失に対応する金額を指定正味財産から一般正味財産へ振り替え
ることとなる。

　以上をまとめ一覧にしたものが，次の「図表4-5」である。

図表4-5　指定正味財産から一般正味財産への振替えの要否

指定正味財産に区分された資産の状況	指定正味財産から 一般正味財産への振替え
・事業実施による使途制約の解除	要
・減価償却費の計上	要
・災害による消滅	要
・償却原価法の適用に伴う償却額（受取利息）の計上	不要
・市場価格のある有価証券の評価損益の計上	不要
・株式の時価又は実質価値の著しい下落	要
・資産の時価の著しい下落による減損損失の計上	要

　指定正味財産の部から一般正味財産の部への振替えは，正味財産増減計
算書の指定正味財産増減の部において，合計額を一括して「一般正味財産
への振替額」の名称を用いて記載する。また，一般正味財産増減額の部に

おいては，指定正味財産からの振替額を，その性格に従って，経常収益又は経常外収益として記載する。

　なお，財務諸表に対する注記において，指定正味財産から一般正味財産への振替額の内訳を記載することが求められている（「第3章 **6** 財務諸表の注記」（P. 222）参照）。

▶**有価証券に関する会計処理について**

① **債券の償却原価法と投資有価証券受取利息の計上方法**

基本財産又は特定資産として保有する債券の償却原価法による償却額と，収受した投資有価証券受取利息の計上方法をまとめると，次のとおりである。

図表 4-6　保有する債券償却原価法による償却額と収受した投資有価証券受取利息の計上方法

資　産	財　源	区分・科目	償却原価法による償却額	収受した受取利息
（基本財産）投資有価証券	指定正味財産	区分	指定正味財産増減の部	指定正味財産増減の部
		科目	基本財産受取利息	基本財産受取利息 ※
	一般正味財産	区分	一般正味財産増減の部	一般正味財産増減の部
		科目	基本財産受取利息	基本財産受取利息
（特定資産）投資有価証券	指定正味財産	区分	指定正味財産増減の部	指定正味財産増減の部
		科目	特定資産受取利息	特定資産受取利息 ※
	一般正味財産	区分	一般正味財産増減の部	一般正味財産増減の部
		科目	特定資産受取利息	特定資産受取利息

※　指定正味財産増減の部に受取利息を計上し，一般正味財産増減の部に振替えを行う。
（出典）「実務指針（その4）（第32号）（表3）」を一部加筆修正

公益法人においては，債券等の有価証券を運用し，その果実により公益目的活動を行っている法人も見られる。公益法人会計では，企業会計と同様に満期保有目的の債券について，取得価額と債券金額（額面金額）の差額の性質が金利の調整と認められるときは，償却原価法の適用が求められている（ただし，

250 第Ⅱ部 会計編

取得価額と債券金額の差額に重要性がない場合には，償却原価法を適用しない
ことも認められている。）。さらに，公益法人会計では，法人の保有する債券等
の財源が，指定正味財産なのか一般正味財産なのかにより会計処理が異なって
いる。

② 時価のある有価証券の評価損益の計上方法

基本財産又は特定資産として保有する有価証券の評価損益の計上方法をまと
めると，次のとおりである。

図表 4-7 保有する有価証券の評価損益の計上方法

資産	財源	区分・科目	通常の時価評価	著しい下落（減損損失）
（基本財産）投資有価証券	指定正味財産	区分	指定正味財産増減の部	一般正味財産増減の部 ＊
		科目	基本財産評価損（益）	投資有価証券減損損失
	一般正味財産	区分	一般正味財産増減の部	一般正味財産増減の部
		科目	基本財産評価損益等	投資有価証券減損損失
（特定資産）投資有価証券	指定正味財産	区分	指定正味財産増減の部	一般正味財産増減の部 ＊
		科目	特定資産評価損（益）	投資有価証券減損損失
	一般正味財産	区分	一般正味財産増減の部	一般正味財産増減の部
		科目	特定資産評価損益等	投資有価証券減損損失

＊ 減損損失相当額を指定正味財産増減の部から一般正味財産増減の部に振り替
え，一般正味財産増減の部において，投資有価証券減損損失が計上される。

満期保有目的の債券や子会社株式，関連会社株式以外の時価のある有価証券
を保有している場合は，その有価証券は時価をもって貸借対照表に計上する必
要があり，評価損益を計上することが求められる。この評価損益についても，
その財源が指定正味財産か，一般正味財産かで会計処理が異なることとなり，
また，その評価損益の性質が通常の評価損益なのか時価の著しい時価の下落に
伴う評価損（いわゆる減損損失）なのかにより会計処理が異なることとなる。

第4章　財務諸表の主要な勘定科目及び会計処理　251

＜コラム＞

指定正味財産を財源とする有価証券及び固定資産に関する会計処理について

　指定正味財産を財源とする有価証券及び固定資産について会計処理を示すと，次のとおりです。

【1】有価証券の時価評価（特定資産の例）
　　○　通常の評価損益の計上の場合

　　　　特定資産評価損（指定）200　　／　　○○積立資産（B/S）　200
　　　　　　　　　　　　　　　　　　　　　　（内容は投資有価証券）

　　○　時価が著しく下落した場合（いわゆる強制評価減）

　　　　一般正味財産
　　　　への振替額（指定）800　　／　　受取寄付金振替額（一般）800

　　　　投資有価証券
　　　　減損損失（一般）800　　／　　○○積立資産（B/S）　800
　　　　　　　　　　　　　　　　　　　　　　（内容は投資有価証券）

　上記のとおり，指定正味財産を財源とする有価証券については，通常の評価損益を計上した場合に，一般正味財産増減の部への振替えは行いません。
　一方，時価が著しく下落し，強制評価減をした減損損失相当額については，指定正味財産増減の部から一般正味財産増減の部（経常外収益）に振り替えるとともに，一般正味財産増減の部において，投資有価証券減損損失が計上されます。

【2】有価証券の受取利息（特定資産の例）
＜償却原価法を適用している場合＞

　①　現金預金で利息を受け取った時
　　　現金預金（B/S）400　　／　　特定資産受取利息（指定）400
　　　一般正味財産
　　　への振替額（指定）400　　／　　特定資産受取利息（一般）400
　　　　　　　　　　　　　　　　　　　（又は特定資産受取利息振替額）

　②　期末に償却原価法を適用した時（債券金額より高い価額での取得）
　　　特定資産受取利息（指定）300　　／　　○○積立資産（B/S）　300
　　　　　　　　　　　　　　　　　　　　　　（内容は投資有価証券）

252　第Ⅱ部　会計編

<償却原価法を適用していない場合（原価法適用）＞

　○　現金預金で利息を受け取った時
　　現　金　預　金（B/S）　400　／　特定資産受取利息（一般）　400

　本文に述べられているとおり，有価証券の受取利息を指定正味財産増減の
部から一般正味財産増減の部へ振り替えるかどうかは，法人が有価証券に対
して，償却原価法を適用しているか否かにより異なります。
　法人が，指定正味財産を財源とする有価証券により収受した受取利息につ
いては，償却原価法を適用している場合には，一旦，指定正味財産の部で収
受した受取利息を計上した後，指定正味財産増減の部から一般正味財産増減
の部（経常収益）に振替えを行います。
　一方，償却原価法を適用していない場合は，一般正味財産増減の部において，
収受した受取利息が計上されますが，指定正味財産増減の部には，計上しないた
め，指定正味財産増減の部から一般正味財産増減の部に振替えは行いません。
なお，償却原価法を適用していない場合でも，一旦，指定正味財産の部で収
受した受取利息を計上した後，指定正味財産増減の部から一般正味財産増減
の部（経常収益）に振替えを行うところも見られます。

【3】固定資産の減価償却
<寄付金等により建物を購入し，減価償却を実施した場合＞

　①　寄付金を受け取り，建物を購入した時
　　現　金　預　金（B/S）　5,000　／　受　取　寄　付　金（指定）　5,000
　　建　　　　　物　　　　5,000　／　現　金　預　金（B/S）　5,000
　　（B/S 基本財産又は特定資産）

　②　期末に減価償却をした時
　　減　価　償　却　費（一般）　100　／　建　　　　　物　　　　100
　　　　　　　　　　　　　　　　　　　（B/S 基本財産又は特定資産）

　　一 般 正 味 財 産
　　へ の 振 替 額（指定）　100　／　受取寄付金振替額（一般）　100

　上記のとおり，減価償却費相当額は，指定正味財産増減の部から一般正味
財産増減の部（経常収益）に振り替えられることとなります。

第4章 財務諸表の主要な勘定科目及び会計処理 253

【4】 固定資産の減損
＜寄付金等により土地を購入し，減損損失を計上した場合＞

① 寄付金を受け取り，土地を購入した時

現　金　預　金 (B/S)　18,000　／　受 取 寄 付 金（指定）　18,000
土　　　　　地　　　　18,000　／　現　金　預　金 (B/S)　18,000
(B/S 基本財産又は特定資産)

② 期末に減損損失を計上した時

土 地 減 損 損 失（一般）　10,000　／　土　　　　　地　　　　10,000
　　　　　　　　　　　　　　　　　(B/S 基本財産又は特定資産)

一 般 正 味 財 産
へ の 振 替 額（指定）　10,000　／　受取寄付金振替額（一般）　10,000

上記のとおり，減損損失相当額は，指定正味財産増減の部から一般正味財産増減の部（経常外収益）に振り替えられることとなります。

---

② 公益法人会計における正味財産増減計算書に特有な勘定科目と会計処理等

1. 正味財産増減計算書における会計区分

公益法人会計では，会計区分の設定が求められ（「第2章 ③ 会計区分」(P. 193) 参照），すべての公益法人及び移行法人は，正味財産増減計算書内訳表を作成し，会計区分ごとに正味財産の増減の状況を明らかにする必要がある。会計区分は，公益法人と移行法人とで異なっており，公益法人においては「公益目的事業会計」，「収益事業等会計」及び「法人会計」の3区分により表示され，移行法人においては「実施事業等会計」，「その他会計」及び「法人会計」の3区分で表示される。

以下では，公益法人を前提として発生する収益及び費用の各会計区分等への計上方法について説明する。

2. 収益の会計区分ごとの集計方法

▶収益の勘定科目

法人が獲得した収益は，公益目的事業会計，収益事業等会計及び法人会計の3つの会計区分に計上する。以下，公益法人において発生が予想される収益の勘定科目について説明する。

① 基本財産及び特定資産の運用益

基本財産や特定資産は，保有目的が他の資産と異なるものとして，貸借対照表上，他の資産と区分して表示し，基本財産及び特定資産の運用により発生した収益についても，基本財産又は特定資産の保有区分に基づいて，基本財産運用益又は特定資産運用益の勘定科目を用いて計上する。

これら基本財産運用益又は特定資産運用益は，公益目的事業のために保有している基本財産や特定資産から生じたものについては，公益目的事業会計の収益として計上し，一方，収益事業等や法人の管理運営のために保有している基本財産や特定資産から生じたものについては，収益事業等会計や法人会計の収益として計上する。

② 受取入会金及び受取会費

公益社団法人では，会員からの会費を基本的な収益源として運営がなされているケースが多い。この会費は，社員の資格に基づくものか否かにより会計処理が異なってくる。

定款の定めに基づいて徴収した社員の資格に基づく会費のうち，その徴収に当たり使途が定められていないものについては，徴収した会費のうち50％を公益目的事業会計の共通の収益として計上し，残る50％を法人会計に計上する。一方，公益社団法人の社員の資格に基づかない会費や公益財団法人の会費については，寄付金と同様の取扱いとなり，使途が定められていないものは，その全額を公益目的事業会計に共通の収益として計上する。

なお，会費の徴収に当たり，その使途についての具体的な割合を内部規程

により定めている場合には，その割合に応じた金額を各会計区分に計上することが認められている。

③　事業収益

　事業収益は，法人の事業活動から生じる収益であり，「○○事業収益」の勘定科目を用いて計上する。

④　受取寄付金及び受取補助金等

　公益法人が寄付金や補助金を収受した場合，寄付者等により，その使途が特定されている場合には，当該公益目的事業の収益として計上し，一方，使途が特定されていない場合には，公益目的事業会計の共通収益として共通区分の収益に計上する。

　ただし，寄付者等により，その使途が特定されていない場合であっても，法人において内部規程により寄付金等の一部について公益目的事業以外への使用を定めている場合には，その部分については定められた使途に従った会計区分へ計上する。

▶公益目的事業のみを実施する法人の取扱い

　公益目的事業のみを実施する法人においては，使途の定めがなく受け入れた寄付金や公益目的事業の事業収益及び基本財産等の運用益を，適正な範囲内で法人の管理運営に要する費用である管理費に充当することができる。この場合，割り振られた当該収益は，法人会計の収益として計上する。

256 第Ⅱ部　会計編

3. 費用の会計区分ごとの集計方法

　公益法人会計では，公益法人の費用は，正味財産増減計算書上，事業費と管理費の大区分に分けて表示される。このうち事業費については，法人の事業の目的達成のために要する費用として公益目的事業会計あるいは収益事業等会計の各事業に計上する。他方，管理費は，法人の管理運営のために要する費用として法人会計に計上する。

▶直接費用の集計方法
　各事業部門や管理部門において個別的直接的に発生する費用は，その属する会計区分の費用として計上する。

▶共通費用の集計方法
　複数の事業又は会計区分にまたがって共通して発生する費用は，適切な配賦基準を用いて，それぞれの事業又は会計区分に按分して計上する。

　各会計への共通費用の合理的な配賦基準として，公益認定等ガイドラインでは，次のものが例示されている。

図表 4-8　共通費用の配賦基準の具体例

配賦基準	適用される共通費用
・建物面積比	地代，家賃，建物減価償却費等
・職員数比	福利厚生費，事務用消耗品費等
・従事割合	役員報酬，職員給料，賞与，賃金等
・使用割合	備品減価償却費，機器リース料等
・事業費比率	個別に分類できない管理費等

（出典）「公益認定等ガイドライン I -7(1)」を一部加筆修正

＜コラム＞

事業費と管理費について

　事業費と管理費については，公益認定等ガイドラインにおいて規定されています。それによると，事業費とは，当該法人の事業の目的のために要する費用であり，管理費とは，法人の事業を管理するために，毎期経常的に要する費用です。管理費の例示として，社員総会・評議員会・理事会の開催運営費，登記費用，理事・評議員・監事の報酬，会計監査人の監査報酬等があります。

　他方，事業費に含めることができる例示として，専務理事等の理事報酬，事業部門の管理者の人件費等があります。これらは，公益目的事業（実施事業等）への従事割合に応じて公益目的事業費（実施事業等の事業費）に配賦することができるとされています。

　また，管理部門（法人本部における総務，会計，人事，厚生等の業務を行う部門）で発生する費用（職員の人件費，事務所の賃借料，光熱水費等）は，事業費に算入する可能性のある費用であり，法人の実態に応じて算入するとされています（公益認定等ガイドラインⅠ-7(1)①）。

　理事，監事の役員報酬（定款で，「役員は無報酬とする。ただし，常勤の役員及び特別な職務を執行した役員には，その対価として報酬を支給することができる。」としている法人が多いようです。）は，通常は，管理費と考えられますが，上記のとおり，事業費へ配賦することも認められています。常勤の理事等の職務の実態を適切に表す配賦基準により，事業費へ配賦することが考えられます。また，管理部門で発生する費用についても，その全額を管理費として処理するのではなく，法人の実態を表す配賦基準を定め，事業費へ配賦することが考えられます。なお，公益法人においては，交際費を公益目的事業費とすることは，科目の性質上，特に想定されていないと考えられます。

　共通費用の取扱いについては，厳密な配賦計算は実務上の困難を伴うことから，公益法人認定法施行規則第19条及びFAQ問Ⅵ-2-③(区分経理)において，次のような簡便的な処理方法が定められている。

- 配賦することが困難な費用額は，当該費用額が公益実施費用額と収益等実施費用額とに関連する費用額の場合には，収益等実施費用額とすることができる。
- 配賦することが困難な費用額は，当該費用額が公益実施費用額又は収益等実施費用額と管理運営費用額とに関連する費用額の場合には，管理運営費用額とすることができる。
- 公益目的事業に係る事業費で各事業に配賦することが困難な費用は，公益目的事業に関する会計の中で「共通」の会計区分を設けて配賦することができる。
- 収益事業等に係る事業費で収益事業とその他の事業とに配賦することが困難な費用は，収益事業に係る費用に配賦することができる。
- 収益事業又はその他の事業のそれぞれにおいて，各事業に配賦することが困難な費用は，それぞれの会計の中で「共通」の会計区分を設けて配賦することができる。

　このように簡便的な取扱いが認められているが，共通費用について，管理費用や収益事業の費用として計上することは，公益財務計算における収支相償や公益目的事業比率の計算上，公益法人に不利になる。そのため，共通費用の配賦計算については，安易に簡便的な基準を採用するのではなく，なるべく法人の実態を反映するような基準を用いて配賦計算を行うことが望ましいと考えられる。

③ その他の公益法人会計に特有な会計処理等

ここでは，先に「①　公益法人会計における貸借対照表に特有な勘定科目と
会計処理等」(P.235)，「②　公益法人会計における正味財産増減計算書に特有な
勘定科目と会計処理等」(P.253) において説明した事項以外で，公益法人会計
に特有な，次の4つの会計処理について説明する。

① 他会計振替額と他会計との貸借勘定
② 補助金等の会計
③ 税効果会計
④ 固定資産の減損会計

1. 他会計振替額と他会計との貸借勘定

▶他会計振替額

公益法人では，法人の事業活動において，公益目的事業区分のほかに収益事
業区分とその他の事業区分を複数有する場合があり，収益事業等において発生
した利益を公益目的事業で利用するケースが想定されている。このような場
合，会計区分間での利益等の振替えを行うことにより，各会計区分の正味財産
額が変動することとなる。

会計区分間での利益等の振替えによって生じる正味財産の増減額を処理する勘
定科目が「他会計振替額」である。他会計振替額を用いて会計区分間で資産及
び負債を移動させることにより，各会計において正味財産の増減が生じることとなる。

例えば，収益事業等会計において生じた利益について，現金預金等の資産を
移動することにより公益目的事業会計に振り替えた場合，収益事業等会計の現
金預金等の資産と正味財産が減少し，公益目的事業会計の現金預金等の資産と
正味財産が増加することとなる。

なお，他会計振替額は，正味財産増減計算書内訳表上，「当期経常外増減額」
と「当期一般正味財産増減額」の間で表示される。

▶他会計との貸借勘定

「他会計との貸借勘定」とは，会計区分間の資金の一時的な貸借関係や，収益又は費用の一時的な立替等を処理する勘定科目であり，貸借対照表内訳表上，各会計区分の資産の部又は負債の部に計上される。他会計との貸借勘定は，他会計振替額とは異なり，内部取引として貸借対照表内訳表において相殺消去され，各会計区分において正味財産の増減を生じさせない。

なお，他会計との貸借勘定に関して，実務上使用されている勘定科目は，「他会計勘定」や「仮払金・仮受金」など法人によって様々である。

「他勘定との貸借勘定」も「他会計振替額」と同様に，会計区分間の資産と負債の移動に関する会計処理に使用する勘定科目であるが，他勘定との貸借勘定は，あくまでも一時的な資金等の貸借関係を処理する勘定科目であり，将来において解消（例えば，資金の貸借が生じた場合は，その精算）が求められるものである。また，他会計との貸借勘定は，後述する「他会計振替の制約」にあるような制限は設けられていないが，貸借関係の精算が困難になったような場合には，他会計振替額により正味財産の増減を通じて，その処理をする必要がある。

第4章　財務諸表の主要な勘定科目及び会計処理　261

＜コラム＞

「他会計振替額」と「他会計との貸借勘定」の会計処理について

　非営利法人委員会研究資料第4号では，「他会計振替額」は，他の会計区分における収益又は利益を振り替える会計区分間の取引が発生した場合に用いる科目として，会計区分間の資産及び負債の移動（内部貸借取引を除く。）を意味し，収益・費用の按分を処理する科目ではないことについて留意を促しています。

≪他会計振替額≫（各会計において，正味財産の増加と減少が生じる。）
　＜事例＞
　　収益事業等に計上されている建物50,000のうち30,000について，公益目的事業に使用することに変更された。なお，対価の精算は行わない。

（公益目的事業会計）
　　建　　　　　物（B/S）　30,000　／　他会計振替額（一般）　30,000
（収益事業等会計）
　　他会計振替額（一般）　30,000　／　建　　　　　物（B/S）　30,000

≪他会計との貸借勘定≫（各会計において，正味財産の増加と減少が生じない。）
　＜事例＞
　　収益事業等に計上されている建物50,000のうち30,000について，公益目的事業に使用することに変更された。なお，後日，対価の精算を行う。

（公益目的事業会計）
　　建　　　　　物（B/S）　30,000　／　収益事業等会計（B/S）　30,000
（収益事業等会計）
　　公益目的事業会計（B/S）　30,000　／　建　　　　　物（B/S）　30,000

内部勘定の精算として30,000を現金預金で行った。

（公益目的事業会計）
　　収益事業等会計（B/S）　30,000　／　現　金　預　金（B/S）　30,000
（収益事業等会計）
　　現　金　預　金（B/S）　30,000　／　公益目的事業会計（B/S）　30,000

▶他会計振替額の算定

① 他会計振替の制約

　会計区分間の収益又は利益の振替えは，一般社団法人及び一般財団法人においては，特段の制約はないが，公益法人においては，公益法人認定法第18条により，公益目的事業会計から収益事業等会計及び法人会計への振替えが認められていない。

　以下，次の「図表4-9」をもとに，公益法人における各会計間での振替えの可否について説明する。

図表4-9　各会計間の振替えの可否

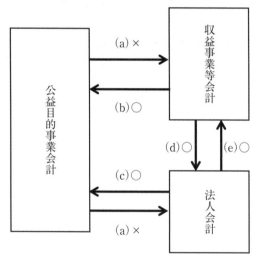

（出典）非営利法人委員会研究資料第4号「貸借対照表内訳表及び正味財産増減計算書内訳表の作成と会計処理について」Ⅲ 5.(Q8) を一部加筆修正

(a)　公益目的事業会計から収益事業等会計又は法人会計への振替え……（×）

　　公益法人認定法第18条では，公益目的事業財産は，「公益目的事業を行うために使用し，又は処分しなければならない」と規定されている。したがって，公益法人においては，公益目的事業会計から収益事業等会計及び法人会計への振替えは，できないこととされている。

(b) 収益事業等会計から公益目的事業会計への振替え……………………（○）

　公益法人では，収益事業等から生じた利益のうち50％は，公益目的事業財産として取り扱うものとされ，収益事業等会計から公益目的事業会計への振替えが強制されている（認定法18四，認定法規則24）。

　なお，公益目的事業の財源確保のため，法人が任意に50％を超えて振り替えることが認められている（認定法規則26七，八）。

(c) 法人会計から公益目的事業会計への振替え……………………………（○）

　公益法人認定法施行規則第26条第八号では，定款又は社員総会若しくは評議員会において，公益目的事業のために使用し，又は処分する旨を定めた額に相当する財産の移動は可能であるとしている。そのため，収益事業等からの振替えと同様に，法人会計においても，公益目的事業会計への振替えは，問題ないものと考えられる。

(d) 収益事業等会計から法人会計への振替え……………………………（○）

　収益事業等会計から法人会計への振替えを制限する規定は特段ないが，法人運営に係る財源を確保する必要性から，振替えは，問題ないものと考えられる。

(e) 法人会計から収益事業等会計への振替え……………………………（○）

　収益事業等には，その他の事業として共益的な事業である相互扶助などの事業も含まれている（「第2章 ③ 会計区分」（P.193）参照）。法人会計から収益事業等会計への振替えについても，特段制限する規定はないが，その他の事業における財源を確保する必要性から，振替えは，問題ないものと考えられる。

264　第Ⅱ部　会計編

<コラム>

法人会計から収益事業等会計への振替えについて

　法人会計から収益事業等会計への収益又は利益の振替えは，前記の本文(e)において問題ないものと考えられると結論付けています。

　しかし，公益法人において収益事業等は，公益目的事業を実施するための財源を確保するために行われるものであると考えられることから，法人会計の収益又は利益の収益事業等会計への振替えについては，必ずしも問題がないとは，言い切れないと思われます。

　公益法人認定法においては，収益事業等を行うことによって公益目的事業の実施に支障を及ぼすおそれがないことを求めており（認定法5七），公益認定等ガイドラインⅠ-6では，公益目的事業の実施に支障を及ぼすおそれとして，収益事業等への資源配分が例として挙げられています。

　収益事業等が毎期赤字続きで，法人会計から収益又は利益の振替えがなければ立ち行かないような状況においては，収益事業等が公益目的事業の実施に支障をきたしていないか，あるいは，収益事業として継続すべきか否かの検討が必要になるものと思われます。

②　繰入額の算定方法

　前記①(b)のとおり，公益法人においては，公益法人認定法により収益事業等から生じた利益の50％は，公益目的事業会計へ繰り入れることが強制されている。また，公益目的事業の財源確保のために法人が必要と認めた場合には，50％を超えて利益の100％までを繰り入れることが認められている。

　なお，収益事業等における「利益」は，次の算式で求められる。

収益事業等の利益額　＝
　収益事業等の利益* － 法人会計の管理費のうち収益事業等に按分される額

　＊　正味財産増減計算書内訳表上の収益事業等会計の利益

　管理費の按分方法については，特段，法令等による定めはなく，合理的な基準であればよいとされている。したがって，「②3.費用の会計区分ごとの

集計方法」(P.256) の共通費用の配賦基準と同様に，管理費の発生に関連性のある比率又は割合を用いることが望ましいと考えられる。

なお，定期提出書類については，「第6章 公益法人の提出書類」(P.287) で記載しているが，仮に，管理費の按分に事業費比率を用いた場合には，次の算式で，収益事業の利益及びその他の事業の利益が計算されることとなる。

収益事業等の利益額 ＝

収益事業等会計の利益 － 法人会計の管理費 × $\dfrac{収益事業等の事業費^*}{公益事業費 + 収益事業等の事業費^*}$

＊「収益事業等」は，「収益事業」と「その他の事業」からなる。

上記の算定式により算定された利益額の50％（法人の判断で任意に50％超とすることもできる。）を他会計振替額として公益目的事業へ繰り入れることになる。具体的な配賦計算と仕訳の事例は，＜コラム＞「収益事業等会計から公益目的事業会計への利益の繰入れについて」(P.266) で示している。

なお，収益事業とその他の事業のどちらかの利益額がマイナスの場合には，収益事業とその他の事業の利益の相殺は行わず，利益額がプラスになった事業の利益額の50％の額が繰り入れられることになる。

266　第Ⅱ部　会計編

＜コラム＞

収益事業等会計から公益目的事業会計への利益の繰入れについて

≪収益事業等から公益目的事業への利益の繰入れ≫

＜事例＞

　管理費は事業費の比率で按分し，収益事業等から生じた利益の50％を公益目的事業に繰り入れるものとする。

〔収益事業とその他の事業がともに黒字の場合の計算例〕

(1) 収益事業等会計に按分される管理費

　　管理費（法人会計の経常費用計）150

　　$\times \dfrac{\text{収益事業等会計の経常費用計}\,500}{\text{（公益目的事業会計の経常費用計}\,1,000＋\text{収益事業等会計の経常費用計}\,500）}$

　　＝　50

(2) 収益事業等会計から生じた利益

　　収益事業等会計の利益 120－収益事業等会計の管理費相当額 50　＝　70

(3) 公益目的事業への利益の繰入額

　　収益事業等会計から生じた利益 70×50％　＝　35

（収益事業等会計）

他 会 計 振 替 額（一般）	35	／	税引前当期一般 正味財産増減額	35

（公益目的事業会計）

税引前当期一般 正味財産増減額	35	／	他 会 計 振 替 額（一般）	35

〔収益事業とその他の事業のいずれかが赤字の場合の計算例〕

　公益法人は，収益事業等から生じた利益のうち，50％を公益目的事業財産として，収益事業等会計から公益目的事業会計への振替えが義務付けられています（認定法18④）。

しかしながら，規定からは，収益事業が黒字であって，その他の事業が赤字の場合，あるいはその逆のような場合において，ネット利益の50％を公益目的事業に振り替えるべきか，黒字となっている事業についてのみ，その50％を公益目的事業に振り替えるべきかの判断が明確ではありません。

〔収益事業等の振替額を計算するための計算表〕

科　目	公益目的事業会計	収益事業等会計			法人会計
		収益事業	その他の事業	小　計	
・ ・	・ ・	・ ・	・ ・	・ ・	・ ・
経常費用計	5,000	900	100	1,000	3,600
当期経常増減額	△ 10	600	50	650	120
按分される管理費	△ 3,000	△ 540	△ 60	△ 600	
利益額		60	△ 10	50	
公益目的事業への 利益の振替額		30	―		

　これについては，「定期提出書類の手引き　公益法人編　別表Ａ(3)収益事業等の利益から公益目的事業財産への繰入額の計算」における「ⓐ管理費のうち収益事業・その他事業に按分される額の控除」の事例において，黒字となっている収益事業の利益額の50％を公益目的事業に振り替える計算例が示されています。このことから，収益事業とその他の事業の損益をネットした金額(上記計算表では，50)の50％を振り替えるのではなく，黒字となっている事業の金額(上記計算表では，60)の50％について振り替えることが読み取れます。

268　第Ⅱ部　会計編

2.　補助金等の会計

　平成 20 年基準注解及び同基準の運用指針において，補助金等とは，国や地方公共団体又は民間の団体等から交付を受けるもので，補助金，負担金，利子補給金及びその他相当の反対給付を受けない給付金等と定義付けている。なお，補助金等には，役務の対価としての委託費等は含まないとされている。

　以下，補助金等に関する会計処理について説明する。

▶補助金等を受け入れた場合の会計処理

　法人が国又は地方公共団体等から補助金等を受け入れた場合，原則としてその受入額を受取補助金等として指定正味財産増減の部に記載し，補助金等の目的たる支出が行われる毎に当該金額を指定正味財産から一般正味財産に振り替えられる（指定正味財産の部から一般正味財産の部への振替えについては，「1　4.正味財産」（P.244）を参照のこと）。

　なお，事業年度末までに目的たる支出を行うことが予定されている補助金等を受け入れた場合，その受入額を受取補助金等として直接一般正味財産増減の部に記載することが認められている。

▶補助金等交付業務の代行を行う場合の会計処理

　法人が国や地方公共団体等から受けた補助金等であっても，それが補助金等交付業務の代行であるような場合は，当該補助金等は法人に対して，補助金の支給代行をさせる目的で一時的に支払われたものであるということができる。そのため，補助金を受け取った法人は，当該補助金が実質的には預り金の性格を有するものであるため，預り補助金等として貸借対照表の負債の部に計上する必要がある。

第4章　財務諸表の主要な勘定科目及び会計処理　269

＜コラム＞

返還義務がある補助金等の会計処理について

　未使用額の返還義務がある補助金等について，対象事業の途中で決算期末を迎えた場合には，次のような会計処理が考えられます。

　法人によっては，決算期末において，先に受け取った返還義務のある補助金等のすべてを使い切っていない場合があります。そのような場合，受け取った補助金等のうち，事業年度末までに使用していない部分は，通常は指定正味財産に残ることになりますが，未使用の返還義務がある補助金等の場合，「預り助成金」，「預り補助金」などの勘定科目を用いて，負債に計上することも考えられます。

　以下が，その具体例です。

【具体例】

　公益財団法人○○より，平成×1年1月1日から平成×1年12月31日の期間で○○事業を実施することを目的とした助成金100万円の交付を受けた。当該助成金には，未使用額について返還義務が課されている。助成金は，平成×0年12月に全額入金されており，○○事業の実施は，決算期末の平成×1年3月31日時点において，当該事業に係る費用として75万円を計上している。なお，この法人の決算期末は3月末である。また，特定資産への計上は省略している。

＜平成×1年3月期の会計処理＞　　　　　　　　　　　　　　　（単位：円）

① 助成金の入金時の仕訳

　　現 金 預 金（B/S）　　1,000,000 ／ 受取民間助成金（指定）　1,000,000

② 期中の支出時の仕訳

　　○ ○ 事 業 費（一般）　　750,000 ／ 現 金 預 金（B/S）　　750,000

　　一 般 正 味 財 産（指定）
　　へ の 振 替 額　　　　　　750,000 ／ 受 取 補 助 金（一般）
　　　　　　　　　　　　　　　　　　　 等 振 替 額　　　　　　750,000

③ 決算期末の仕訳

　　受取民間助成金（指定）　　250,000 ／ 預り民間助成金（B/S）　250,000

270　第Ⅱ部　会計編

3. 税効果会計

▶概　要

　税効果会計は，会計上の収益又は費用と，課税所得計算上の益金又は損金の認識時点の相違により，会計上の資産又は負債の額と，課税所得計算上の資産又は負債の額に相違が生じている場合において，法人税その他利益に関連する金額を課税標準とする税金の額（以下「法人税等」という。）を適切に期間配分し，法人税等を控除する前の当期純利益（税引前当期一般正味財産増減額）と法人税等を合理的に対応させることを目的として行われる。

　税効果会計においては，貸借対照表上の資産及び負債の額と課税所得計算上の資産及び負債の額との差額が，一時差異として認識される。なお，一時差異には，差異発生時において課税所得の計算上加算され，将来において支払う税金を減算させる効果を有する「将来減算一時差異」と，差異発生時において課税所得の計算上減算され，将来において支払う税金を加算させる効果を有する「将来加算一時差異」がある。また，税務上の繰越欠損金についても，一時差異と同様の効果を有すると考えられるため，税効果会計においては，一時差異に準ずるものとして取り扱われる。

　一時差異等に，将来回収又は支払が行われると見込まれる期の税率を乗じた金額が，原則として繰延税金資産又は繰延税金負債として貸借対照表上に計上される。それとともに，当期の法人税等として納付すべき額及び税効果会計の適用による法人税等の調整額が正味財産増減計算書に計上される。これにより，将来の税負担の影響を正しく反映することが可能となる（実務指針（その2）（第29号）Ⅵ 1.（Q20））。

▶重要性が乏しい場合の取扱い

　法人が，法人税法上の収益事業を実施している場合，原則として税効果会計の適用が求められるが，収益事業に係る課税所得の額に重要性が乏しい場合には，税効果会計を適用しないことが認められている（実務指針（その2）（第29号）Ⅵ 2.（Q21））。具体的には，収益事業の規模に重要性が認められない場合，あ

るいは，過年度及び当年度に発生した一時差異等に係る税金の額に重要性が認められない場合が該当する。

▶適用する税率

① 対象となる税金

　法人が獲得した利益を課税標準とする税金として，国税である法人税のほか，地方税である住民税（法人住民税）及び事業税の所得割がある。

② 税　率

　税効果会計の適用においては，一時差異等に対して，回収又は支払が行われると見込まれるそれぞれの期の法定実効税率を乗じることにより，繰延税金資産又は繰延税金負債の金額を計算する。なお，法定実効税率は，次の算式により求められる。

$$\text{法定実効税率} = \frac{\text{法人税率} \times (1 + \text{地方法人税率} + \text{住民税率}) + \text{事業税率}^{※1}}{1 + \text{事業税率}^{※1}}$$

> ※1　事業税率には，地方法人特別税が含まれる。
> 　2　公益法人においては，税制上の優遇措置としてみなし寄付金の制度があり，所得金額の50％以上の額を，収益事業が支出した寄付金とみなして法人税法上の損金として処理することができる。なお，みなし寄付金の制度を利用した場合，法定実効税率の計算にはみなし寄付金の率を考慮する必要がある。

▶繰延税金資産の回収可能性

税効果会計の適用に際しては，繰延税金資産の回収可能性の判断が重要となる。

　繰延税金資産の回収可能性の判断に当たっては，次の3つの要件を考慮する必要がある。

(a)　収益力に基づく課税所得の十分性

　課税所得の十分性は，法人の収益事業の経常的な収益力に基づいて判断される。この場合，過年度の納税状況や将来の業績予測等を基に，合理的な見

積りを行うことが求められる。

(b) タックスプランニングの存在

　経常的な収益力が不安定であっても，将来の資産の売却により課税所得が発生する可能性が高いと認められる場合には，繰延税金資産の計上が可能となる。その際，資産の売却等に係る意思決定が法人の理事会等による機関において承認や決裁がなされているなど，売却等が確実に実行される見込みが担保されていることが必要となる。

(c) 将来加算一時差異の十分性

　将来減算一時差異の解消年度において，将来加算一時差異の解消が見込まれることが要件となる。

▶財務諸表上の表示

① 貸借対照表上の表示

　繰延税金資産は，将来の法人税等の支払額を減額する効果を有し，法人税等の前払額に相当するものとして，資産の部に計上される。一方，繰延税金負債は，将来の法人税等の支払額を増額する効果を有し，法人税等の未払額に相当するものとして，負債の部に計上される。流動区分と固定区分のいずれに計上するかは，将来解消される一時差異等の性質に基づき決定される。

　また，流動資産に計上された繰延税金資産と流動負債に計上された繰延税金負債，及びその他固定資産に属する繰延税金資産とその他固定負債に属する繰延税金負債がある場合には，流動区分と固定区分ごとに，それぞれ相殺して表示する。

② 正味財産増減計算書上の表示

　正味財産増減計算書においては，一般正味財産増減の部における税引前当期一般正味財産増減額と当期一般正味財産増減額の間に「法人税，住民税及び事業税」と「法人税等調整額」の科目を用いて表示する。また，正味財産増減計算書内訳表においては，収益事業等会計に計上されることとなる。

③　財務諸表に対する注記

　財務諸表に対する注記については,「重要な会計方針」として,税効果会計を適用している旨を記載するとともに,「税効果会計関係」として「繰延税金資産及び繰延税金負債の発生の主な原因別の内訳」,「法人税法上の非収益事業と収益事業の区分」及び「法人税法上の収益事業に係る法定実効税率と税効果会計適用後の法人税等の負担率との差異の原因となった主な項目別の内訳」を記載する。

<コラム>

公益法人会計におけるリース会計について

　公益法人会計において，リース会計は，企業会計におけるリース会計と基本的に変わるところはありません。

【1】リース取引

　リース取引とは，特定の物件の所有者たる貸手が，当該物件の借手に対してリース期間にわたり使用収益する権利を与え，借手はリース料を貸手に支払う取引をいいます。

　また，リース取引は，ファイナンス・リース取引とオペレーティング・リース取引の2種類に分けられます。

　(1) ファイナンス・リース取引

　　ファイナンス・リース取引とは，リース契約に基づくリース期間の中途において当該契約を解除することができないリース取引又は解約に伴って違約金が発生するなど，これに準ずるリース取引をいいます。借手は，リース物件の所有者ではありませんが，リース物件から経済的利益を実質的に享受することができ，当該リース物件の使用に伴い生じるコストを実質的に負担することとなります。

　　ファイナンス・リース取引には，リース物件の所有権が借手に移転すると認められる「所有権移転ファイナンス・リース取引」と，リース物件の所有権が借手に移転すると認められるもの以外の「所有権移転外ファイナンス・リース取引」とがあります。

　(2) オペレーティング・リース取引

　　オペレーティング・リース取引とは，ファイナンス・リース取引以外のリース取引をいいます。

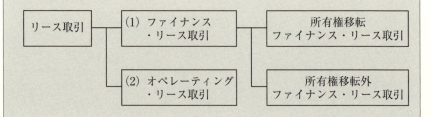

(3) ファイナンス・リース取引とオペレーティング・リース取引の区分の判定

　次のいずれかに該当する場合には，ファイナンス・リース取引と判定されます。

　① 現在価値基準

　　リース料総額の現存価値が当該リース物件を現金で購入するものと仮定した場合の合理的見積金額の概ね90％以上である場合

　② 経済的耐用年数基準

　　解約不能のリース期間が当該リース物件の経済的耐用年数の概ね75％以上である場合

　判定の対象には土地，建物等の不動産のリース取引（契約上，賃貸借取引となっているものを含む。）も含まれます。ただし，土地については，所有権の移転条項又は割安購入選択権の条項がある場合を除き，通常はオペレーティング・リース取引に該当することが多いと考えられます。

【2】リース取引の会計処理

(1) ファイナンス・リース取引の会計処理

　ファイナンス・リース取引は，実質的には借入により調達した資金で資産を購入した場合と変わるところはなく，売買取引に係る方法に準じて会計処理が行われます。

　具体的には，リース取引開始日にリース物件とこれに係る債務をリース資産及びリース負債として計上します。リース資産とリース負債の計上額は，リース料総額を割り引いた現在価値と貸手の購入価額（明らかでない場合は借手の見積現金購入価額）のいずれか低い額となります。

　また，支払リース料は，利息相当部分と元本返済部分に区分して，前者を支払利息，後者をリース債務の元本返済として処理します。利息相当部分の総額は，原則として利息法により計算されますが，リース資産総額の重要性が乏しいと認められる場合には，利息相当額の総額をリース期間中の各期にわたり定額で配分する方法や，リース相当額から利息相当額を控除せず，支払額の全てをリース債務の元本返済とする利子込み法が認められており，実務的には，利子込み法が多く採用されています。

　具体的に，利子込み法を採用した場合のリース取引の会計処理は，次のとおりです。

① リース契約時
　　リース資産（B/S）　120,000　／　リース債務（B/S）　120,000
② リース料支払い時
　　リース債務（B/S）　　2,000　／　現金預金（B/S）　　2,000
③ 決算時（減価償却時）
　　減価償却費（一般）　24,000　／　リース資産（B/S）　24,000

(2) オペレーティング・リース取引
　オペレーティング・リース取引については，通常の賃貸借取引に係る方法に準じた会計処理が行われます。

　なお，リース会計においては，ファイナンス・リース取引と判定されたリース取引においても，リース契約1件当たりのリース料総額が300万円以下の少額のリース取引及びリース期間が1年以内のリース取引については，重要性が低いとして，オペレーティング・リース取引の会計処理に準じて，資産計上又は注記を省略することが認められています。

4. 固定資産の減損会計

▶概　要

　企業会計においては，資産の収益性の低下により投資額の回収が見込めなくなった固定資産について，一定の条件の下で回収可能価額まで帳簿価額を減額する減損処理が行われる。収益性の低下が認められるケースとして，営業活動から生ずる損益がマイナスとなる場合，固定資産の時価が著しく下落した場合，資産の著しい陳腐化，遊休化，用途変更さらには事業中止などがある。

　公益法人会計においても，資産の時価が著しく下落し，投資額の回収が見込めなくなった状態の資産は，原則として減損処理（強制評価減）をする必要があり，時価を貸借対照表価額としなければならない。ただし，固定資産について使用価値が時価を超える場合，取得価額から減価償却累計額を控除した価額（帳簿価額）を超えない限りにおいて使用価値を貸借対照表価額とすることができるとして，例外的に，使用価値により評価することが認められている。

なお，固定資産を使用価値により評価するか否かは，法人の任意であるが，使用価値により評価できるのは，対価を伴う事業（公益事業であるか，付随的に行う事業であるかは問わない。）に供している固定資産に限られている（実務指針（その3）（第31号）1.(Q1)）。ただし，公益法人における固定資産の減損会計は，企業会計と異なり，減損の兆候の有無に関係なく，時価と帳簿価額の比較が行われる（実務指針（その3）（第31号）2.(Q2)，3.(Q3)）。

▶時価が著しく下落した固定資産の減損

① 対象となる固定資産

公益法人会計において減損処理の対象となる固定資産の範囲は，他の基準に減損処理の定めがある資産（金融資産や繰延税金資産等）を除くすべての資産となるが，通常に使用している什器備品や車両運搬具まで厳密に時価を把握する必要はない。ただし，電話加入権等の時価が著しく下落しており，その金額に重要性がある場合には，時価評価が必要となる。その際，対象となる資産について，基本財産や特定資産等の区分は考慮されない。

② 時価の算定方法と時価の著しい下落

減損会計において用いられる固定資産の時価は，企業会計と同じく，公正な評価額となる。通常は観察可能な市場価格をいい，市場価額が観察できない場合には，合理的に算定された価額（例えば，不動産鑑定評価額等）が用いられる（実務指針（その3）（第31号）4.(Q4)）。また，資産の時価が著しく下落したときとは，時価が帳簿価額から概ね50％を超えて下落している場合とされている（平成20年基準の運用指針11）。

▶対価を伴う事業に供している固定資産の減損

対価を伴う事業に供している固定資産については，資産の時価が著しく下落した場合であっても，使用価値が時価よりも高い場合は，帳簿価額以内の範囲で使用価値をもって貸借対照表価額とすることができるとされていることは前述のとおりである。ここで，固定資産の使用価値は，資産又は資産グループの

278 第Ⅱ部　会計編

継続的使用と使用後の処分によって生ずると見込まれる将来キャッシュ・フローの現在価値をもって算定されるが，公益法人においては，キャッシュ・フローにより固定資産への投資を回収するという思考を行っているケースは少ないと考えられ，固定資産の減損会計の適用にあたり，使用価値が採用されることは限定的であると考えられる。なお，使用価値の算定については，実務指針（その3）（第31号）6.（Q6）において，次のように記載されている。

(1) 将来キャッシュ・フローは，法人に固有の事情を反映した合理的で説明可能な仮定及び予測に基づいて見積もる。

(2) 将来キャッシュ・フローの見積りに際しては，資産又は資産グループの現在の使用状況及び合理的な計画等を考慮する。

(3) 将来キャッシュ・フローの見積金額は，生起する可能性の最も高い単一の金額又は生起し得る複数の将来キャッシュ・フローをそれぞれの確率で加重平均した金額とする。

(4) 資産又は資産グループに関連して間接的に生ずる支出は，関連する資産又は資産グループに合理的な方法により配分し，当該資産又は資産グループの将来キャッシュ・フローの見積りに際して控除する。

(5) 将来キャッシュ・フローには，利息の支払額並びに法人税等の支払額及び還付額を含めない。

▶会計処理と開示方法

① 会計処理

　減損損失は，正味財産増減計算書の経常外費用に計上される。

　減損損失の対象となった資産が基本財産や特定資産で，その財源が指定正味財産の場合，減損損失相当額が指定正味財産から一般正味財産に振り替えられる（「1 4.▶指定正味財産の部から一般正味財産の部への振替え」（P.246）参照）。

　また，減損処理後の固定資産の減価償却は，減損損失を控除した後の帳簿価額に基づき行われる。なお，減損処理後に時価や使用価値が回復した場合

第4章　財務諸表の主要な勘定科目及び会計処理　279

であっても，減損損失の戻入れを行うことは認められていない（実務指針（その3）（第31号）7.(Q7)）。

② **開示方法**

上記①に記載した指定正味財産から一般正味財産への振替えが行われた場合，次の注記が必要となる。

○．指定正味財産から一般正味財産への振替額の内訳

指定正味財産から一般正味財産への振替額の内訳は，次のとおりである。

（単位：円）

内　　　容	金　　額
経常外収益への振替額 　土地減損損失計上による振替額	56,000,000

また，重要な減損損失を認識した場合には，次の事項について注記することが望ましいとされる。

(a)　減損損失を認識した固定資産

(b)　減損損失の金額

(c)　評価金額の算定方法等

注記例は，次のとおりである。

○．減損損失関係

以下の固有資産について，減損損失を計上している。

種　　類	土　　地
場　　所	○○県○○市
減損損失の金額	56,000,000 円

（評価金額の算定方法）

不動産鑑定評価額によっている。

280 第Ⅱ部 会計編

─<コラム>───

公益法人会計における退職給付会計について

　公益法人会計においては，退職給付会計に関する特段の定めがなく，企業会計における「退職給付に関する会計基準」等を参考にして，会計処理をすることとなります。

　退職給付会計とは，退職金規程等に基づき，退職以後に職員に支給される退職給付について，法人が将来負担すべき債務を年度末において退職給付引当金として計上する会計処理です。

　退職給付には，退職時に一括して支払われる退職一時金と，退職以後に継続して支払われる退職年金があります。退職給付会計では，これらの退職給付制度において法人が将来負担すべき債務を基に退職給付引当金を計上します。

　退職給付引当金は，数理計算により算定された退職給付債務に基づき計算することが原則ですが，一定の要件を満たす場合には，退職給付債務を簡便的な方法により計算することが認められています。

　公益法人会計においては，次の要件を満たす法人において退職一時金に係る債務を期末要支給額により算定する簡便法の適用が認められています（平成20年基準の運用指針5）。

<簡便法適用判定>

判 定 ポ イ ン ト

①職員数が300人未満の法人　──YES──┐

　　↓NO

②年齢や勤務期間に偏りがある等により数理計算結果に一定の高い水準の信頼性を得られない法人　──YES──┤　簡便法による適用が可能

　　↓NO

③原則的な方法により算定した場合の額と期末要支給額との差異に重要性が乏しいと考えられる法人　──YES──┘

　　↓NO

原則法による適用が求められる。

退職給付に関する仕訳を示せば，次のとおりです。

退職一時金に関して，自己都合期末要支給額を退職給付債務とした場合
＜前提条件＞
　　前期末の自己都合期末要支給額　　　　150,000 千円
　　当期末の自己都合期末要支給額　　　　200,000 千円
　　退職金支給額　　　　　　　　　　　　 10,000 千円

① 退職金支給時の仕訳
　　退職給付引当金(B/S) 10,000 千円／現　金　預　金(B/S) 10,000 千円
② 退職給付費用計上時（期末）の仕訳
　　退 職 給 付 費 用(一般) 60,000 千円／退職給付引当金(B/S) 60,000 千円＊
　　＊　60,000 千円＝200,000 千円－(150,000 千円－10,000 千円)

「退職給付に関する会計基準の適用指針」（企業会計基準適用指針第 25 号　企業会計基準委員会）では，簡便法について，次のように算定するとしています。

【1】簡便法によるの退職給付引当金の計算
　(1) 非積立型の退職給付制度については，【3】により計算された退職給付債務の額
　(2) 積立型の退職給付制度（退職一時金制度に退職給付信託を設定したものを含む。）については，(1)の金額から年金資産の額を控除した金額
　　　期末日における年金資産の額については，時価を入手する代わりに，直近の年金財政決算における時価を基礎として合理的に算定された金額（例えば，直近の時価に期末日までの拠出額及び退職給付の支払額を加減し，当該期間の見積運用収益を加算した金額）。

【2】簡便法による退職給付費用の計算
　(1) 非積立型の退職給付制度については，期首の退職給付引当金残高から当期退職給付の支払額を控除した後の残高と，期末の退職給付引当金との差額
　(2) 積立型の退職給付制度については，期首の退職給付引当金残高から当期拠出額を控除した後の残高（事業主が退職給付額を直接支払う場合，当該給付の支払額も控除する。）と，期末の退職給付引当金との差額

【3】 簡便法による退職給付債務の計算

　次の方法のうち，各事業主の実態から合理的と判断される方法を選択して退職給付債務を計算します。なお，いったん選択した方法は，原則として継続して適用する必要があります。

　(1) 退職一時金制度

　　① 退職給付に係る会計基準（平成 10 年会計基準）の適用初年度の期首における退職給付債務の額を原則法に基づき計算し，当該退職給付債務の額と自己都合要支給額との比較指数を求め，期末時点の自己都合要支給額に比較指数を乗じた金額を退職給付債務とする方法（翌年度以後において計算基礎等に重要な変動がある場合は，比較指数を再計算する。）

　　② 退職給付に係る期末自己都合要支給額に，平均残存勤務期間に対応する割引率及び昇給率の各係数を乗じた額を退職給付債務とする方法

　　③ 退職給付に係る期末自己都合要支給額を退職給付債務とする方法

　(2) 企業年金制度

　　① 退職給付に係る会計基準（平成 10 年会計基準）の適用初年度の期首における退職給付債務の額を原則法に基づき計算し，当該退職給付債務の額と年金財政計算上の数理債務との比較指数を求め，直近の年金財政計算における数理債務の額に比較指数を乗じた金額を退職給付債務とする方法（翌年度以後において計算基礎等に重要な変動がある場合は，比較指数を再計算する。）

　　② 在籍する従業員については，上記(1)②又は(1)③の方法により計算した金額を退職給付債務とし，年金受給者及び待期者については，直近の年金財政計算上の数理債務の額を退職給付債務とする方法

　　③ 直近の年金財政計算上の数理債務をもって退職給付債務とする方法

　なお，退職一時金制度においては，上記(1)③の方法が，企業年金制度においては，上記(2)③の方法が採用されていることが多いと思われます。

第5章 収支予算書

―<ポイント>――

　予算とは，事業年度における収入金額及び支出金額を，事業年度開始前に見積もって算出したものである。この予算について，収入金額と支出金額を発生項目別に具体的に記載したものが収支予算書である。公益法人においては，公益法人認定法でその作成と保存が義務付けられている。

　収支予算書は，公益法人制度の改革前と改革後とで，作成方式が資金ベースから損益ベースへと変更されたため，同じ名称でありながら異なる内容となっている。

　以下，これらの内容について解説する。

1 収支予算書の位置付け

　収支予算書は，公益法人制度改革前までは，「公益法人会計における内部管理事項について」（公益法人等の指導監督等に関する関係省庁連絡会議幹事会申合せ）により，資金ベースでの作成が求められていたが，制度改革により，公益法人に対しては，損益ベースによる収支予算書の作成が求められることとなった（認定法21①，認定法規則27，30①）。一方，一般社団法人及び一般財団法人に対しては，収支予算書の作成は求められていない。

　制度改革の結果，収支予算書が損益ベースとなり，収益及び費用の概念が正味財産増減計算書と同じになったため，現行制度において収支予算書は，「正味財産増減計算書の予算版」と位置付けられることとなった。

　しかしながら，資金管理上，資金ベースによる収支予算書が有用な書類であ

284　第Ⅱ部　会計編

ることには変わりないため，損益ベースの収支予算書に加え，資金ベースの収支予算書を引き続き作成している法人も少なくない。

　なお，公益法人会計基準上，収支予算書は，従来から財務諸表として位置付けられてはいなかった。一方，収支計算書については，平成 16 年改正基準前までは，予算準拠主義の下で作成された資金ベースによる収支予算書の執行状況を表す計算書として，正味財産増減計算書，貸借対照表及び財産目録とともに，旧民法により設立された社団法人及び財団法人にとっての中心的な財務諸表と位置付けられてきたが，平成16年改正基準において財務諸表から外された。

② 収支予算書の様式等

　公益法人において収支予算書は，後述する定期提出書類の１つであるが，様式については，制度上規定がなされていない。

　実務的には，公益法人制度改革前の収支予算書の様式に倣って，当年度と前年度の予算額を比較形式とし，正味財産増減計算書の様式を用いて損益ベースによる収支予算書を作成しているところも多く見られる。

　なお，公益法人認定法施行規則第 30 条第 2 項において，収支予算書の事業費に係る区分については，公益目的事業に係る事業費と収益事業等に係る事業費を設けなければならないとされているため，公益法人においては，収支予算書内訳表の作成が求められているものと考えられる。

第5章 収支予算書 285

<コラム>

収支予算書の作成について

本文で記載のとおり，公益法人制度改革後において収支予算書は，損益ベースの予算書となりました。

【1】収支予算書の一般正味財産期首残高について

収支予算書は，事業年度開始前に作成されるのが原則となっていますので，当然にその収支予算書における一般正味財産期首残高は，予測数値となります。

一般正味財産期首残高も収支予算書の一部ですので，予測数値とした一般正味財産期首残高を，前事業年度の決算確定による一般正味財産期末残高に一致させることも予算の補正となります。そのため，定款等で予算の補正等について社員総会等の承認を要するとしている場合には，社員総会等の承認を得ることが必要となります。

しかしながら，その予測数値が確定数値と大幅に乖離し，それがために当初の収支予算書の内容に変更が必要となるほどのものでない限り，単なる予測数値を実績数値に合わせるだけの予算の補正は必要ないと考えられます。

なお，その他の事情により，予算を補正する場合には，当然に，一般正味財産期首残高は，前事業年度の決算確定数値に補正されることとなります。

【2】資金ベースにおける投資活動支出及び財務活動支出について

資金ベースの収支予算書に計上されていた投資活動支出及び財務活動支出は，損益ベースの収支予算書では計上されないため，資金調達及び設備投資の見込みを記載した書類を作成することとなります。

なお，資金調達及び設備投資の見込みを記載した書類の記載例を示すと次のとおりです。

286　第Ⅱ部　会計編

資金調達及び設備投資の見込みについて

(1) 資金調達の見込みについて

　　当期中における借入れの予定の有無を記載し，借入れ予定がある場合には，その借入先等を記載してください。

借入れの予定	あり		
事業番号	借　入　先	金　額	使　途
公1	○○銀行○○支店	5,000,000 円	運転資金調達のため

(2) 設備投資の見込みについて

　　当期中における重要な設備投資（除却又は売却を含む。）の予定の有無を記載し，設備投資予定がある場合には，その内容等を記載してください。

設備投資の予定	あり		
事業番号	設備投資の内容	支出又は収入の 予定額	資金調達方法又は 取得資金の使途
公1	○○システム	3,780,000 円	自己資金

第6章 公益法人の提出書類（公益認定申請書類と定期提出書類）

―＜ポイント＞―

　公益法人の認定とその継続のために，公益法人には，所定の書類を行政庁に提出することが義務付けられている。前者が公益認定申請書類であり，後者が定期提出書類である。これらの書類の作成と提出は，法令等で定められており，具体的な手続や様式，さらには留意点等については，内閣府から公表されているガイドラインや手引き等に記載されている。
　本章では，提出書類の内容と，様式に従った項目ごとの計算方法について解説する。

1 定期提出書類等の作成

1. 公益法人に求められる提出書類

　一般社団法人及び一般財団法人が，準則主義に基づき登記のみで設立できるのに対し，公益法人においては，行政庁による公益認定を受けることが必要となる。その審査は書面によって行われるため，審査に必要な事項を記載した申請書類（以下「公益認定申請書類」という。）を行政庁に提出することが必要となる（認定法7）。

　また，公益法人となった後においても，法人の事業運営における適切性と透明性を確保する観点から，事業計画や事業報告等に関する書類（以下「定期提出書類」という。）の作成と提出，さらには開示が引き続き求められる。

2. 公益認定後，継続的に提出が必要となる定期提出書類

定期提出書類には，(1)事業年度開始前に作成して行政庁に提出が必要なものと，(2)事業年度経過後に作成して行政庁に提出が必要なものとの2つがある。

(1)は，当該事業年度の事業計画書，収支予算書，資金調達及び設備投資の見込みを記載した書類（以下「事業計画書等」という。）をいい，毎事業年度開始日の前日までに作成し，当該事業年度の末日までの間，事業計画書等を主たる事務所に，その写しを従たる事務所に備え置く必要がある。

(2)は，貸借対照表及び損益計算書（正味財産増減計算書），事業報告並びにこれらの附属明細書（以下「計算書類等」という。）のほか，財産目録，役員等名簿，役員等の報酬等の支給の基準を記載した書類，キャッシュ・フロー計算書，運営組織及び事業活動の状況の概要及びこれらに関する数値のうち重要なものを記載した書類（以下，計算書類等と合わせて「事業報告等に係る提出書類」という。）をいい，毎事業年度経過後3ヶ月以内に作成し，これらの書類を5年間主たる事務所に，その写しを3年間従たる事務所に備え置く必要がある。

なお，公益法人となった最初の事業年度においては，財産目録，役員等名簿及び役員等の報酬等の支給の基準を記載した書類を，公益認定を受けた後（特例民法法人が移行認定を受けて公益法人となった場合は，移行の登記をした日以後）に遅滞なく作成し，これらの書類を5年間主たる事務所に，その写しを3年間従たる事務所に備え置く必要がある。

さらに，これらの定期提出書類は，行政庁への提出が義務付けられており，提出期限は，上記の作成と備え置きの期限と同じく，事業計画書等であれば毎事業年度開始の日の前日までに，事業報告等に係る提出書類であれば毎事業年度経過後3ヶ月以内とされている。

上記の提出書類について，項目別にまとめたものが，次の「図表6-1」である。

なお，定期提出書類については，「制度編 第3章 8 定期提出書類の作成及び情報開示」（P.143）において詳述している。

第6章　公益法人の提出書類（公益認定申請書類と定期提出書類）　289

図表6-1　公益認定申請書類と定期提出書類

提出書類及び記載項目	公益認定申請書類	定期提出書類	
		事業計画等年度開始前	事業報告等年度経過後
事業計画書	○	○	—
収支予算書	○	○	—
資金調達及び設備投資の見込みを記載した書類	—	○	—
計算書類等	○	—	○
役員等名簿	○	—	○
【財務に関する公益認定の基準に係る書類】			
・収支相償（別表A）	○	—	○
・公益目的事業比率（別表B）	○	—	○
・遊休財産額（別表C）	○	—	○
・他の団体の意思決定に関与可能な財産（別表D）	○	—	○
・経理的基礎（別表E）	○	—	○
・費用額の配賦（別表F）	○	—	○
・収支予算の事業別区分経理の内訳表（別表G）	○	—	—
・公益目的取得財産残額（別表H）	—	—	○

3. 定期提出書類作成のための体制の整備

　行政庁が定期提出書類の提出を求めるのは，公益法人が，認定申請書に記載したとおりに公益目的事業を実施しているか否か，また，後述する公益財務計算が，公益法人認定法などに定める基準に適合しているか否かについて，確認するために行われるものである。その結果，必要に応じて報告聴取，立入検査等，監督上の必要な措置が講じられる。

　公益認定のための申請書類上の記載項目は，その後も継続して定期提出書類による報告が必要となる。そのため，該当項目については，継続的に関連情報

290 第Ⅱ部 会計編

やデータを入手できるよう，組織内外において情報の収集経路を確立し，その根拠を明確にするとともに，関係書類相互の整合性を確保することが，公益法人の運営において重要となる。

特に，「法人の財務に関する公益認定の基準」を法人が継続的に充たしていく上において，会計上の数値から公益認定の基準に適合しているかどうかを判定するための基礎データが取得でき，その基礎データの信頼性を担保するために，計算書類等との明示的な整合性が求められることに留意する必要がある。

2 認定申請上の事業区分と平成 20 年基準の会計区分

「第 1 章 2 平成 20 年基準設定の趣旨」（P. 184）において記載のとおり，公益法人制度改革関連 3 法の施行前に公表された平成 16 年改正基準では，財務に関する公益認定の基準に関連した「収支相償」，「公益目的事業比率」，「遊休財産額」等の計算が想定されていなかった。

これに対して，平成 20 年基準では，公益法人会計基準と公益認定基準の財務的計算との整合性が図られ，これにより，公益認定基準算定の計算基礎を会計記録から信頼性を持って入手することが容易にできるようになった。その 1 つが，「会計区分」である。

会計区分について平成 20 年基準では，「公益法人は，法令の要請等により，必要と認めた場合には会計区分を設けなければならない。」とされ，公益法人が会計区分を有する場合，貸借対照表内訳表及び正味財産増減計算書内訳表において，公益目的事業会計，収益事業等会計及び法人会計の 3 つに区分することとなった。また，各会計区分における事業区分には，公益認定申請上の事業区分と対応することが求められることとなった。

なお，会計区分については，「第 2 章 3 会計区分」（P. 193）で詳述している。

第6章　公益法人の提出書類（公益認定申請書類と定期提出書類）　291

③　公益財務計算の流れ

　「定期提出書類の手引き　公益法人編（事業計画書，事業報告等を提出する
場合）内閣府／都道府県」では，法人の財務に関する公益認定の基準に係る計
算，すなわち，「収支相償の計算」，「公益目的事業比率の計算」及び「遊休財
産額の計算」の3種の計算を「公益財務計算」と称し，これらの計算結果の報
告のため，公益法人に対して，次の別表の作成を求めている。

---

　　　(1)　収支相償の計算　　　⟹　　　別表A
　　　(2)　公益目的事業比率の計算　⟹　　　別表B
　　　(3)　遊休財産額の計算　　　⟹　　　別表C

　なお，公益認定申請書類における公益財務計算と定期提出書類における公益
財務計算とは，その作成が予算ベースか実績ベースかの相違はあるが，ほぼ同
一である。
　これにより，定期提出書類上の計算結果から，公益法人が認定時の計画通り
に，認定後も継続して法人の財務に関する公益認定の基準に適合していること
を確認することができる。
　以下，収支相償の計算，公益目的事業比率の計算，遊休財産額の計算につい
て説明する。
　なお，「付録　事例」（P.391）において，財務諸表等と公益財務計算のための
主な様式の事例を載せている。

1.　収支相償の計算

　公益法人認定法では，公益法人の遵守事項の1つとして，公益法人に「その
公益目的事業を行うに当たり，当該公益目的事業の実施に要する適正な費用を
償う額を超える収入を得てはならない。」（認定法14）として，公益目的事業に

292　第Ⅱ部　会計編

係る「収入−費用」がプラスとならない，すなわち，利益が生じないという要件の充足を確かめることが，この計算の目的である。

　収支相償の判定は，2段階で行われ，第1段階で，個々の公益目的事業単位で経常収入と経常費用とを比較し，第2段階において，公益目的事業会計全体の収入と費用とを比較する。なお，第2段階の計算には，①収益事業等からの利益額の50％を繰り入れる場合と②50％超を繰り入れる場合の2通りの方法があり，それぞれに対応した様式（別表A(1)，A(2)）が用意されている。

　なお，収支相償の計算に係る別表は，次のとおりである。

---

(1)　別表A(1)

　　収支相償の計算（収益事業等の利益額の50％を繰り入れる場合）

(2)　別表A(2)

　　収支相償の計算（収益事業等の利益額を50％を超えて繰り入れる場合）

(3)　別表A(3)

　　収益事業等の利益から公益目的事業財産への繰入額の計算

（注）収益事業等の利益額の繰入割合に応じ，別表A(1)，A(2)のいずれかを作成することとなる。別表A(3)については，いずれの場合においても，作成が必要となる。

▶収支相償の計算　第1段階

　第1段階の収支相償の計算は，個々の公益目的事業単位の収支相償計算であり，公益目的事業会計への利益の繰入割合にかかわらず，同一の計算と判定が行われる。第1段階の収支相償の計算には，会計上の経常収益，経常費用のほかに，特定費用準備資金の当期積立額と当期取崩額が含まれる。

　なお，収益−費用がプラスの事業がある場合には，発生理由とこれを解消するための計画等を記載することが求められる。

▶収支相償の計算　第2段階

前述のとおり，収益事業等からの利益の繰入れが50％を超えているか否かにより，第2段階の収支相償の計算方法が異なってくる。

①　収益事業等からの利益の繰入れが50％の場合

第1段階の(ア)各公益目的事業に直接関連する費用と収益に加え，(イ)公益目的事業の会計に属するその他の費用と収益で各事業に直接関連付けられない費用と収益，(ウ)公益目的事業に係る特定費用準備資金への積立額と取崩額，さらに(エ)収益事業等を行っている法人については，収益事業等から生じた利益の50％を加算して収支を比較する。

以上をまとめると，次のとおりである。

図表6-2　収支相償対照表（収益事業等からの利益の繰入れが50％の場合）

費　　用	収　　入
(ア)　公益目的事業に係る 経常費用	(ア)　公益目的事業に係る 経常収益
(イ)　公益に係るその他の経常費用	(イ)　公益に係るその他の経常収益
(ウ)　公益目的事業に係る 特定費用準備資金積立て額	(ウ)　公益目的事業に係る 特定費用準備資金取崩し額
	(エ)　収益事業等の利益を公益に繰り入れた額 （利益の50％）

収入超過の場合には
公益目的保有財産の取得支出や公益資産取得資金への繰入れ、
翌事業年度の事業拡大等による同額程度の損失とする等
解消するための扱いを説明

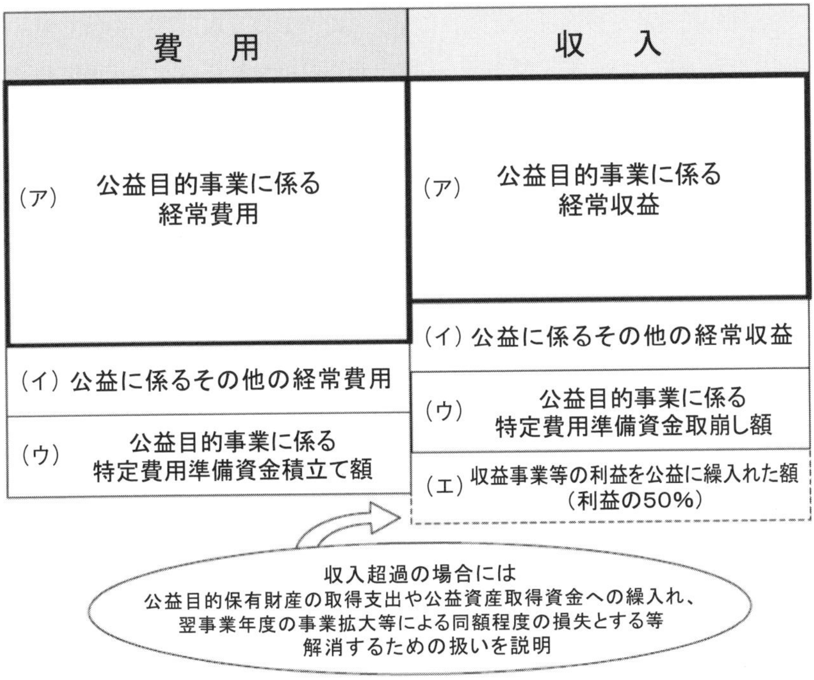

（出典）「定期提出書類の手引き　公益法人編（事業計画書，事業報告等を提出する場合）内閣府／都道府県　Ⅲ-6」を一部加筆修正

294　第Ⅱ部　会計編

　なお，収入－費用がプラスの場合は，その剰余相当額を公益目的事業のための資産の取得や翌年度の事業費に充てるなど，公益目的事業のために使用することが求められ，その剰余相当額の今後の扱いに関する計画等を記載することが求められる。

②　収益事業等からの利益の繰入れが50％超の場合

　公益目的事業のために，法人において収益事業等の利益額の50％を超えて繰入れの必要があると判断する場合には，公益目的事業に関するすべての資金の出入りとその見通しを足し合わせて収支を比較する。

　具体的には，第1段階の(ア)各公益目的事業に直接関連する費用と収益，(イ)公益目的事業の会計に属するその他の費用と収益で各事業に直接関連付けられない費用と収益，(ウ)当期の公益目的保有財産の取得支出と売却収入，(エ)公益目的事業に係る特定費用準備資金の積立額と取崩額，及び(オ)将来の公益目的保有財産の取得又は改良に充てるための資産取得資金の積立額と取崩額を合計して収支を比較する。なお，公益目的事業費のうち減価償却費については，公益目的財産の取得支出や資産取得資金の積立額と機能が重複することから控除される。また，特定費用準備資金の積立額及び資産取得資金の積立額については，限度額が定められている。

　以上をまとめると，次のとおりである。

第6章　公益法人の提出書類（公益認定申請書類と定期提出書類）　295

図表 6-3　収支相償対照表（収益事業等からの利益の繰入れが 50%超の場合）

費　用		収　入	
（ア）	公益目的事業に係る 経常費用 （減価償却費を除く）	（ア）	公益目的事業に係る 経常収益
（イ）　公益に係るその他の経常費用		（イ）　公益に係るその他の経常収益	
（ウ）　公益目的保有財産の取得支出		（ウ）	公益目的保有財産の売却収入 （簿価＋売却損益）
（エ）	公益目的事業に係る 特定費用準備資金積立て額 （（所要資金額－前期末資金残高）／ 積立期間残存年数　を限度）	（エ）	公益目的事業に係る 特定費用準備資金取崩し額 （過去に費用として算入した額の合計額）
（オ）	公益資産取得資金積立て額 （（所要資金額－前期末資金残高）／ 積立期間残存年数　を限度）	（オ）	公益資産取得資金取崩し額 （過去に費用として算入した額の合計額）
		収益事業等の利益を公益に繰り入れた額 （利益の100%を上限）	

（出典）「定期提出書類の手引き　公益法人編（事業計画書，事業報告等を提出する
　　　　場合）内閣府／都道府県　Ⅲ-6」を一部加筆修正

　毎事業年度の事業の計画や実施状況に応じて，収益事業等からの利益の繰
入れについては，50%か50%超かのいずれかの選択が可能である。ただし，
収益事業等の利益の50%超を公益目的事業財産に繰り入れた場合には，繰
り入れた事業年度末の貸借対照表において，公益目的事業と収益事業等及び
法人会計とに区分経理を行わなければならないとされており，貸借対照表内
訳表の作成が求められる（「第3章 4 1.貸借対照表内訳表」（P.211）参照）。
なお，一旦50%超の繰入れを行った場合には，その後の繰入れが50%に留
まったときにおいても，継続性の観点から区分経理を維持することに留意す
る必要がある。

296 第Ⅱ部 会計編

＜コラム＞

収支相償にするには（黒字の場合）

公益目的事業会計における収支相償は，必ずしも単年度で収支が相償することを求めているものではなく，将来の事業支出等を含め中長期的に収支相償することが確認できればよいとされています（FAQ問Ⅴ-2-③）。しかしながら，恒常的に黒字となることは避ける必要があり，収支相償に適合しないおそれがある場合には，何らかの対応をしなければなりません。会計上考えられる対応には，次のようなものがあります。

(1) 収益の配賦の見直し

公益社団法人においては，社員の資格に基づく会費について，その使途が定められていないものは，その半分を公益目的事業の収入にすると定められています（認定法規則26一）。また，公益社団法人における社員の資格に基づかない会費や公益財団法人の会費は，寄付金に該当すると考えられており，徴収した会費の徴収目的を定めていなければ，会費の全額が公益目的事業財産となり（認定法18一），公益目的事業の収入として計上されます。

このため，会費規定や寄付金規定等において，会費や寄付金の法人会計への充当割合を定めることにより，公益目的事業会計の収入額を減らすことが考えられます。

しかしながら，公益目的事業比率について，法人の事業全体に占める公益目的事業費の割合が50％以上という要件が公益法人認定法で定められており，また，法人会計は利益を獲得することを目的とする会計区分ではないため，当該状況を加味して会費や寄付金の法人会計への充当割合を定めることが必要と考えられます。

(2) 費用の配賦の見直し

＜コラム＞「事業費と管理費について」（P.257）に記載しましたが，通常，管理費と考えられる常勤役員の報酬や管理部門における費用についても，事業費に含めることができる費用として公益認定等ガイドラインに明示されています。これらの費用について，全額を管理費として処理するのではなく，法人の実態を表す配賦基準を定め，公益目的事業の費用として配賦することが考えられます。

第6章　公益法人の提出書類（公益認定申請書類と定期提出書類）　297

(3) 寄付金等の指定正味財産としての受入れ

　寄付金等の受入れに際し，その使途について寄付者等による制約がなけれ
ば公益目的事業の経常収益として計上されますが，その使途について寄付者
等の意思による制約が課されている場合には，寄付金等を指定正味財産とし
て受け入れることとなります。指定正味財産として受け入れられた寄付金等
は，指定された事業の実施等に伴い，費消した額と同額が指定正味財産から
一般正味財産へ振り替えられ，収益として認識されるため，一般正味財産と
して寄付金を受け入れた場合に比べ，収支相償に適合しやすくなります
（「3 1.収支相償の計算」(P.291) 参照）。具体的には，寄付者等から具体的
な使途を記載した寄付申込書を入手する，寄付金の募集要領等において具体
的な使途を定めるなどの方法が考えられます。

　しかしながら，どの程度の制約がある場合に指定正味財産として受け入れ
なければならないかについては議論のあるところであり，例えば，単に公益
目的事業に使用するなどのような使途の制約では，指定正味財産としての受
入れは，難しいと考えられます。使途の制約については，具体的である必要
があると考えられます。

(4) 事業区分の統合

　同一の目的で行っている複数の公益目的事業は，その事業区分が異なる場
合においても，1つの事業区分に統合することが可能とされています（FAQ
問Ⅷ-2-②)。同一の目的で行っている複数の公益目的事業がある場合，個別
の事業では収支相償の第1段階に適合しない場合であっても，他の赤字となっ
ている事業と統合することにより損益を通算することが可能となり，収支相
償の第1段階に適合しやすくなります。

　なお，法令等に従って会計処理した結果，法人会計の黒字が大きくなる場合
も考えられます。このような状況は，法令違反ではありませんが，公益法人と
しての本来の目的を考えれば，望ましくないものと考えられます。

298　第Ⅱ部　会計編

2.　公益目的事業比率の計算

　公益法人認定法では，「公益法人は，毎事業年度における公益目的事業比率が100分の50以上となるように公益目的事業を行わなければならない」（認定法15）として，法人の事業全体に占める公益目的事業費の割合（公益目的事業比率）が50％以上となることが，公益法人には求められている。なお，公益目的事業比率の計算式は，次のとおりであり，費用額に基づき計算される公益目的事業比率が50％以上であるという要件の充足を確かめることが，この計算の目的である。

＜公益目的事業比率の計算式＞

$$公益目的事業比率 = \frac{公益実施費用額}{（公益実施費用額＋収益等実施費用額＋管理運営費用額）}$$

　（注）「実施費用額」は，正味財産増減計算書上の事業費あるいは管理費の額に相当
　　　　し，いずれも経常費用となる。

　公益目的事業比率は，別表B(1)公益目的事業比率の算定総括表において，公益実施費用額，収益等実施費用額，管理運営費用額のそれぞれを集計した後，その数値を用いて計算される。

　費用額の計算には，公益実施費用額，収益等実施費用額，及び管理運営費用額のいずれにおいても，調整項目が設けられている。別表B(2)〜B(4)及びC(5)を使用して各種調整項目を計算し，別表B(5)公益目的事業比率算定に係る計算表において，各事業別に費用額を配賦計算した後の取りまとめた結果が，別表B(1)に転記される。調整項目がない場合や，既に公益目的事業比率が50％以上となっているため，調整額を加算する必要がない場合は，これらの別表の作成は不要となる。なお，調整項目は，次のとおりであり，いずれも公益法人認定法施行規則上の「当該事業年度の費用額に算入することができる。」との規定により，会計上の費用ではないものの，公益目的事業比率の計算上は，費用額に算入できるとの取扱いがなされている。

別表 B(2)：土地の使用に係る費用額（認定法規則 16 ①）

別表 B(3)：融資に係る費用額（認定法規則 16 の 2 ①）

別表 B(4)：無償の役務の提供等に係る費用額（認定法規則 17 ①，②）

別表 C(5)：特定費用準備資金（認定法規則 18）

また，上記以外に引当金（認定法規則 14）及び財産の譲渡損等（認定法規則 15）に関する調整が別表 B(5)において計算される。

3. 遊休財産額の計算

公益法人認定法では，毎事業年度の末日における遊休財産額は，当該事業年度における公益目的事業の実施に要した費用の額を基礎として内閣府令で定めるところにより算定した額を超えてはならないとされている（認定法 16 ①）。

公益法人の遊休財産額が保有上限額を超過していないことを確かめることが，この計算の目的である。なお，保有上限額と遊休財産額は，別表 C(1)遊休財産額の保有制限の判定を用いて計算される。

＜遊休財産額の保有上限額の計算＞

遊休財産額の保有上限額は，次の①〜③を合計して計算する。

① 損益計算書（正味財産増減計算書）の公益目的事業に係る事業費の額

② 商品等譲渡に係る原価相当額（ただし，原価をあらかじめ費用計上していない場合のみ）

③ 特定費用準備資金の公益実施費用額への算入額

＜遊休財産額の計算＞

遊休財産額とは，公益目的事業，公益目的事業を行うために必要な収益事業等，その他の業務若しくは活動のために現在使用されておらず，かつ，使用される見込みがない財産をいう（認定法 16 ②）。

300　第Ⅱ部　会計編

　遊休財産額は，次の算式により計算する（認定法規則 22）。

＜遊休財産額の計算式＞

　遊休財産額 ＝ 資産の額－負債の額*

　　　　　　　 －（控除対象財産の帳簿価額の合計額－対応負債の額）

　＊　基金を含む。

　上記の計算式にあるとおり，遊休財産額は，遊休財産を積み上げて計算するのではなく，法人の資産から遊休財産に該当しないものを控除する形で計算される。なお，計算は，別表Ｃ(2)控除対象財産 を使用して行われる。

▶控除対象財産

　控除対象財産とは，法人の資産のうち，遊休財産額から控除される財産であり，公益法人が当該事業年度の末日において有する財産のうち，次に掲げるいずれかの財産をいう（認定法規則 22③）。

図表 6-4　控除対象財産の種類

	資産名称	内　容
①	公益目的保有財産	継続して公益目的事業に供するために保有する財産
②	収益事業等その他の業務又は活動の用に供する財産	公益目的事業の財源確保のため又は公益目的事業に付随して行う収益事業等の用に供する固定資産，公益目的事業や収益事業等の管理業務の用に供する固定資産。なお，利用効率が低いため，財源確保に実質的に寄与していない固定資産は該当しない。
③	資産取得資金	将来の特定の財産の取得又は改良のために保有する資金。資産取得資金には，資金の目的である財産を取得又は改良することが見込まれること，他の資金と明確に区分して管理されていること，資金の目的である財産の取得又は改良に必要な最低額が合理的に算定されていることなどの要件が定められている。なお，会計上は，保有目的を示す独立した科目による特定資産として表示される。

④	特定費用準備資金	将来の特定の活動費用のために保有する資金。特定費用準備資金には，当該資金の目的である活動を行うことが見込まれること，他の資金と明確に区分して管理されていること，積立限度額が合理的に定められていることなどの要件が定められている。なお，会計上は，保有目的を示す独立した科目による特定資産として表示される。
⑤	交付者の定めた使途に従い使用又は保有している財産（①～④に記載した財産を除く。）	寄付等によって受け入れた財産で，財産を交付した者の定めた使途に従って使用又は保有されている財産。なお，定められたとおりの「使用」の実態がない場合には，控除対象財産とは認められない場合がある。会計上は，基本財産又は特定資産として表示されることとなる。
⑥	交付者の定めた使途に充てるために保有している資金（①～④に記載した資金を除く。）	寄付等によって受け入れた財産で，財産を交付した者の定めた使途に充てるために保有している資金。会計上は，基本財産又は特定資産として表示されることとなる。

▶対応負債の額

　対応負債の額とは，控除対象財産に直接対応する負債の額とその他負債のうち控除対象財産に按分された負債の額をいう。控除対象財産から対応負債の額を控除するのは，借入金等によって資産を取得している場合において，負債を二重に減額することを回避するためである。

　対応負債の計算方式には，「個別対応方式」と「簡便方式」の2つがあり，いずれを選択することも認められている。

　両者の違いは，個別対応方式が，控除対象財産に直接対応する負債を特定し，直接対応しない負債については，一定の割合に基づき対応負債を計算するのに対して，簡便方式は，控除対象財産に直接対応する負債を特定せず，負債の額と一般正味財産との割合に基づいて対応負債を計算するものである。

　計算上，個別対応方式の方が簡便方式より対応負債の額が小さくなるため，遊休財産額が小さな値となる。

302　第Ⅱ部　会計編

①　個別対応方式（認定法規則 22 ⑦）

対応負債 ＝

　　控除対象財産に直接対応する負債 ＋

　　（控除対象財産－控除対象財産に直接対応する負債－指定正味財産）× $\dfrac{(A)}{(A)+\text{一般正味財産}}$

⑷：貸借対照表上の負債合計－引当金の合計額－各資産に直接対応する負債の
　　合計額

②　簡便方式（認定法規則 22 ⑧）

対応負債 ＝ 　　（控除対象財産－指定正味財産）× $\dfrac{(B)}{(B)+\text{一般正味財産}}$

⒝：貸借対照表上の負債合計－引当金の合計額

▶控除対象財産と会計上の資産科目との対応関係

　公益法人認定法上で規定される控除対象財産の分類と会計上の資産科目は，
それぞれ分類の観点や定義付けが異なっている。両者の対応関係を示すと，次
のとおりである。

第6章　公益法人の提出書類（公益認定申請書類と定期提出書類）　303

図表 6-5　控除対象財産と会計上の資産科目との対応関係

控除対象財産		会計上の資産科目
公益法人認定法施行規則第22条第3項	資産名称	会計上の科目等
第1号	公益目的保有財産	固定資産 （基本財産，特定資産，その他固定資産）
第2号	収益事業等その他の業務又は活動の用に供する財産	固定資産 （基本財産，特定資産，その他固定資産）
第3号	資産取得資金	固定資産 （特定資産）
第4号	特定費用準備資金	固定資産 （特定資産）
第5号	交付者の定めた使途に従い使用又は保有している財産 （第1号から第4号に記載した財産を除く。）	固定資産 （基本財産，特定資産）
第6号	交付者の定めた使途に充てるために保有している資金 （第1号から第4号に記載した資金を除く。）	固定資産 （基本財産，特定資産）

▶金融資産の取扱いについての留意点

　公益認定等ガイドライン I-8 では，控除対象財産となる1号財産及び2号財産に区分される金融資産についての取扱いが，次のとおり記載されている。

①　1号財産

　金融資産は，貸借対照表上，基本財産又は特定資産として計上し，範囲を確定する（公益認定等ガイドライン I-8 (1) ②)。

304　第Ⅱ部　会計編

②　2号財産

　管理業務に充てるために保有する金融資産は，合理的な範囲内で，貸借対照表上，基本財産又は特定資産として計上されるものが該当する（公益認定等ガイドラインⅠ-8(2)）。

　結果的に，1号財産及び2号財産として区分された金融資産は，基本財産又は特定資産として計上されることとなる。

　また，特定資産となる金融資産は，法人自らが特定の目的のために預金や有価証券等を当該資産の保有目的を示す科目で積み立てるものであるため，使途，保有及び運用方法等に制約が存在するものと考えられる。そのため，特定資産の流用や安易な取崩しを防止するため，その取扱要領を理事会等の決議により定めることが望ましいとされている。

　なお，特定資産については，「第4章 [1] 2.特定資産」（P.240）で解説している。

なお，これまで説明してきた用語の説明をまとめると，次のとおりである。

(1) 公益目的事業財産：
　　公益目的事業に関して得た寄付金，対価収入等の財産。公益目的事業を行うために使用し，又は処分しなければならない。

(2) 公益目的保有財産：
　　公益目的事業を行うために保有している財産。公益目的事業財産を支出することで得た財産や不可欠特定資産ほか，法人自ら公益目的に使用すると定めた財産も含み，継続して公益目的事業のために使用しなければならない。

(3) 不可欠特定財産：
　　基本財産のうち公益目的事業を行うために不可欠な特定の財産。公益目的保有財産の一部であり，設定には一定の手続が必要となる。なお，買い換え可能な土地，建物や金融資産は該当しない。

(4) 基本財産：
　　定款において基本財産と定められた資産

(5) 特定資産：
　　特定の目的のために使途，保有又は運用方法等に制約が存在する資産。預金や有価証券等の金融資産のほか，土地や建物等も含まれる（実務指針（その2）（第29号）Q7）。

(6) 特定費用準備資金：
　　将来の特定の事業費，管理費に充てるために保有する資金。貸借対照表上の特定資産として計上され，資金の目的となる事業の種類は問わない(すなわち，公益事業に限らない。)が，一定の要件を満たすとともに事業ごとに積み立てる必要がある。

(7) 資産取得資金：
　　将来の特定の財産の取得又は改良に充てるために保有する資金。貸借対照表上の特定資産として計上され，資金の目的として財産が供される事業の種類は問わない（すなわち，公益事業に限らない。）が，特定費用準備資金と同様の要件を満たすとともに，同一の財産を公益目的事業及び収益事業等で共同して用いる場合には，事業区分別に積み立てる必要がある。

(8) 控除対象財産：
　　遊休財産額から控除される一定の用途を持った財産（すなわち，公益目的保有財産，特定費用準備資金，資産取得資金など）

(9) 遊休財産額：
　　公益目的事業に限らず，公益目的事業以外のその他の必要な活動に使うことが具体的に定まっていない財産の価額の合計額

306　第Ⅱ部　会計編

＜コラム＞

立入検査の対応について

　公益認定後，最初の立入検査は，おおむね1年から3年以内を目途に実施され，その後は3年以内に実施されるようです。他方，移行法人の立入検査については，公益目的支出計画の履行を確保できないと疑うに足りる相当の理由がある場合において検査するとして，定期的に実施されるものではないようです。

　主な検査ポイントは，次のような項目が考えられます。
① 事業の変更や新しい事業がないかどうか
② 事業が広く一般に開放されているか
③ 特定の者への利益供与，役員等との利益相反取引の疑いがあるものはないか
④ 財務三基準(収支相償(認定法5六，14)，公益目的事業比率(認定法5八，15)，遊休財産額の保有制限（認定法5九，16))のチェック
⑤ 共通収益・費用の配賦基準の考え方
⑥ 特定資産等の減少原因（手続の遵守）
⑦ 法人会計の剰余金発生事由
⑧ 現金預金，投資有価証券，その他固定資産等の残高確認など

第7章 移行法人の定期提出書類

> **<ポイント>**
>
> 　一般法人法上，一般社団法人及び一般財団法人が，行政庁に提出する定期提出書類はない。しかしながら，特例民法法人から一般社団法人又は一般財団法人に移行した法人（移行法人）においては，整備法において，移行申請時に提出した公益目的支出計画の実施状況を報告する必要があるため，定期提出書類の行政庁への提出が求められている。
>
> 　本章では，移行法人に特有の定期提出書類である公益目的支出計画とその実施状況報告書の作成について解説する。

1 移行法人における定期提出書類

1. 公益目的支出計画

　公益目的支出計画とは，特例民法法人が，一般社団法人又は一般財団法人への移行時における貸借対照表上の純資産額を基礎として算定した額（以下，「公益目的財産額」という。）に相当する金額を，公益の目的のために支出することにより零とするための計画をいう（整備法119①）。

2. 定期提出書類の提出等

　移行法人は，行政庁より公益目的支出計画の実施が完了したことの確認を受けるまでの間，毎事業年度経過後3ヶ月以内に，一般法人法で定める計算書類等（貸借対照表，損益計算書及び事業報告並びにこれらの附属明細書）のほか，

公益目的支出計画実施報告書を作成し，行政庁に提出しなければならない（整備法127③）。また，公益目的支出計画実施報告書については行政庁において開示されるとともに，主たる事務所に備え置き，閲覧又は謄写等の請求を受けたときは，正当な理由がなく拒否することはできないものとされている（整備法127④，⑤，⑥）。

なお，提出された定期報告書類に基づき，移行法人の公益目的支出計画の履行を確保するために必要な範囲において，報告聴取，立入検査等の監督上の必要な措置が行政庁により講じられる（整備法128，129，131）。

3. 公益目的支出計画実施報告書の作成

公益目的支出計画実施報告書は，基本的に計算書類の数値に基づいて作成される必要がある。

公益目的支出計画実施報告書等は，次のものから構成されている。

① **提出書 ＜かがみ文書＞**

② **別紙１：法人の基本情報**

③ **別紙２：公益目的支出計画実施報告書**

　(a) 別表Ａ：計画実施期間中の収支の見込みについて

　　その他の主要な事業（実施事業等以外の事業）及び資産の取得や処分，借入について，公益目的支出計画の実施への影響の点から必要な事項を記載する。

　(b) 別表Ｂ：引当金等の明細

　　引当金及びその他支出又は保全が義務付けられているもの（引当金等）について，期首残高，当年度中の増減及び期末残高について記載する。

④ **その他の添付書類**

　(a) 当該事業年度の貸借対照表及びその附属明細書

　(b) 当該事業年度の損益計算書及びその附属明細書

　(c) 当該事業年度の事業報告及びその附属明細書

　(d) 当該事業年度の監査報告及び会計監査報告（注１）

（e）　当該事業年度の公益目的支出計画実施報告書に関する監査報告

（f）　会員等の位置づけ及び会費に関する細則（注2）

（g）　事業・組織体系図（注2）

（h）　その他許認可等を証する書類（注2）

　　　（注1）会計監査報告は，会計監査人設置法人のみ
　　　（注2）必要な場合のみ

2　公益目的財産額

1. 公益目的財産額とは

　公益目的財産額とは，特例民法法人が移行認可を受けたときに解散するものとした場合において，当該特例民法法人の目的に類似する目的のために処分し，又は国庫に帰属すべきものとされる残余財産の額に相当するものとして，貸借対照表上の純資産額を基礎として内閣府令で定めるところにより算定した額をいう（整備法119①）。

　具体的には，次のように算出する。

公益目的財産額　＝　貸借対照表の純資産の部の額
　　　　　　　　　　＋　時価評価資産の時価と帳簿価額との差額
　　　　　　　　　　−　基金の額
　　　　　　　　　　−　その他支出又は保全が義務づけられているものの額

　移行法人は，この公益目的財産額に相当する金額を公益の目的のために支出することにより，零とするための計画を作成しなければならない。これが前述した，「公益目的支出計画」である。

2. 公益目的支出計画における公益目的支出の額

　移行法人の各事業年度の「公益目的支出の額」は，次に掲げる額の合計額とされている（整備法規則16）。

310 第Ⅱ部　会計編

① 当該事業年度の損益計算書に計上すべき移行法人が認可を受けた公益目的支出計画に記載した実施事業に係る事業費の額

② 当該事業年度において支出をした特定寄付の額（当該支出に付随して発生した費用の額を含む。）

③ ①，②のほか，当該事業年度の損益計算書に計上すべき実施事業に係る経常外費用の額

　上記①の事業費について含むことができるものの取扱いは，公益法人と同様に公益法人認定法と同様の考え方とする（公益認定等ガイドライン　Ⅱ-1(4)②ⅰ，Ⅰ-7(1)）。なお，公益法人における事業費と管理費の区分については，「第4章 ② 3.費用の会計区分ごとの集計方法」（P.256）において詳述している。

3.　公益目的支出計画における実施事業収入の額

　公益目的支出の額から控除すべき実施事業に係る収入の額，すなわち「実施事業収入の額」は，次に掲げる額の合計額とされている。ただし，実施事業に係る金融資産から生じた収益の額のうち，行政庁が適当と認めるものについては，実施事業収入の額としないことが認められている（整備法規則17①）。

① 当該事業年度の損益計算書に計上すべき実施事業に係る収益の額

　実施事業に係る収益の例：

　(a) 実施事業の実施に係る対価としての収益（入場料，手数料等）

　(b) 使途が実施事業に特定されている収益

　(c) 法人においてルールを設定し，実施事業収入と定めた収益

② 当該事業年度の損益計算書に計上すべき実施事業に係る資産から生じた収益（実施事業資産の売却益など）の額

　なお，実施事業収入の額について，公益認定等ガイドラインⅡ-1(4)②ⅱでは，次のような例外が示されている。

① **使途が実施事業に特定されている積立金の運用益**

　　公益目的支出計画が終了しないと予想される場合には，実施事業に係る収益又は実施事業資産から生じた収益について，実施事業に係る収益又は実施事業資産から生じた収益としないことが認められている。

② **使途が実施事業に特定されている指定正味財産の費消**

　　使途の制約の解除，減価償却の実施及び災害等による消滅により費消した場合に，当該金額を実施事業の経常費用又は経常外費用に計上し，同額を一般正味財産へ振り替えることによって生じる収益についても，実施事業に係る収益又は実施事業資産から生じた収益としないことが認められている。これにより，公益目的財産額が減少しないという現象を回避することができる。

　　なお，当該指定正味財産は，移行の登記をした日の前日までに受け入れたものに限られている。

4. 公益目的財産残額

　公益目的財産残額は，公益目的財産額（移行時におけるその未使用残額）から当該事業年度の末日における公益目的収支差額を減算して得た額をいう（整備法規則23）。

　「公益目的財産残額」と「公益目的収支差額」の関係をまとめると，次のとおりである。

　各事業年度末日の「公益目的財産残額」
　　　＝「公益目的財産額」−「当該事業年度末日の公益目的収支差額」

　（注）公益目的収支差額がマイナスの場合は，
　　　　「公益目的財産額」＝「公益目的財産残額」

　事業年度末日の「公益目的収支差額」
　　　＝「前事業年度末日の公益目的収支差額」
　　　　＋（「公益目的支出の額」−「実施事業収入の額」）

---

312 第Ⅱ部 会計編

③ 公益目的支出計画の変更

公益目的支出計画に変更が生じた場合，行政庁への変更の手続が必要となる。手続には，行政庁からの変更の認可を受けなければならない場合と，行政庁への変更の届出を行わなければならない場合がある。

1. 変更の認可を受けることが必要な場合

移行法人が，公益目的支出計画の変更を行う場合には，軽微な変更を除き，あらかじめ変更の認可を受ける必要がある（整備法125①）。

▶実施事業等（公益目的事業，継続事業及び特定寄付）の内容等の変更
① 公益目的支出計画に記載した実施事業等のうち，公益目的事業の内容に関して変更が生じる場合（公益法人認定法における考え方と同様の考え方に基づいて対応する。）
② 継続事業の内容に関して変更が生じる場合（事業の目的・性格等の同一性が認められる場合を除く。）

　なお，移行後において継続事業の追加は認められないため，変更後の事業は，公益目的事業の新たな事業として認識する必要がある。
③ 実施事業や特定寄付を新たに追加する場合や廃止する場合
（FAQ問Ⅺ-1-②）

▶公益目的支出計画の完了予定年月日の変更
各事業年度の公益目的支出の額や実施事業収入の額が変更になることにより，公益目的支出計画が完了予定年月日に完了しなくなることが明らかであるものは，変更の認可を受ける必要がある（整備法規則35三）。

2. 変更の届出を行うことが必要な場合

移行法人が，公益目的支出計画の変更を行う次の場合においては，変更の届出が必要になる。

▶公益目的支出計画の軽微な変更

移行法人が，以下に示す公益目的支出計画の軽微な変更を行った場合は，変更の許可を受ける必要はないが，遅滞なく，その旨を認可行政庁に届け出なければならない（整備法 125 ③二，整備法規則 35）。

① 実施事業を行う場所の名称又は所在場所のみの変更

② 特定寄付の相手方の名称又は主たる事務所の所在場所のみの変更

③ 各事業年度の公益目的支出の額や実施事業収入の額が変更になる場合であっても，公益目的支出計画が予定どおりに完了することが見込まれるもの（この場合，移行法人は，その事業年度の公益目的支出計画実施報告書に当該変更があった旨を明示して提出する（整備法施行規則 37 ③）。）

④ 合併の予定の変更又は当該合併がその効力を生ずる予定年月日の変更

▶事業に必要な許認可等の変更

実施事業を行うに当たり法令上許認可等を必要とする場合において，それらの許認可等に変更が生じた場合には，認可行政庁に遅滞なくその旨を届け出る必要がある（FAQ 問XI-1-②）。

▶申請時の収支見込の変更（事前届出）

多額の借入れ等や資産運用方針の大幅な変更などを行うことにより申請時の収支の見込みが変更される場合には，事前に行政庁に届け出る必要がある。

また，これらの活動により公益目的支出計画が当初の実施期間内に完了しないこととなる場合には，あらかじめ公益目的支出計画の変更認可を受けなければならない（公益認定等ガイドラインII-2）。

第Ⅲ部

税務編

第1章 法人税

＜ポイント＞

　一般社団法人・一般財団法人及び公益法人に対する法人税の課税範囲は，法人税法上の法人の区分により，全事業となるか収益事業のみとなるかが異なってくる。また，収益事業のみ課税される場合においても，その収益事業のうち課税対象となる事業とならない事業とがある。

　法人税の所得計算では，一般社団法人・一般財団法人及び公益法人のうち収益事業のみが課税対象となる法人（公益法人等）については，特則が設けられている。また，組織変更等により課税範囲に変更等があった場合についても，規定が設けられている。

　本章では，これらの内容について解説する。

1　法人の区分

1．一般社団法人・一般財団法人

▶非営利型法人

　一般社団法人・一般財団法人のうち，非営利性が徹底された法人又は共益的活動を目的とする法人は，非営利型法人とされる。非営利型法人は，法人税法上，公益法人等とされ，収益事業のみに課税される（法税法5，7，別表第2）。税率は，平成27年3月31日までに開始する事業年度まで普通法人と同様，25.5％（所得金額年800万円以下の金額は15％）である（法税法66①，租特法42の3の2の①）。なお，平成26年10月1日以後に開始する事業年度から基準法人税額の4.4％の地方法人税も課されることとなった（地法税法9，10①）。

318 第Ⅲ部 税務編

　非営利性が徹底された法人又は共益的活動を目的とする法人に該当するものの要件は，次のとおりである。

① **非営利性が徹底された法人**（法税法令3①）

　(a)　定款に剰余金の分配を行わない旨の定めがあること

　(b)　定款に解散した場合の残余財産を国若しくは地方公共団体又は次に掲げる法人に帰属させる旨の定めがあること

　　㋑　公益社団法人又は公益財団法人

　　㋺　公益法人認定法第5条第17号イからトまでに掲げる法人（「制度編　第3章　④　17. 公益目的取得財産残額の贈与」（P.136）参照）

　(c)　(a)又は(b)の定款の定めに違反する行為（(a)，(b)及び(d)の要件のすべてに該当していた期間において，剰余金の分配又は残余財産の分配若しくは引渡し以外の方法（合併による資産の移転を含む。）により特定の個人又は団体に特別の利益を与えることを含む。）を行うことを決定し，又は行ったことがないこと

　(d)　各理事（清算人を含む。以下同じ。）について，その理事及びその理事の配偶者又は3親等内の親族その他の一定の特殊の関係のある者である理事の合計数が，理事の総数の1／3以下であること

② **共益的活動を目的とする法人**（法税法令3②）

　(a)　会員の相互の支援，交流，連絡その他の会員に共通する利益を図る活動を行うことを主たる目的としていること

　(b)　定款（定款に基づく約款その他これに準ずるものを含む。）に会員が会費として負担すべき金銭の額の定め，又は当該金銭の額を社員総会若しくは評議員会の決議により定める旨の定めがあること

　(c)　主たる事業として収益事業を行っていないこと

　(d)　定款に特定の個人又は団体に剰余金の分配を受ける権利を与える旨の定めがないこと

第1章 法人税 319

(e) 定款に解散した場合の残余財産を特定の個人又は団体（国若しくは地方公共団体又は次に掲げる法人を除く。）に帰属する旨の定めがないこと

　㋑　公益社団法人又は公益財団法人

　㋺　公益法人認定法第5条第17号イからトまでに掲げる法人

　㋩　類似の目的を持つ一般社団法人又は一般財団法人

(f) (a)〜(e)の要件及び(g)に掲げる要件のすべてに該当していた期間において，特定の個人又は団体に剰余金の分配その他の方法（合併による資産の移転を含む。）により特別の利益を与えることを決定し，又は与えたことがないこと

(g) 各理事について，その理事及びその理事の配偶者又は3親等内の親族その他の一定の特殊の関係にある者である理事の合計数が，理事の総数の1／3以下であること

▶特別の利益

上記①(c)及び②(f)の「特別の利益を与えること」としては，次のような行為が挙げられている（法税基通1-1-8）。

(a) 法人が，特定の個人又は団体に対し，その所有する土地，建物その他の資産を無償又は通常よりも低い賃貸料で貸し付けていること

(b) 法人が，特定の個人又は団体に対し，無利息又は通常よりも低い利率で金銭を貸し付けていること

(c) 法人が，特定の個人又は団体に対し，その所有する資産を無償又は通常よりも低い対価で譲渡していること

(d) 法人が，特定の個人又は団体から通常よりも高い賃借料で土地，建物その他の資産を賃借していること，又は通常よりも高い利率により金銭を借り受けていること

(e) 法人が，特定の個人又は団体の所有する資産を通常よりも高い対価で譲り受けていること，又は法人の事業の用に供すると認められない資産を取得していること

(f) 法人が，特定の個人に対し，過大な給与等を支給していること

なお、「特別の利益を与えること」には、収益事業に限らず、収益事業以外の事業において行われる経済的利益の供与又は金銭その他の資産の交付が含まれることに留意する。

また、②(c)に規定する「主たる事業として収益事業を行っていないこと」については、その法人が主たる事業として収益事業を行うことが常態となっていないかどうかにより判定する。この場合において、主たる事業であるかどうかは、法人の事業の態様に応じて、例えば収入金額や費用の金額等の合理的と認められる指標を総合的に勘案し、当該合理的指標による収益事業以外の事業の割合が、おおむね50％を超えるかどうかにより判定することとなる。ただし、その法人の行う事業の内容に変更があるなど、収益事業の割合と収益事業以外の事業の割合の比に大きな変動を生ずる場合を除き、当該事業年度の前事業年度における合理的指標による収益事業以外の事業の割合が、おおむね50％を超えるときには、その法人は、当該事業年度の開始の日において「主たる事業として収益事業を行っていない」場合に該当しているものと判定して差し支えないものとされている。なお、その判定の結果、収益事業以外の事業の割合がおおむね50％を超えないとしても、そのことのみをもって「主たる事業として収益事業を行っていない」場合に該当しないことにはならないことに留意する（法税基通1-1-10）。

▶非営利型法人以外の法人

一般社団法人・一般財団法人のうち、①、②に該当しないものについては、法人税法上、普通法人として扱われる（法税法2九）。

第1章　法　人　税　321

2. 公益法人

公益法人は，法人税法上，公益法人等とされ，収益事業のみに課税される（法税法5，7，別表第2）。ただし，法人税法上の収益事業に該当していたとしても，その事業が公益目的事業に該当する場合は課税されない。

法人の区分と課税範囲については，次のようになる。

法人区分	一般社団法人・一般財団法人		公益法人
	非営利型法人以外	非営利型法人	
課税範囲	全事業	収益事業	収益事業 （公益目的事業を除く。）

② 収益事業の範囲

収益事業とは，販売業，製造業その他の政令で定める事業で，継続して事業場を設けて行われるものをいう（法税法2十三）。

収益事業の対象となる事業（特掲事業）として34業種が定められている（法税法令5①）。

322 第Ⅲ部 税務編

図表 1-1　特掲事業の業種

1. 物品販売業	18. 代理業
2. 不動産販売業	19. 仲立業
3. 金銭貸付業	20. 問屋業
4. 物品貸付業	21. 鉱業
5. 不動産貸付業	22. 土石採取業
6. 製造業	23. 浴場業
7. 通信業	24. 理容業
8. 運送業	25. 美容業
9. 倉庫業	26. 興行業
10. 請負業	27. 遊技所業
11. 印刷業	28. 遊覧所業
12. 出版業	29. 医療保健業
13. 写真業	30. 技芸教授業
14. 席貸業	31. 駐車場業
15. 旅館業	32. 信用保証業
16. 料理店業その他の飲食店業	33. 無体財産権の提供業
17. 周旋業	34. 労働者派遣業

　具体的に，公益法人等の営む事業が収益事業に該当するか否かの判定は，法人税法施行令などに定められており，例えば，次のようなものが挙げられる。

図表 1-2　特掲事業の各業種の内容等

1. 物品販売業	・動植物，その他物品とはいわないもの（郵便切手，収入印紙，物品引換券など）の販売業も該当する（法税法令5①一）。 ・農産物等（農産物，畜産物，林産物又は水産物をいう。）をそのまま又は加工を加えた上で直接不特定又は多数の者に販売する行為は，収益事業に含まれるが，当該農産物等（出荷のために最小限必要とされる簡易な加工を加えたものを含む。）を特定の集荷業者等に売り渡すだけの行為は該当しない（法税基通15-1-9）。 ・会員に対して有償で物品の頒布をする場合，形式的には物品販売業に該当するが，その物品の頒布が，その物品の用途，頒布価額などからみて，もっぱら会員等からその事業規模等に応じて会費を徴収する手段として行われるものであると認められるときには，その物品の頒布は，物品販売業には該当しない（法税基通15-1-9（注）3）。

2. 不動産販売業	特定法人（注）の行う不動産販売業，その他特定のものが行う事業は該当しない（法税法令5①二）。 （注）特定法人 　次に掲げる法人で，その業務が地方公共団体の管理の下に運営されているもの（法税法令5①二イ）。 (1) 社員総会における議決権の総数の1／2以上の数が，当該地方公共団体により保有されている公益社団法人又は法人税法別表第二に掲げる一般社団法人 (2) 拠出をされた金額の1／2以上の金額が，当該地方公共団体により拠出をされている公益財団法人又は法人税法別表第二に掲げる一般財団法人 (3) 社員総会における議決権の全部が，(1)又は(2)に掲げる法人により保有されている公益社団法人又は法人税法別表第二に掲げる一般社団法人 (4) 拠出をされた金額の全額が，(1)又は(2)に掲げる法人により拠出をされている公益財団法人又は法人税法別表第二に掲げる一般財団法人
3. 金銭貸付業	・「手形割引」の方法により資金を供する行為は該当する（法税基通15-1-14（注））。 ・金利が低廉な「共済貸付け」は該当しない（法税基通15-1-15）。
4. 物品貸付業	動植物，その他通常物品とはいわないものの貸付業も該当する（法税法令5①四）。
5. 不動産貸付業	・特定法人（不動産販売業と同じ。）が行う不動産貸付業，国等（国及び地方公共団体をいう。）に対して直接貸し付けられ，かつ，国等によって直接使用されるもの，住宅用地の低廉貸付け，その他法令で定められている法人が行う事業は該当しない（法税法令5①五）。 ・店舗の一画を他の者に継続的に使用させるいわゆるケース貸し，広告等のために建物の屋上等を他の者に使用させる行為も該当する（法税基通15-1-17）。
6. 製　造　業	電気又はガス供給業，熱供給業，物品の加工修理業も該当する（法税法令5①六）。
7. 通　信　業	無線呼出業務，郵便物の集配業務，共同アンテナに係る事業等も該当する（法税法令5①七，法税基通15-1-24）。
8. 運　送　業	貨物の集荷，取次などを行う運送取扱業も該当する（法税法令5①八）。

324 第Ⅲ部 税務編

9. 倉　庫　業	手荷物，自転車等の預り業及び保護預り施設による物品等の預り業（貸金庫又は貸ロッカーを除く。）も該当する（法税基通 15-1-26）。
10. 請　負　業	・他の者の委託に基づいて行う調査，研究，情報の収集及び提供，手形交換，為替業務，検査，検定等の事業が該当する（法税基通 15-1-27）。 ・事務処理の委託を受ける業も該当する。ただし，国又は地方公共団体の事務処理の委託に係るもので，実費弁償によるもの，その他特定のものが行う事業は該当しない（法税法令 5 ①十）。
11. 印　刷　業	製版業，植字業，製本業など，印刷に関連して不可分の事業も該当する（法税基通 15-1-30）。
12. 出　版　業	・各種の名簿，統計数値，企業財務に関する情報等の印刷物も出版物に含まれるので，これらの印刷物を刷成して販売する事業も該当する（法税基通 15-1-31）。 ・特定の資格を持つ者を会員とする法人が，会報その他これに準ずる出版物を主として会員に配付するために行うもの，及び学術，慈善その他公益を目的とする法人がその目的を達成するため会報をもっぱらその会員に配布するために行うもの，その他特定のものは該当しない（法税法令 5 ①十二）。
13. 写　真　業	いわゆる「DPE 業」（写真フィルムの現像処理などを行う業）及びその取次業も該当する（法税基通 15-1-37）。
14. 席　貸　業	国又は地方公共団体の用に供するための席貸業，法人の会員，その他これに準ずる者の用に供するためのもののうち，その利用の対価の額が実費の範囲を超えないもの，その他一定のものは該当しない（法税法令 5 ①十四）。
15. 旅　館　業	・下宿営業，簡易宿所営業は該当する（法税基通 15-1-39）。 ・学生又は生徒の就学を援助することを目的とする公益法人等の経営に係る学生寮，学校法人等が専らその学校に在学する者を宿泊させるために行う寄宿舎の経営，その他特定のものは該当しない（法税基通 15-1-40～42）。
16. 料理店業その他の飲食店業	・他の者からの仕出しを受けて飲食物を提供するものも該当する（法税基通 15-1-43）。 ・学校法人が学校給食法等に基づいて行う学校給食の事業は該当しない（法税基通 15-1-43（注））。

17. 周　旋　業	不動産仲介業，債権取立業，職業紹介所，結婚相談所等の事業が該当する（法税基通15-1-44）。
18. 代　理　業	保険代理店，旅行代理店等の事業が該当する（法税基通15-1-45）。
19. 仲　立　業	商品売買，用船契約又は金融（手形割引を含む。）等の仲介又はあっせんを行う事業が該当する（法税基通15-1-46）。
20. 問　屋　業	商品取引員，出版取次業（物品販売業に該当するものを除く。），広告代理店業に係る事業が該当する（法税基通15-1-47）。
21. 鉱　　　業	請負契約により探鉱，坑道掘削，鉱石の搬出等の作業を行う事業のほか，自らは鉱業権者又は租鉱権者としての登録は受けていないが，鉱業権者又は租鉱権者である者との契約に基づいて鉱業経営に関する費用及び損失を負担し，採掘された鉱物（当該鉱物に係る収益を含む。）の配分を受けることとしているため，実質的に鉱業を行っていると認められる場合におけるその事業が含まれる（法税基通15-1-48）。
22. 土石採取業	
23. 浴　場　業	特殊浴場業といわれるサウナ風呂，砂湯なども該当する（法税基通15-1-49）。
24. 理　容　業	理容学校を経営する公益法人等が，理容所を設けて不特定又は多数の者に対して理容サービスの提供を行っている場合には，理容サービスの提供が教育実習の一環として行われるものであり，かつ，その理容学校における技芸の教授として収益事業に該当しないものとされるときであっても，当該理容サービスの提供は，理容業に該当する（法税基通15-1-50）。
25. 美　容　業	整髪美容に限らずマッサージ，パック，美容体操等の方法で，全身美容のサービスを提供する事業も含まれる。また，美容サービスの対象がかならずしも人だけではなく，犬や猫等の愛玩動物（ペット）も対象となり，これらの愛玩動物のシャンプー，トリミング等を行う場合も該当する（法税基通15-1-51）。

26. 興 行 業	・自ら興行主となって行う興行に限らず，他の興行主等との契約により，その興行主等のために行う興行，いわゆる「売興行」を行う事業を含み，また，興行の媒介又は取次を行う事業（興行ブローカー）も含まれる（法税基通15-1-52）。 ・常設の美術館，博物館等において，主としてその所蔵品(保管の委託を受けたものを含む。)を観覧させる行為は該当しない（法税基通15-1-52（注））。 ・次に掲げる興行（これに準ずるものを含む。）に該当することにつき，所轄税務署長の確認を受けたものは，該当しない。 (1) 催物に係る純益の金額の全額が教育（社会教育を含む。），社会福祉等のために支出されるもので，かつ，当該催物に参加し又は関係するものが何らの報酬も受けないいわゆる慈善興行 (2) 学生，生徒，児童，その他催物に参加することを業としない者を参加者又は出演者等とする興行（その興行収入の相当部分を企業の広告宣伝のための支出に依存するものについては，これにより剰余金の生じないものに限るものとし，その他の興行については，その興行のために直接要する会場費，人件費，その他の経費の額を賄う程度の低廉な入場料によるものに限る。） (法税基通15-1-53)
27. 遊技所業	野球場，テニスコート，ゴルフ場，射撃場，釣り堀，碁会所などの遊技場を設け，これをその用途に応じて他の者に利用させる事業（席貸業に該当するものを除く。）をいい，いわゆる会員制のものが該当する(法税基通15-1-54)。
28. 遊覧所業	不特定又は多数の者をして一定の場所を遊歩し，天然又は人工の物，景観等などを観覧させることを目的とする事業をいう。例えば，展望台，パノラマ，遊園地，庭園，動植物園，海中公園等が該当する（法税基通15-1-55)。
29. 医療保健業	・病院，診療所を経営する事業，助産所を経営する事業のほか，療術業（あんま，指圧，はり，きゅう等），看護業，歯科技工業，獣医業等が該当する（法税基通15-1-56)。 ・日本赤十字社が行う医療保健業，その他特定のものは該当しない（法税法令5①二十九)。

30. 技芸教授業	次に掲げる技芸の教授が該当する。ただし，学校教育法に規定する学校等で行われるもので，1年間の授業時間が所定の時間数以上であるもの，その他一定のものは該当しない（法税法令5①三十，法税法規則7）。
	
	  1 洋 裁
	  2 和 裁
	  3 着物着付け
	  4 編 物
	  5 手 芸
	  6 料 理
	  7 理 容
	  8 美 容
	  9 茶 道
	10 生 花
	11 演 劇
	12 演 芸
	13 舞 踊
	14 舞 踏
	15 音 楽
	16 絵 画
	17 書 道
	18 写 真
	19 工 芸
	20 デザイン（レタリングを含む。）
	21 自動車操縦若しくは小型船舶の操縦
	    a. 技芸の通信教育による技芸の教授を含む。
	    b. 技芸に関する免許の付与，その他これに類する行為を含む。

31. 駐車場業	個々の自動車ごとに駐車場を提供するだけでなく，駐車場に適する場所を一括して貸し付ける（駐車場としての土地の貸付け）場合も該当する。この場合，その規模の大小や設備の有無，貸付期間の長短，保管責任の有無などは問わない（法税基通15-1-68）。
32. 信用保証業	・他人の債務について保証することにより信頼を供与し，これについて保証料を得る事業が該当する。 ・信用保証協会法等に基づいて行われる信用保証業，低廉な料率による信用保証業については該当しない（法税法令5①三十二）。

328　第Ⅲ部　税務編

33. 無体財産権提供業	・工業所有権，その他の技術に関する権利，著作権，出版権及び著作隣接権の譲渡又は提供を行う事業が該当する。 ・国又は地方公共団体に対して行われる無体財産権の提供等，その他特定のものに提供する場合は該当しない（法税法令5①三十三）。
34. 労働者派遣業	・自己の雇用する者その他の者を，他の者の指揮命令を受けて，当該他の者のために当該他の者の行う事業に従事させる事業をいう（法税法令5①三十四）。 ・自己と雇用関係のない者を，他の者の指揮命令を受けて，当該他の者の行う事業に従事させる事業等も含まれる（法税基通15-1-70）。

　また，内容的に収益事業に該当する場合であっても，次の事業については，収益事業には含まれないこととされている（法税法令5②）。

図表1-3　収益事業から除かれる事業

一　公益社団法人又は公益財団法人が行う「図表1-2」（P.322）に掲げる事業のうち，公益法人認定法第2条第4号（定義）に規定する公益目的事業に該当するもの（「制度編 第3章 ③ 公益法人に認定されるための公益目的事業」（P.107）参照）

二　公益法人等が行う「図表1-2」（P.322）に掲げる事業のうち，その事業に従事する次に掲げる者がその事業に従事する者の総数の半数以上を占め（※），かつ，その事業がこれらの者の生活の保護に寄与しているもの

　(イ)　身体障害者福祉法（昭和24年法律第283号）第4条（身体障害者の意義）に規定する身体障害者

　(ロ)　生活保護法（昭和25年法律第144号）の規定により生活扶助を受ける者

　(ハ)　児童相談所，知的障害者福祉法（昭和35年法律第37号）第9条第6項（更生援護の実施者）に規定する知的障害者更生相談所，精神保健及び精神障害者福祉に関する法律（昭和25年法律第123号）第6条第1項（精神保健福祉センター）に規定する精神保健福祉センター又は精神保健指定医により知的障害者として判定された者

　(ニ)　精神保健及び精神障害者福祉に関する法律第45条第2項（精神障害者保健福祉手帳の交付）の規定により，精神障害者保健福祉手帳の交付を受けている者

　(ホ)　年齢65歳以上の者

　(ヘ)　母子及び寡婦福祉法（昭和39年法律第129号）第6条第1項（定義）に規定する配偶者のない女子であって民法第877条（扶養義務者）の規定により，現に母子及び寡婦福祉法第6条第2項に規定する児童を扶養しているもの又は同条第3項に規定する寡婦

三　母子及び寡婦福祉法第6条第6項に規定する母子福祉団体が行う「図表1-2」
　（P.322）に掲げる事業のうち，母子及び寡婦福祉法施行令（昭和39年政令第224
　号）第6条第1項各号（貸付けの対象となる母子福祉団体の事業）に掲げる事業
　で，次に掲げるもの
　(イ)　母子及び寡婦福祉法第14条（母子福祉団体に対する貸付け）（同法第32条
　　第3項（母子福祉団体で寡婦を使用するものに対する準用）において準用する
　　場合を含む。）の規定による貸付金の貸付けに係る事業のうち，その貸付けの
　　日から当該貸付金の最終の償還日までの期間内の日の属する各事業年度にお
　　いて行われるもの
　(ロ)　母子及び寡婦福祉法第25条第1項（売店等の設置の許可）に規定する公共
　　的施設内において行われている事業
四　保険業法（平成7年法律第105号）第259条（目的）の保険契約者保護機構が
　同法第265条の28第1項第5号（業務）に掲げる業務として行う事業
　※　事業に従事する者の数が，当該事業に従事する者の半数以上を占めるかどう
　　かは，その事業年度における全従業員の延人員数のうちに占める身体障害者等
　　の延人員数の割合により判定する。ただし，身体障害者等については，一般の
　　従業員に比べて勤務時間が短いことも考えられるが，この点については，勤務
　　時間が短い身体障害者等においても，通常の勤務時間その事業に従事したもの
　　として延人員数を計算することができる（法税基通15-1-8）。

③　所得計算の特則

1. 区分経理

▶収益事業の区分経理

①　収益事業の所得に関する区分経理

　法人税法においては，「公益法人等」が収益事業を行う場合には，収益事業
から生ずる所得に関する経理と収益事業以外の事業から生ずる所得に関する経
理とを区分して行わなければならないものとされている（法税法令6）。なお，
公益法人等には，公益法人だけでなく，非営利型の一般社団法人・一般財団法
人も含まれる（法税法2六，別表第2）。

　法人税法上このような区分経理が求められているのは，公益法人等について
は，収益事業から生じた所得にのみ課税されるため，公益事業のような収益事
業以外の事業から生ずる所得を除外し，課税対象となっている収益事業の所得，

330　第Ⅲ部　税務編

すなわち，法人税法施行令第5条第1項において収益事業の範囲として列挙されている34種類の事業に該当する事業（「図表1-1」（P.322）参照）から生ずる所得を正しく算定するためである。この区分経理の要請は，所得に直接関連する収益及び費用に関する経理だけでなく，資産及び負債に関する経理にも及ぶものである（法税基通15-2-1）。

②　会計上の区分経理

公益法人における会計上の区分経理は，正味財産増減計算書の記載を，その内訳表において，公益目的事業に関する会計（公益目的事業会計），収益事業等に関する会計（収益事業等会計），及び管理業務やその他の法人全般に係る事項（公益目的事業や収益事業等に属さない事項）に関する会計（法人会計）の3つに区分し，さらに各公益目的事業・収益事業等ごとに細分化することで表示される（認定法19，公益認定等ガイドラインⅠ-18）。これに加え，収益事業等から生じた収益のうち50％を超えて公益目的事業財産に繰り入れる法人については，貸借対照表についても同様の対応が必要となる（区分経理については，「会計編　第2章　③　1.会計単位と会計区分」（P.193）を参照のこと。）。

なお，非営利型法人を含む一般社団法人・一般財団法人（移行法人を除く。）については，適用すべき会計基準等について特に定めはなく，一般に公正妥当と認められる会計の基準その他の会計の慣行を斟酌することが求められているのみである（一般法規則21）。ゆえに，会計上，区分経理することを直接要請する規定はないが，本項では，公益法人との比較のため，公益法人会計基準で上記のように3つの区分を設けているのと同様の区分を，非営利型の一般社団法人・一般財団法人においても行っている場合を前提とする。

③　所得計算上の区分経理と会計上の区分経理の関係

公益法人等は営利を追求する法人ではないことから，全所得が課税対象である非営利型以外の一般社団法人・一般財団法人とは異なる取扱いがなされており，限定列挙された34種類の収益事業から生ずる所得のみに対して課税されることとなる。よって，法人が事業から得た収益について，会計上，公益目的

事業として経理した場合であっても，34種類のいずれかに該当するのであれば，法人税法上は，収益事業課税の対象となる（法税基通15-1-1）。

　しかしながら，公益法人が行う公益法人認定法上の公益目的事業に関しては，税務上の収益事業の範囲から除かれているため，課税対象とはならない（法税法令5②一）。

　よって，公益法人の所得は，公益目的事業会計に関しては，全て非課税となり，収益事業等会計及び法人会計に関しては，上記34種類に該当する部分が課税対象となり，その他が非課税となる。

　これに対して，非営利型の一般社団法人・一般財団法人では，公益目的事業会計の所得の課税・非課税についても，収益事業等会計や法人会計の所得の課税・非課税の判断と同様，端的に34種類に該当するか否かで決定される。

▶費用の区分経理

　法人税の所得計算上，収益事業について直接要した費用又は直接生じた損失の額は，収益事業に係る費用又は損失の額として経理される。一方，収益事業と収益事業以外の事業とに共通する費用又は損失の額は，継続的に，資産の使用割合，従業員の従事割合，資産の帳簿価額の比，収入金額の比その他当該費用又は損失の性質に応ずる合理的な基準により収益事業と収益事業以外の事業とに配賦し，これに基づいて経理することとされている（法税基通15-2-5）。

　なお，会計上も，各事業に関連する費用額については，適正な基準によりそれぞれの費用額に配賦しなければならないとされており（認定法規則19），公益認定等ガイドラインⅠ-7では，配賦基準の参考として建物面積比，職員数比，従事割合，使用割合が示されている。

▶区分経理に基づく所得計算

　課税対象とすべき収益事業の範囲とそれに紐づく費用の集計に関しては，税務と会計とで，それぞれ規定がなされている。所得計算上の収益事業の範囲と会計上の収益事業等会計の範囲が一致し，関連して集計される費用の範囲にも，差異が生じない場合もあるが，そうでない場合，正味財産増減計算書内訳表の

332　第Ⅲ部　税務編

収益事業等会計の損益からそのまま申告計算をすることができず，区分経理表
を用いるなどして，申告所得の基礎となる区分された収益事業の損益計算書（区
分された収益事業の正味財産増減計算書）を適切に作成する必要がある（公益
法人委員会報告第18号「公益法人における法人税法上の収益事業に関する計
算方法等について」（日本公認会計士協会）事例Ⅱ）。

　これらに加えて，公益法人等では，法人税法上の収益事業の区分経理のその
他の特則として，次の「図表1-4」に掲げる各項目についても検討を要する。

　なお，公益法人等が確定申告書に添付する貸借対照表，正味財産増減計算書
等の書類には，区分経理に基づく収益事業に係る当該書類のみならず，収益事
業以外の事業に係るこれらの書類も含まれることに留意する必要がある（法税
基通15-2-14）。

▶区分経理の各種特則

　公益法人等に係る区分経理の基本的な論点の他に，各種の特則として，次の
ものがある。

図表 1-4　区分経理の各種特則

【収益に関する区分経理】	
収益事業の所得の運用 （法税基通 15-1-7）	収益事業から生じた所得を預金，有価証券等の資産で運用した場合の運用益は，収益事業の損益に含まれる（法税基通 15-1-6(5)）。ただし，当該資産のうち収益事業の運営に通常必要と認められる金額に見合うもの以外の部分につき，収益事業以外の資産として区分経理した場合には，その運用益を，収益事業の損益に含めないことができる。 　この場合，公益法人等のその区分経理をした金額については，みなし寄附金の規定の適用がある。
収益事業の固定資産の処分損益 （法税基通 15-2-10）	収益事業に属する固定資産の譲渡，除却，その他の処分をしたことによる損益は，原則として収益事業の損益とする。ただし，次の場合には，その損益は，収益事業に係る損益に含めないことができる。

	Ⓐ 相当期間（おおむね10年以上）にわたり保有している土地（借地権を含む。），建物又は構築物につき譲渡（法人税法施行令第138条第1項の適用のある借地権の設定を含む。），除却，その他の処分をした場合 Ⓑ 収益事業の全部又は一部を廃止し，それに係る固定資産につき譲渡，除却，その他の処分をした場合
借地権利金等 （法税基通15-2-11）	固定資産である土地又は建物の貸付けをしたことにより収受する権利金等については，次のように扱われる。 Ⓐ 土地の貸付けにより地価が1／2以上低下し，土地の帳簿価額の一部損金算入が認められる場合（法税法令138①），その貸付により収受する権利金等は，土地の譲渡による収益の額として，収益事業の固定資産の処分損益（法税基通15-2-10）と同様に扱う。 Ⓑ Ⓐ以外のもの（土地・建物の貸付けで収受する権利金，その他の一時金，契約更新料等）は，不動産の貸付けに係る収益となる。
補助金等の収入 （法税基通15-2-12）	国，地方公共団体等から交付を受けた補助金，助成金等については，資産の譲渡又は役務の提供の対価としての実質を有するものを除き，次のように扱われる。 Ⓐ 固定資産の取得又は改良に充てられるために交付を受ける補助金等は，たとえ当該固定資産が収益事業の用に供されるものである場合であっても，収益事業に係る益金の額には算入しない。なお，この場合の当該固定資産の償却限度額や譲渡原価の基礎となる取得価額は，実際の取得価額によるものとされている。 Ⓑ 収益事業に係る収入又は経費を補てんするために交付を受けた補助金等の額は，収益事業の益金の額に算入する。
公益法人等が収入した ゴルフクラブの入会金 （法税基通15-2-13）	ゴルフ場の経営は，34事業のうちの遊技所業にあたるため，公益法人等がゴルフ場経営を行う場合，会員となる者から収入した入会金は，当該収益事業に係る益金の額に算入するのが原則となる（会員が脱退する場合に，これを返還することが定款，規約等で明らかなもの，及び会員から預った一種の保証金等に類する性格を有するものを除く。）。

334　第Ⅲ部　税務編

	ただし，その入会金の全部又は一部に相当する金額を基金等として特別に区分経理した場合には，その区分経理した金額は，収益事業に係る益金に算入しないことができる。 この場合において，区分経理した金額の全部又は一部に相当する金額を取り崩して収益事業に係る損失の補てんに充て，又は施設の修理費，その他収益事業に係る費用の支出に充てたときは，その補てん等に充てた金額は，当該事業年度の収益事業に係る益金の額に算入する。 なお，名義書替料の額は，収益事業に含まれる。
【費用に関する区分経理】	
所得に関する経理 （法税基通 15-2-1（注））	共用資産（収益事業と非収益事業の用）について，専用部分が明らかでない場合は，その資産を収益事業に属する資産として区分経理せず，その資産から生ずる費用のうち，利用状況等，合理的な基準により計算された金額を収益事業の費用として経理する。
固定資産の区分経理 （法税基通 15-2-2）	収益事業以外の事業から収益事業に転用した固定資産は，その時における帳簿価額により経理し，区分経理後の償却限度額は，「償却方法を変更した場合等の償却限度額」（法税基通 7-4-3～7-4-4 の 2）にならって処理する。
費用又は損失の区分経理 （法税基通 15-2-5（注））	収益事業以外の事業に属する金銭，その他の資産を，収益事業のために使用した場合，収益事業から収益事業以外の事業へ賃借料や利子を支払うこととして，これを収益事業の費用として経理することは認められない。
収益事業に専属する 借入金等の利子 （法税基通 15-2-6）	法令の規定，主務官庁の指導等により，収益事業以外の事業に係る資金の運用方法等が規制されているため，収益事業の遂行上，必要な資金の全部又は一部を外部からの借入金等により賄うこととしている場合には，その利子のうち，収益事業の遂行上，通常，必要と認められる部分の金額は，共通経費としての配賦計算を行うことなく，収益事業の費用とすることができる。
低廉譲渡等 （法税基通 15-2-9）	低廉により資産の譲渡又は役務の提供をした場合，その対価と実際に収受した対価の差額は，相手方に贈与（経済的利益）した寄附金支出として取り扱うが（法税法 37⑧），公益法人等の場合は，本来の目的である事業の範囲内で行われるものである限り，これを適用しない。

【その他の区分経理】	
収益事業に属するものとして区分された資産等の処理 （法税基通15-2-3）	区分経理時における収益事業の正味財産の価額（資産総額−負債総額（外部負債額））は，資本金等の額及び利益積立金額のいずれにも該当しない。

2. みなし寄附金

▶みなし寄附金制度の概要

　法人税法上，公益法人等がその収益事業に属する資産のうちから，その収益事業以外の事業のために支出した金額は，その収益事業に係る寄附金の額とみなすものとされている（法税法37⑤）。

　公益法人等では，収益事業の所得のみが課税対象であることから，実際は1つの法人格であるところ，収益事業と収益事業以外の事業とを区分経理をした上で，収益事業から収益事業以外の事業に振り替えた支出を寄附とみなし，これを他の寄附金の額に含めて収益事業の所得計算を行うことが認められているのである。

　これは，公益法人等における収益事業が，そもそも公益事業を含む収益事業以外の事業の資金不足を補うためのものであることが通常であることから，実質的には法人内部の取引であっても，収益事業の資産から収益事業以外の事業のために支出した金額に損金性を認め，課税対象事業と課税対象でない事業を経理的に区分することを前提に，優遇措置が設けられたものと考えられる。

　なお，非営利型法人を含む一般社団法人・一般財団法人は，このみなし寄附金の適用対象になっていない（法税法37④，⑤）。

▶みなし寄附金の留意事項

　公益法人等が，その収益事業に属する金銭その他の資産を，収益事業以外の事業に属するものとして区分経理をした場合において，その一方で，収益事業以外の事業から収益事業へその金銭等の額に見合う金額に相当する元入れが

あったものとして経理するなど，実質的に収益事業から収益事業以外の事業への金銭等の支出がなかったと認められるときは，その区分経理をした金額については，みなし寄附金としては取り扱われない（法税基通15-2-4）。

通常，収益事業以外の事業に経理される収益事業に属する金銭等は，みなし寄附金としての支出とされるが，収益事業以外の事業から収益事業に同等の元入れがあったような経理がなされる場合には，実質的に何ら支出がなされておらず，事業資金の不足が補われたとはいえないため，みなし寄附金としての取扱いを否定したものである。

すなわち，区分経理とは，同一法人格内の内部取引であっても，当該事業間の現実の資産の所属が移動することを意図したものであり，これを欠く場合には，当該事業間に実質的な支出があったとは認められず，みなし寄附金には，当たらないことになる。

▶公益法人のみなし寄附金制度の特徴

公益法人のみなし寄附金に関連する規定には，次のような特徴がある。

Ⓐ　収益事業以外の事業のうち，公益法人認定法上の公益目的事業（認定法2四）に対する支出のみが，みなし寄附金とされる（法税法令77の3）。

Ⓑ　みなし寄附金も含めた一般寄附金の損金算入限度額が拡充されている（法税法令73①三，73の2）。

　　＊Ⓑの「一般寄附金」には，同文中のみなし寄附金に加え，特定公益増進法人等への寄附金も含まれる（法税法37④）。

これまで見てきたように，みなし寄附金の制度全体としては，収益事業から収益事業以外の事業に対する支出をその範囲としているが，上記Ⓐのとおり，公益法人のみなし寄附金の範囲は，それより狭く，公益法人認定法第2条第4号の公益目的事業に対する支出に限定されている。その結果，収益事業以外の事業のうち公益目的事業に該当しない事業への支出があった場合，公益法人においては，みなし寄附金とはならないこととなる。公益法人認定法上の公益目

的事業であれば，法人税法上の収益事業34業種に該当したとしても非課税になるなど，公益法人制度改革によって，公益法人及びその公益に係る事業の位置づけが，より明確に整理されたものと思われる。特にⒶの取扱いは，みなし寄附金についての対象となる範囲がより厳密に設定されたものといえる。

なお，Ⓑの拡充された損金算入限度額とは，次の(ア)，(イ)のうち，いずれか大きい金額とされている。

(ア) 当該事業年度の寄附金控除前所得の金額の50／100に相当する金額（法税法令73①三イ）
(イ) 公益法人特別限度額（法税法令73の2）
当該事業年度の公益目的事業の実施のために必要な金額（当該金額がみなし寄附金額を超える場合には，みなし寄附金額に相当する金額）

旧公益法人制度では，同様の計算において，20／100を寄附金控除前所得の金額に乗じていた。また，上記(イ)に相当する規定はなかった。これに対して，現行の公益法人制度では，(ア)，(イ)の定めにより，限度額の下限が，寄附金控除前所得の金額の50／100に拡充されている。

このように新制度上，収益事業の所得の50／100以上まで損金算入限度額が拡充されたのは，公益法人認定法上の財務基準との関連によるものである。すなわち，公益法人の行う公益目的事業は，公益法人認定法上，収支相償が求められているため，その維持から資金不足が生じやすく，ゆえに，その不足を補う財源とすることを主な目的として，収益事業を営むことが公益法人に許された。そのような背景から，公益法人認定法上の財務基準である収支相償の計算においては，収益事業等から公益目的事業に利益の50％を公益目的事業財産として繰り入れなければならず（認定法18四，認定法規則24），さらに法人自らの決定に基づき，財源確保のために，利益の50％を超えての繰り入れを行うことも認められている（認定法規則26七，八）。よって，新制度では，少なくとも収益事業等の利益の50％については，法人が自由に処分できないものと定められているため，これと整合させる形で，税務上の寄附金の損金算入限度

額についても，所得の50％を基礎として算定できるものとされたのである。

上記(イ)の公益法人特別限度額は，当該事業年度のみなし寄附金の額と，当該事業年度のその公益目的事業の実施のために必要な金額（以下「公益目的事業実施必要額」という。）のいずれか少ない額となる。なお，公益目的実施必要額は，次の「図表1-5」の算式によって計算される。

この公益目的実施必要額の計算過程は，財務基準における収支相償の第2段階の計算過程と，ほぼ同様のものとなる。前述のとおり，新公益法人制度の収支相償の計算の導入に伴い，寄附金の損金算入限度額が拡充されたのは，財務基準における利益の繰入額と同じような額が（みなし寄附金として）損金算入できるようにするためであることから，計算要素やその計算過程も類似したものとなっている。

図表1-5　公益目的事業の実施のために必要な金額

《算式》

公益目的事業実施必要額	＝	当期の公益目的事業に係る費用の額 ①〜⑤	－	当期の公益目的事業に係る収入の額 ⑥〜⑪

※　①〜⑪は下のイメージ「公益目的事業の実施のために必要な金額」内の各項目番号を指す。

イメージ　　　　　　〔公益目的事業の実施のために必要な金額〕

費用	収入
① 公益目的事業に係る経常費用の額（公益目的保有財産の償却費の額を除きます。）（規則22の5①ーイ）	公益目的事業実施必要額
② 公益目的事業に係る特定費用準備資金増加額（当期積立基準額を超えない部分の金額に限ります。）（規則22の5①ーロ）	⑥ 公益目的事業に係る経常収益の額（規則22の5①ニイ）
③ 公益資産取得資金増加額（当期積立基準額を超えない部分の金額に限ります。）（規則22の5①ーハ）	⑦ 公益目的事業に係る特定費用準備資金減少額（規則22の5①ニロ）
④ 公益目的保有財産取得支出額（規則22の5①ーニ）	⑧ 公益資産取得資金減少額（規則22の5①ニハ）
⑤ 公益目的保有財産とした公益目的保有財産以外の財産の額（規則22の5①ーニ）	⑨ 公益目的保有財産処分収入額（規則22の5①ニニ） ⑩ 公益目的保有財産以外の財産とした公益目的保有財産の額（規則22の5①ニニ） ⑪ 公益目的事業以外の事業（収益事業を除く。）から公益目的事業へ繰り入れた金額（規則22の5①ニ柱書）

（出典）国税庁「新たな公益法人関係税制の手引」平成24年9月

第1章 法人税 339

4 課税所得の範囲の変更等

1. 特定普通法人が公益法人等に移行する場合

▶概 要

特定普通法人（非営利型以外の一般社団法人・一般財団法人）が公益法人等
（非営利型の一般社団法人・一般財団法人及び公益法人）に該当することとな
る場合には，法人税の課税所得の範囲が全所得課税から収益事業課税へ変更さ
れるため，法人税法上，特定普通法人が，公益法人等に該当することとなる日
（該当日）の前日に特定普通法人が解散し，該当日に公益法人等が設立された
ものとみなされる（法税法10の3①，②）。

この場合，事業年度開始の日から該当日の前日までの期間と，該当日から事
業年度終了の日までの期間は，その法人の事業年度とみなされ，それぞれの事
業年度について法人税・消費税等の申告を行う必要がある（法税法14①二十）。

図表 1-6　みなし事業年度と課税範囲（特定普通法人が公益法人等に移行）

▶該 当 日

図表 1-7　法人区分の変更と該当日（特定普通法人が公益法人等に移行）

法人区分の変更	該 当 日
特定普通法人 → 非営利型の一般社団法人・ 　一般財団法人	非営利型法人の要件の全てに該当することと なった日（法税法14①二十，法税法令3①， ②，法税基通1-2-6(2)ロ）
特定普通法人 → 公益法人	公益認定を受けた日（法税法14①二十，法税 基通1-2-6(2)イ，認定法4）

340 第Ⅲ部 税務編

▶調整規定

図表1-8 特定普通法人が解散したとみなされた日の属する事業年度における取扱い

法人税法等の規定	適用内容
(1) 欠損金の繰戻しによる還付（法税法80④）	該当日の前日前1年以内に終了した事業年度又は該当日の前日の属する事業年度において生じた欠損金については，繰戻し還付規定の適用を受けることができる。 　なお，欠損金の繰戻し還付の規定は，租税特別措置法において，大法人による完全支配関係がない中小企業者等を除き，その適用が停止されているが，解散の場合には適用され，還付を受けることができる（租特法66の13①）。
(2) 国庫補助金等に係る特別勘定の金額の取崩し（法税法43②，③　48②，③，法税法令81，90）	該当日の前日において，その有している特別勘定の金額の全額を取り崩し，その取り崩した日の属する事業年度の益金の額に算入する。
(3) 貸倒引当金及び返品調整引当金（法税法52⑫，53⑨）	該当日の前日の属する事業年度については，貸倒引当金及び返品調整引当金の損金算入が認められない。
(4) 繰り延べたデリバティブ取引等の決済損益額の計上時期等（法税法令121の5①）	ヘッジ対象資産等の決済等が行われていないときにおいても，繰り延べた決算損益額は，その該当日の前日の属する事業年度の益金の額又は損金の額に算入する。
(5) 長期割賦販売等に係る収益及び費用の額（法税法令125③）	該当日の前日の属する事業年度において，延払基準の方法により繰り延べられていた収益及び費用の額の全額を，益金及び損金の額に算入する。
(6) 一括償却資産の損金算入（法税法令133の2⑤）	該当日の前日の属する事業年度において，その事業年度終了の時における一括償却資産の金額の残額を，損金の額に算入する。
(7) 資産に係る控除対象外消費税額等の損金算入（法税法令139の4⑩）	該当日の前日の属する事業年度において，その事業年度終了の時における繰延消費税額等の残額を，損金の額に算入する。
(8) 退職給与引当金勘定の取崩し（平14年8月改正法税法令附則5⑫，⑬）	該当日の前日の属する事業年度において，その有する退職給与引当金勘定の金額を，全額取り崩した上で，益金の額に算入する。

（出典）国税庁「新たな公益法人関係税制の手引き」平成24年9月を一部加筆修正。

第1章 法人税 341

図表 1-9　公益法人等が設立したとみなされた日の属する事業年度における取扱い

法人税法等の規定	適用内容
(1) 青色欠損金，災害損失金及び期限切れ欠損金の繰越し（法税法 57 ①，58 ①，59）	該当日の属する事業年度前の各事業年度において生じた欠損金を，該当日の属する事業年度以後に繰り越すことはできない。
(2) 欠損金の繰戻しによる還付（法税法 80）	該当日の属する事業年度において生じた欠損金の繰戻しによる還付を，受けることはできない。
(3) 受取配当の益金不算入制度における株式等に係る負債の利子の額（法税法令 22）	負債の利子の額の按分計算について，該当日の属する事業年度以後の事業年度に係るもののみを合算する。 なお，簡便法は平成 22 年 4 月 1 日に存する法人のみ適用することができるので，該当日が同日より後である場合には，簡便法の適用はできない。
(4) 一括評価金銭債権に係る貸倒引当金制度における貸倒引当金勘定への繰入限度額（法税法令 96 ⑥，⑧）	貸倒実績率の計算について，該当日の属する事業年度は，当該事業年度の実績により計算し，翌事業年度以後は，該当日の属する事業年度以後の事業年度のみ合算する。
(5) 返品調整引当金制度における返品調整引当金勘定への繰入限度額（法税法令 101 ②）	棚卸資産の返品率の計算について，該当日の属する事業年度以後の事業年度のみで合算する。

（出典）国税庁「新たな公益法人関係税制の手引き」平成 24 年 9 月を一部加筆修正

2. 非営利型の一般社団法人・一般財団法人及び公益法人が普通法人に移行する場合

▶概　要

　非営利型の一般社団法人・一般財団法人及び公益法人が普通法人（非営利型法人以外の法人）に該当することとなる場合には，法人税の課税所得の範囲が，収益事業課税から全所得課税へ変更されるため，その該当することとなる日（該当日）前の「累積所得金額」又は「累積欠損金額」を該当日の属する事業年度の益金又は損金に算入する（法税法 64 の 4 ①，法税法令 131 の 4 ①）。

```
累積所得金額 ＝
    資産の帳簿価額 －（負債の帳簿価額 ＋ 利益積立金額）

累積欠損金額 ＝
    （負債の帳簿価額 ＋ 利益積立金額）－ 資産の帳簿価額
```

　この場合，事業年度開始の日から該当日の前日までの期間と，該当日から事業年度終了の日までの期間は，その法人の事業年度とみなされ，それぞれの事業年度について法人税・消費税等の申告を行う必要がある（法税法14①二十）。

図表 1-10　みなし事業年度と課税範囲（非営利型の一般社団法人・一般財団法人及び公益法人が普通法人に移行）

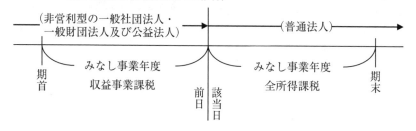

▶該 当 日

図表 1-11　法人区分の変更と該当日（非営利型の一般社団法人・一般財団法人及び公益法人が普通法人に移行）

法人区分の変更	該 当 日
非営利型の一般社団法人・ 一般財団法人 → 普通法人	非営利型法人の要件のいずれかに該当しないこととなった日（法税法14①二十，法税法令3①，②，法税基通1-2-6(1)ロ）
公益法人 → 普通法人	公益認定の取消しの日（法税法14①二十，法税基通1-2-6(1)イ，認定法29①，②）

第1章 法人税 343

▶非営利型の一般社団法人・一般財団法人が非営利型法人の要件を満たさなくなった場合

それぞれ次のように扱われる（法税法64の4①，法税法令131の4①）。

> (a) 移行日に累積所得となる場合
>   累積所得金額 ＝ 益金算入額
> (b) 移行日に累積欠損となる場合
>   累積欠損金額 ＝ 損金算入額

▶公益法人が普通法人に移行する場合

① 公益目的取得財産残額の調整

公益認定を取り消されたことにより公益法人が普通法人に該当することとなった場合は，公益認定取消し時の公益目的取得財産残額については，取消しの日から1ヶ月以内に，定款の定めに基づき，類似の事業を目的とする他の公益法人又は国若しくは地方公共団体等に贈与することが義務付けられていることから，次の調整が行われる（認定法5⑰，30①，法税法64の4③，法税法令131の5①一，②）。

> (a) 移行日に累積所得となる場合
>   累積所得金額－公益目的取得財産残額 ＝ 益金算入額
> (b) 移行日に累積欠損となる場合
>   累積欠損金額＋公益目的取得財産残額 ＝ 損金算入額

② 公益目的取得財産残額

公益目的取得財産残額とは，最終提出事業年度（公益認定の取消しを受けた日前に，行政庁に提出された財産目録等に係る事業年度のうち最も遅い事業年度）の末日における公益目的増減差額と，最終提出事業年度の末日において公益目的保有財産であった財産の公益認定取消しの日における価額の合計額（その価額がマイナスとなる場合は零）をいう（認定法30②，認定法規則49）。

344　第Ⅲ部　税務編

③　適用要件

公益目的取得財産残額の調整は，税務署長がやむを得ない事情があると認める場合を除き，確定申告書に公益目的取得財産残額の金額及びその計算に関する明細の記載があり，かつ，一定の書類の添付がある場合に限り適用される。

具体的には，法人税申告書別表 14(7)「Ⅰ 公益認定の取消しにより普通法人に該当することとなった場合等の累積所得金額又は累積欠損金額の益金又は損金算入に関する明細書」を作成し添付する（法税法 64 の 4 ④，⑤，法税法規 27 の 16 の 4 ②）。

④　公益目的取得財産残額の贈与についての取扱い

公益目的取得財産残額に相当する額の財産を，定款の定めに基づき，類似の事業を目的とする他の公益法人又は国若しくは地方公共団体等に贈与をしたときは，その贈与により生じた損失の額は，その法人の各事業年度の所得の金額の計算上，損金の額に算入しない。また，その損失の額は，法人税法第 37 条第 7 項（寄附金の損金不算入）の寄附金の額に，該当しないものとされる（法税法令 131 の 5 ④，⑨）。

▶非営利型法人である移行法人が普通法人に移行する場合

①　修正公益目的財産残額等の調整

非営利型法人である移行法人（整備法第 123 条第 1 項に規定する法人）であって，まだ，公益目的支出計画の実施の完了の確認を受けていない一般社団法人・一般財団法人が普通法人に該当することとなった場合には，移行日における公益目的財産残額については，公益目的支出計画に従って公益目的の実施事業や特定の寄付のために使用することが義務付けられていることから，次の調整が行われる（法税法 64 の 4 ③，法税法令 131 の 5 ①三，②）。

(a)　移行日に累積所得となる場合
　　　累積所得金額－当初調整公益目的財産残額　＝　益金算入額
(b)　移行日に累積欠損となる場合
　　　累積欠損金額＋当初調整公益目的財産残額　＝　損金算入額

第1章　法人税　345

②　当初調整公益目的財産残額

当初調整公益目的財産残額とは，次のいずれか少ない金額をいう（法税法令131の5①三）。

> (a)　移行日における修正公益目的財産残額
> (b)　移行日における資産の帳簿価額－（負債帳簿価額＋利益積立金額）

③　修正公益目的財産残額

修正公益目的財産残額とは，整備法第119条第2項第2号の公益目的財産残額と公益目的収支差額の収入超過額の合計額に，時価評価資産の評価損の額を加算し，評価益の額を控除した金額をいう（法税法規則27の16の4①）。

④　適用要件

修正公益目的財産残額の調整は，税務署長がやむを得ない事情があると認める場合を除き，確定申告書に公益目的取得財産残額の金額及びその計算に関する明細の記載があり，かつ，一定の書類の添付がある場合に限り適用される。

具体的には，法人税申告書別表14(7)「Ⅱ　移行法人が普通法人に該当することとなった場合等の累積所得金額又は累積欠損金額の益金又は損金算入に関する明細書」を作成し添付する（法税法64の4④，⑤，法税法規則27の16の4②）。

⑤　次年度以降の取扱い

この取扱いを受ける事業年度以後，公益目的支出計画の実施が完了したことの確認を受ける日の属する事業年度（以下「確認事業年度」という。）までは，公益目的支出の額が実施事業収入の額を超えるときは，その超える部分の金額（その法人の有する調整公益目的財産残額がその超える部分の金額に満たない場合には，調整公益目的財産残額に相当する金額）は，損金の額に算入せず，また，実施事業収入の額が公益目的支出の額を超えるときは，その超える部分の金額（その法人が調整公益目的財産残額を有する場合に限る。）は，益金の額に算入しない。なお，超える部分の金額は，いずれも法人税法第37条第7

項（寄附金の損金不算入）の寄附金の額には，該当しないものとされる（法税法令131の5⑤，⑥，⑨）。

なお，調整公益目的財産残額とは，上記②の当初調整公益目的財産残額から過年度の支出超過額の合計額を減算し，過年度の収入超過額の合計額を加算した金額（確認事業年度後の事業年度については零）をいう（法税法令131の5⑦）。

5 申告及び納付

① 確定申告

非営利型の一般社団法人・一般財団法人及び公益法人が収益事業を行う場合，又は非営利型法人以外の法人が普通法人として全所得課税を受ける場合には，その収益事業に係る法人税，住民税及び事業税の額を計算し，原則として各事業年度の末日の翌日から2ヶ月以内に，確定申告書を提出しなければならない（法税法74①）。また，納付期限も同じ日となる（法税法77）。

ただし，定款等の定めにより，理事会・総会の開催が事業年度終了後3ヶ月以内となっている場合において，2ヶ月以内に決算が確定しない常況のときは，申請によって確定申告書の提出期限を1ヶ月延長することができる（法税法75の2）。また，災害等により申告書を提出できない場合においても，申請により確定申告書の提出期限を延長することができる（法税法75①）。

なお，確定申告書を提出する際は，収益事業に係る書類だけでなく，収益事業以外の事業に係る書類についても提出する必要がある（法税基通15-2-14）。

② 中間申告

非営利型の一般社団法人・一般財団法人及び公益法人については，中間申告は不要となる。非営利型法人以外の一般社団法人・一般財団法人については，事業年度が6ヶ月を超える場合で前事業年度の法人税額の1／2の金額が10万円を超える場合には，原則として中間申告が必要となる。また，新たに設立した場合の最初の事業年度，収益事業を行っていなかったものが普通法人に該当

することとなった場合のその該当することとなった日の属する事業年度等については，中間申告は不要となる（法税法71①）。

③　各種届出

法人税法上，所轄税務署長に各種届出等を提出する必要がある主なものとして，次のようなものがある。

図表 1-12　各種届出に必要な書類と提出時期等

届出・申請が必要なとき	書類名	提出時期等
収益事業を開始したとき（法税法150①）	収益事業開始届出書	開始した日以後2ヶ月以内
収益事業を廃止したとき	収益事業廃止届出書	廃止後，速やかに
青色申告の申請をするとき（法税法122）	青色申告の承認申請書	適用を受ける開始の日の前日まで（法人を設立した場合，新たに収益事業を開始した場合，公益法人等から普通法人になった場合は，その該当することとなった日から同日以後3ヶ月を経過した日と当該事業年度終了の日とのうち，いずれか早い日の前日まで）
法人に異動があったとき（事業年度・納税地・法人区分の変更・公益認定を受けたとき等）（法税法15，20①）	異動届出書	異動後，速やかに
申告期限の延長を申請するとき（法税法75の2②）	申告期限の延長の特例の申請書	最初に適用をうけようとする事業年度終了の日まで
年間の収入金額が8,000万円以下の法人及び法人税の確定申告書を提出している法人以外の法人（租特法68の6，租特法令39の37）	公益法人等の損益計算書等	事業年度終了の日の翌日から4ヶ月以内

 第2章　寄附金税制

―<ポイント>――――――――――――――――――
　公益法人制度改革は，民間による公益の増進を目的の1つとしてなされたものであることから，公益法人等に寄附が集まりやすくするために，寄附者（個人及び法人）に対して，税制上の優遇措置が設けられている。
　本章では，個人又は法人が，寄附をした場合の課税関係について解説する。

1　個人が支出する寄附金

1．寄附金控除

　個人が，特定公益増進法人に対して寄附金を支出したときは，その金額の合計額（所得金額の40％が上限）から2,000円を控除した金額を寄附金控除として所得金額から控除（所得控除）することができる（所税法78②）。一方で，個人が，一般社団法人・一般財団法人（非営利型法人を含む。）に対して寄附金を支出しても，寄附金控除の対象とはならない。

▶特定公益増進法人

　特定公益増進法人とは，公共法人等その他特別の法律により設立された法人のうち，教育又は科学の振興，文化の向上など公益の増進に著しく寄与する次の法人をいう（所税法令217）。
　①　独立行政法人
　②　地方独立行政法人のうち，一定の業務を主たる目的とするもの
　③　自動車安全運転センター，日本司法支援センター，日本私立学校振興・

350　第Ⅲ部　税務編

　　共済事業団及び日本赤十字社

④　公益社団法人及び公益財団法人

⑤　学校法人

⑥　社会福祉法人

⑦　更生保護法人

　寄附金控除を受けるためには，確定申告書に寄附した団体などから交付を受けた領収書などを添付することとされている（所税法120③一）。

2.　公益社団法人等寄附金特別控除

　個人が，運営組織及び事業活動が適正であること並びに市民から支援を受けている等の一定の要件を満たす公益社団法人等[1]に寄附金を支出したときは，上記の寄附金控除との選択により，寄附金の合計額（所得金額の40％が上限）の2,000円を超える金額の40％相当額をその年分の所得税額（所得税額の25％が限度）から控除（税額控除）することができる（租特法41の18の3）。

図表 2-1　寄附金控除と公益社団法人等寄附金特別控除との選択

| 寄附者
（個人） | 寄　附 | 公益社団法人
公益財団法人 |

いずれか
を選択

寄附金額[1]−2,000円を所得金額から控除

or

（寄附金額[1]−2,000円）×40％[2]を所得税額から控除

＊1　所得金額の40％を限度とする。
＊2　所得税額の25％を限度とする。

（出典）国税庁「新たな公益法人関係税制の手引」平成24年9月を一部加筆修正

　なお，一定の要件とは，次のとおりである。

① 寄附金を受ける法人が，次の要件のいずれかを満たしていること（租特法令 26 の 28 の 2 ①一イ）
   (a) 実績判定期間*² における経常収入金額のうちに寄附金収入金額の占める割合が 1／5 以上であること。
   (b) 実績判定期間内の日を含む各事業年度における判定基準寄附者*³ の数の合計数に 12 を乗じて，これを当該実績判定期間の月数で除して得た数が 100 以上であること（寄附者と生計を一にする他の寄附者がいる場合は，合わせて 1 人とみなす。）。

② 次の書類について閲覧の請求があった場合には，正当な理由がある場合を除き，これを閲覧させること（租特法令 26 の 28 の 2 ①一ロ，租特法規則 19 の 10 の 4 ⑦）
   (a) 公益法人認定法第 21 条第 4 項に規定する財産目録等
   (b) 役員報酬又は従業員給与の支給に関する規程
   (c) 役員若しくは役員と親族関係を有する者又は役員と特殊関係のある者で，その法人に対する寄附金の額の事業年度中の合計額が 20 万円以上である者の氏名並びに寄附金の額及び受領年月日を記載した書類
   (d) 支出した寄附金の額並びにその相手先及び支出年月日を記載した書類
   (e) 寄附金を充当する予定の具体的な事業の内容を記載した書類

③ 実績判定期間内の日を含む各事業年度の寄附者名簿*⁴ を作成し，5 年間主たる事務所に保存していること（租特法令 26 の 28 の 2 ①一ハ，租特法規則 19 の 10 の 4 ⑧）。

　　＊1 公益社団法人等には，租税特別措置法上，公益社団法人のみならず公益財団法人が含まれている（租特法 41 の 18 の 3 ①一）。
　　＊2 実績判定期間とは，直前に終了した事業年度終了の日以前 5 年内に終了した各事業年度のうち，最も古い事業年度開始の日から当該終了の日までの期間をいう（租特法令 26 の 28 の 2 ③）。
　　＊3 判定基準寄附者とは，実績判定期間内の日を含む各事業年度における同一の者からの寄附金の額が三千円以上である場合の，当該同一の者をいう（租特法令 26 の 28 の 2 ③）。

＊4 寄附者名簿とは，各事業年度に当該法人が受け入れた寄附金の支払者
ごとに，その支払者の氏名又は名称及びその住所又は事務所の所在地
並びにその寄附金の額及び受け入れた年月日を記載した書類をいう。

なお，個人が，この税額控除の適用を受けるためには「公益社団法人等が一
定の要件を満たすものであることの行政庁の証明書の写し」等の交付を受け，
確定申告書に添付する必要がある（租特法規則 19 の 10 の 4 ⑩二）。

3. 地 方 税

個人が，都道府県・市区町村が条例で指定する公益法人に寄附金を支出した
ときは，寄附金の合計額の 2,000 円を超える金額の 10%（都道府県税 4%，市
区町村税 6%）が税額控除される（寄附金額は所得金額の 30%が限度）（地方
税 37 の 2 ①，314 の 7 ①）。

公益法人が地方税の寄附金控除の対象かどうかは，各都道府県・市区町村が
指定することとなっているため，寄附を行う前に住所地の都道府県・市区町村
に確認する必要がある。

② 法人が支出する寄附金

1. 特定公益増進法人への寄附

法人が，公益法人を含む特定公益増進法人に対して寄附金を支出したときは，
一般寄附金の損金算入限度額とは別枠の損金算入限度額が設けられており，特
定公益増進法人に対する寄附金の合計額と，次の①と②の合計額の 1／2 に相
当する金額のいずれか少ない金額が，特定公益増進法人に対する寄附金損金算
入限度額となる（法税法 37 ④，法税法令 77 の 2）。

① 事業年度終了の時における資本金等の額を 12 で除し，これに当該事業
年度の月数を乗じて計算した金額の 3.75／1,000 に相当する金額

② 事業年度の所得の金額の 6.25／100 に相当する金額

法人がこの特例を適用するためには，法人税申告書別表14(2)「寄附金の損金算入に関する明細書」を確定申告書に添付し，かつ「法人の主たる目的である業務に関連する寄附金であることの証明書」の保存が必要となる（法税法37⑨）。したがって，特定公益増進法人への寄附金損金算入限度額は次のようになる。

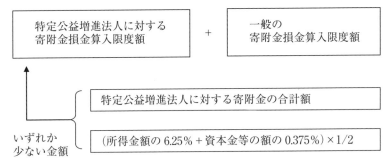

図表 2-2　特定公益増進法人への寄附金損金算入限度額

　なお，寄附金の合計額のうち控除されなかった金額は，一般寄附金の控除対象となる。また，法人が一般社団法人・一般財団法人（非営利型法人を含む。）へ寄附金を支出しても，別枠の寄附金控除の対象とはならない。

2．指定寄附金

　指定寄附金とは，公益社団法人・公益財団法人その他公益を目的とする事業を行う法人又は団体に対する寄附金のうち，次に掲げる要件を満たすと認められるものとして財務大臣が指定する寄附金をいう（法税法37③ニ）。
① 　広く一般に募集されること
② 　教育又は科学の振興，文化の向上，社会福祉への貢献その他公益の増進に寄与するための支出で，緊急を要するものに充てることが確実であること
　法人がこの指定寄附金を支出したときは，その全額が損金の額に算入される。
　法人がこの規定を適用するためには，法人税申告書別表14(2)「寄附金の損金算入に関する明細書」を確定申告書に添付することが必要となる（法税法37⑨）。

354　第Ⅲ部　税務編

③ 個人が一定の公益法人等に対して財産を寄附した場合の譲渡所得等の非課税の特例

1. 概　要

　個人が株式や不動産などの資産を法人に寄附（贈与又は遺贈）したときは，時価で譲渡したものとみなして，資産の取得時から寄附時までの値上がり益に対して，譲渡所得税が課される（所税法 59 ①）。

　ただし，これらの資産を公益法人等に対して寄附した場合，公益の増進に著しく寄与することなど一定の要件を満たすものとして国税庁長官の承認を受けたときは，個人に対する譲渡所得税が非課税となる特例が設けられている（租特法 40 ①）。

2. 公益法人等の範囲

　非課税の特例は，一定の公益法人等に対する寄附が対象となるが，ここでいう公益法人等とは，所得税法上の概念であって，公益社団法人，公益財団法人，特定一般法人，その他公益を目的とする事業を行う法人とされている（法税法別表第 2）。

　なお，特定一般法人とは，次のものをいう（法税法 2 九の二イ，ロ，租特法 40 ①）。

① 　事業により利益を得ること又はその得た利益を分配することを目的としない法人であって，その事業を運営するための組織が適正であるものとして政令で定めるもの

② 　会員から受け入れる会費により当該会員に共通する利益を図るための事業を行う法人であって，その事業を運営するための組織が適正であるものとして政令で定めるもの

　また，その他公益を目的とする法人とは，次の事業を行う法人をいう（「租税特別措置法第 40 条第 1 項後段の規定による譲渡所得等の非課税の取扱いに

ついて」（法令解釈通達）1）。

① 定款，寄附行為＊又は規則により公益を目的として行うことを明らかにして行う事業

② 上記①に掲げる事業を除くほか，社会一般において公益を目的とする事業とされている事業

　　＊ 寄附行為とは，財団法人において作成される定款に当たる書面をいう。

3. 非課税承認の要件

非課税承認を受けるためには，次の要件を満たす必要がある（租特法令25の17⑤）。

① 寄附が，教育又は科学の振興，文化の向上，社会福祉への貢献その他公益の増進に著しく寄与すること

　　公益の増進に著しく寄与しているかどうかは，公益事業の規模，公益の分配，事業の営利性及び法令の遵守等について判定される。

② 寄附のあった日から2年を経過するまでの期間内に，当該寄附財産が公益法人等の公益目的事業に直接供され，又は供される見込みであること

③ 公益法人等に対して財産を寄附することにより，当該寄附した者の所得に係る所得税の負担を不当に減少させ，又は寄附した者の親族その他これらの者と特別の関係がある者の相続税若しくは贈与税の負担を不当に減少させる結果にはならないと認められること

4. 相続税等の不当減少についての判定

上記「3. 非課税承認の要件」③における相続税等の不当減少について，以下の要件を満たすときは，所得税・相続税・贈与税を不当に減少させる結果にはならないと認められる（租特法令25の17⑥）。

① その運営組織が適正であるとともに，その寄附行為，定款又は規則において，その理事，監事，評議員その他これらの者に準ずる者（以下「役員

356 第Ⅲ部 税務編

等」という。）のうち，親族等の数がそれぞれの役員等の数のうちに占める割合が，いずれも 1／3 以下とする旨の定めがあること

② 公益法人等に寄附をする者，公益法人等の役員等若しくは社員又はこれらの者の親族等に対し，施設の利用，金銭の貸付，資産の譲渡，給与の支給，役員等の選任その他財産の運用及び事業の運営に関して特別の利益を与えないこと

③ 寄附行為，定款又は規則において，公益法人等が解散した場合に，その残余財産が国若しくは地方公共団体又は他の公益法人等に帰属する旨の定めがあること

④ 公益法人等につき公益に反する事実がないこと

⑤ 株式の寄附を受けた公益法人等が，その寄附により当該株式発行法人の発行済株式の総数の 1／2 を超えて保有することにならないこと

5. 手 続

非課税承認を受けようとする個人は，その公益法人等の事業の目的，寄附財産の内容その他所定の事項を記載した承認申請書を，その公益法人等が承認申請書に記載された事項を確認したことを証する書類とともに，寄附した個人の納税地の所轄税務署長を通じて国税庁長官に提出することとされている。

この承認申請書は，原則として寄附等のあった日から 4ヶ月以内に提出しなければならないこととされているが，その期間の経過する日前にその寄附等があった日の属する年分の所得税の確定申告期限が到来する場合（11 月 16 日〜12 月 31 日までの寄附等）には，その確定申告の提出期限までに提出しなければならないこととされている（措特法令 25 の 17 ①，措特法規則 18 の 19 ①）。

6. 非課税承認の取消し

非課税承認を受けた後，一定の事実が生じた場合には，国税庁長官はその承認を取り消すことができる。寄附財産が公益法人等の公益目的事業の用に供さ

第2章 寄附金税制　357

れる前と後とに分けて規定がなされている。

(1) 次の事実が生じた場合は，その寄附した者に対して，みなし譲渡課税が行われる（租特法40②，租特法令25の17⑤二,三，⑩）。

　① 寄附財産等がその寄附があった日から2年を経過する日までの期間内に，その公益法人等の公益目的事業の用に直接供されなかったとき

　② 寄附財産等がその寄附を受けた公益法人等のその公益目的事業の用に直接供される前に，その贈与者等の所得税又は相続税若しくは贈与税の不当減少要件に該当することとなったとき

(2) 次の事実が生じた場合は，その寄附を受けた公益法人等に対して，その公益法人等をその寄附を行った個人とみなして，その財産に係るみなし譲渡課税が行われる（租特法40③，租特法令25の17⑤，⑬）。

　① 寄附を受けた公益法人等が，寄附財産をその公益法人等の公益目的事業の用に直接供さなくなったとき

　② 寄附財産につき，公益を目的とする事業の用に直接供したのち，その贈与者等の所得税又は相続税若しくは贈与税の不当減少要件に該当することとなったとき

4 個人が一定の公益法人等に対して相続財産を贈与した場合等の相続税の非課税の特例

1. 概　要

　相続又は遺贈により財産を取得した個人が，その取得した財産を相続税の申告期限までに国若しくは地方公共団体又は公益法人等に寄附した場合には，当該寄附により寄附した者又はその親族等の相続税等の負担が不当に減少する結果になると認められる場合を除き，当該寄附財産の価額は，相続税の課税価格の計算の基礎から除かれる（租特法70①）。

358　第Ⅲ部　税務編

2. 公益法人等の範囲

非課税特例は，次に掲げる公益法人等に対する寄附が対象となる（租特法令
40の3）。

①　独立行政法人

②　国立大学法人及び大学共同利用機関法人

③　地方独立行政法人のうち，一定の業務を主たる目的とするもの

④　公立大学法人

⑤　自動車安全運転センター，日本司法支援センター，日本私立学校振興・
　　共済事業団及び日本赤十字社

⑥　<u>公益社団法人及び公益財団法人</u>

⑦　学校法人

⑧　社会福祉法人

⑨　更生保護法人

3. 不当減少についての判定

以下の要件を満たすときは，相続税又は贈与税の負担が不当に減少する結果
にはならないと認められる（相税法令33③，租特基通70-1-11）。

①　運営組織が適正であるとともに，寄附行為，定款又は規則において，そ
　　の役員等のうち親族関係を有する者及びこれらと特殊な関係にある者（以
　　下「親族等」という。）の数が，それぞれの役員等に占める割合を1／3以
　　下とする旨の定めがあること

②　公益法人等に財産の贈与若しくは遺贈をした者，その法人の設立者，社
　　員若しくは役員又はこれらの者の親族等に対し，施設の利用，金銭の貸付
　　け，資産の譲渡，給与の支給，役員等の選任その他財産の運用及び事業の
　　運営に関して，特別の利益を与えないこと

③　寄附行為，定款又は規則において，その法人が解散した場合に，残余財
　　産が国若しくは地方公共団体又は公益法人等（持分のない法人に限る。）

に帰属する旨の定めがあること

④　公益法人等につき，公益に反する事実がないこと

4.　手　続

　非課税特例の適用を受けるためには，相続税の申告期限までに，適用を受けようとする者の相続又は贈与に係る申告書に，その適用を受ける旨を記載し，かつ，その適用を受ける寄附財産の明細書等を添付することとされている。具体的には，相続税の申告書第14表「3　特定の公益法人などに寄附した相続財産又は特定公益信託のために支出した相続財産の明細」を作成して添付する（租特法70⑤，租特法規則23の3②）。

5.　非課税要件を満たさなくなった場合

　特例の対象となる公益法人等で財産の寄附を受けたものが，次のいずれかに該当することとなった場合には，非課税の特例が受けられなくなり，法人に寄附した財産の価額は，その相続又は遺贈に係る相続税の課税価格の基礎に算入される（措特法70②）。

①　寄附のあった日から2年を経過した日までに，特例の対象となる公益法人等に該当しないこととなった場合

②　寄附により取得した財産を，同日において，なお，その公益を目的とする事業の用に供していない場合

第3章 消費税

> **＜ポイント＞**
>
> 　公益法人等においても，営利法人と同様に納税義務者に該当すれば，消費税を納めなければならない。しかしながら，公益法人等の事業活動は，公益性が高いことから，法令上，各種の制約を受け，また，国又は地方公共団体等の財政的援助や広く一般から寄附を募って活動するなど，営利法人とは異なる面があるため，消費税法上，各種の特例が設けられている。
> 　本章では，消費税の概要及び特例について解説する。

1　消費税の概要

1．消費税とは

　消費税は，商品・製品の販売やサービスの提供などの取引に対して広く公平に課税され，最終的に消費者が負担し，納税義務者である事業者が納める税金である。納税義務者は，国内において資産の譲渡等を行う個人事業者及び法人であり，公益法人等も，国内において資産の譲渡等を行う限りにおいては，営利法人と同様に，消費税の納税義務がある。

2．納税義務者

　消費税を納める義務がある者として，消費税法では，次の者を規定している（消税法5）。

　①　国内において課税資産の譲渡等を行う事業者

362 第Ⅲ部 税務編

② 外国貨物を保税地域から引き取る者

このうち，①国内において課税資産の譲渡等を行う事業者については，小規模事業者の事務処理負担を軽減するため，一定の取引金額以下の事業者に対して免税事業者の規定が設けられている。

消費税法上，事業者を基準期間（法人の場合は，前々事業年度）の課税売上高によって，免税事業者と課税事業者とに分けており，基準期間の課税売上高が1,000万円以下の事業者を免税事業者として，その事業年度の納税義務を免除している（消税法9①）。また，小規模事業者として免税事業者に該当する場合であっても，仕入に係る消費税額が売上に係る消費税額を上回る場合などにおいては，還付も受けることができるよう，課税事業者になることの選択を認めている。この制度は，小規模事業者が，納税義務の免除の規定の適用を受けない旨の「消費税課税事業者選択届出書」を所轄税務署長に提出することにより行われ，一旦選択した場合には，2年間の継続適用が強制されるため（消税法9④），選択に当たっては，慎重な対応が必要となる。

一方で，基準期間の課税売上高が1,000万円を超える事業者は，課税事業者となるが，基準期間の課税売上高が1,000万円以下であっても，特定期間（法人の場合は，前事業年度開始の日以後6ヶ月の期間）の課税売上高が1,000万円を超えた場合には，課税事業者となる（消税法9の2）。なお，特定期間における1,000万円の判定は，課税売上高に代えて，給与等支払額の合計額によることも認められている（消税法9の2③）。

3. 消費税の課税期間

法人の消費税の課税期間については，課税期間の特例を選択している場合を除き，その法人の事業年度とされている（消税法19①2）。したがって，該当日を境に事業年度が区分された場合には，各事業年度が消費税の1課税期間となる。

図表 3-1　消費税の課税期間

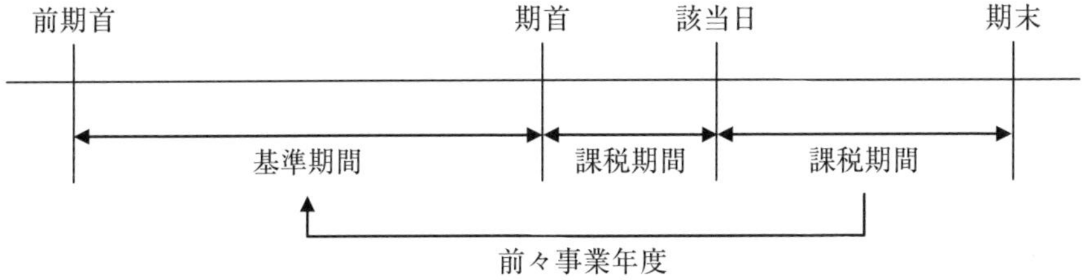

4.　申告及び納付

①　確定申告

消費税の申告納付期限は，原則として各事業年度の末日の翌日から2ヶ月以内とされている（消税法45）。ただし，一定の場合には，各事業年度の末日の翌日から6ヶ月以内の承認を受けた期間までを提出期限とすることができる特例が認められている（消税法60⑧，消税法令76）。なお，詳細については「[2] 1. 特例制度の概要」（P.366）において解説している。

②　中間申告

次の「図表3-2」に記載する直前事業年度の確定消費税額に該当する事業者は，各期限までに中間申告と中間納付を行わなければならない（消税法42）。なお，確定申告書の提出期限の特例を受けている場合には，中間申告においても，特例が認められている。

364　第Ⅲ部　税務編

図表 3-2　中間申告及び納付

直前事業年度の確定消費税額 （地方消費税は含まない）	回　　数	期　　限	納付金額
48 万円以下	中間申告義務 なし*1	―	―
48 万円超 400 万円以下	年 1 回	各中間申告 対象期間の 末日の翌日 から 2ヶ月 以内	直前事業年度の確定 消費税額の 1/2
400 万円超 4,800 万円以下	年 3 回		直前事業年度の確定 消費税額の 1/4
4,800 万円超	年 11 回*2		直前事業年度の確定 消費税額の 1/12

＊ 1　平成 26 年 4 月 1 日以後開始事業年度からは，任意の中間申告(年 1 回)が可能
＊ 2　年 11 回の中間申告の 1 回目については事業年度開始から 2ヶ月を経過した
　　　日から 2ヶ月以内

5. 消費税の計算

　消費税の計算方法には，本則課税と簡易課税の 2 つの方法があり，事業者は，
一定の要件と制約のもと，自ら有利な方法を選択することが認められている。

▶本則課税

　消費税額は，原則として各事業年度の課税売上に係る消費税額から，課税仕
入等に係る消費税額を控除して計算する。なお，課税仕入等に係る消費税額の
控除には，帳簿及び請求書等の保存が必要となる（消税法 30 ⑦）。

消費税額 ＝ 課税売上に係る消費税額 － 課税仕入等に係る消費税額

▶簡易課税

　事業者が簡易課税を選択した場合，各事業年度における課税売上高に係る消
費税額に，事業区分に応じた一定の「みなし仕入率」を乗じた金額を課税仕入
等に係る消費税額とみなして，消費税額を計算する（消税法 37）。この簡易課

税制度は，一定の取引金額以下の小規模事業者の事務処理負担を軽減するために設けられた制度であり，前々事業年度の課税売上高が5,000万円以下の事業者が，事前に「消費税簡易課税制度選択届出書」を提出している場合において適用することができる。ただし，簡易課税制度を選択すると，本則課税であれば還付になる場合であっても，還付を受けることができず，また，いったん選択すると2年間は，継続して適用しなければならないため，注意が必要である。

消費税額 ＝ 課税売上に係る消費税額－課税売上高に係る消費税額×みなし仕入率

なお，各事業区分ごとのみなし仕入率は，次のとおりである（消税法令57 ①，⑤，⑥）。

図表3-3　みなし仕入率

事業区分	業　種	みなし仕入率
第1種事業	卸売業（他の者から購入した商品をその性質，形状を変更しないで，他の事業者に対して販売する事業）	90％
第2種事業	小売業（他の者から購入した商品をその性質，形状を変更しないで販売する事業で，第1種事業以外のもの）	80％
第3種事業	農業，林業，漁業，鉱業，建設業，製造業（製造小売業を含む。），電気業，ガス業，熱供給業及び水道業をいい，第1種事業，第2種事業，加工賃その他これに類する料金を対価とする役務の提供を除く。	70％
第4種事業	第1種事業，第2種事業，第3種事業，第5種事業以外の事業（具体的には飲食店業，金融・保険業など）	60％
第5種事業	不動産業，運輸通信業，サービス業（飲食店業に該当する事業を除く。）をいい，第1種事業から第3種事業までの事業に該当する事業を除く。	50％

（注）平成27年4月1日以後に開始する課税期間から，次の点が変更となる。
　　① 第4種事業のうち，金融・保険業が第5種事業となり，そのみなし仕入率は，50％（現行60％）となる。
　　② 第5種事業のうち，不動産業が第6種事業となり，そのみなし仕入率は，40％（現行50％）となる。
（出典）税務署「消費税法令の改正等のお知らせ」平成26年4月

366　第Ⅲ部　税務編

6. 消費税法の改正の動向

消費税率及び地方消費税率については，一部の経過措置が適用される取引を除き，平成 29 年 4 月 1 日以後，合計税率が 10％になることとされている。

図表 3-4　消費税率の推移

	平成 9 年 4 月 1 日以後	平成 26 年 4 月 1 日以後	平成 29 年 4 月 1 日以後
消費税率	4.0%	6.3%	7.8%
地方消費税率	1.0%	1.7%	2.2%
合計税率	5.0%	8.0%	10.0%

② 公益法人等の特例

1. 特例制度の概要

公益法人等においても，国内において資産の譲渡等を行う限りにおいては，営利法人と同様に，消費税の納税義務がある。しかしながら，公益法人等の事業活動は公益性が高いことから，法令上，各種の制約を受け，また，国又は地方公共団体等の財政的援助や広く一般から寄附を募って活動するなど，営利法人と異なる面があるため，消費税法上，次の 3 つの特例が設けられている。

① 仕入控除税額の計算の特例

② 資産の譲渡等の時期の特例

③ 申告・納付期限の特例

ただし，上記のうち②及び③の特例の適用を受けることができる公益法人等は，それぞれ次の適用要件を満たす公益法人等に限られている。

第3章 消費税 367

図表 3-5 特例の適用要件

特　例	内　容	適用要件
資産の譲渡等の時期	資産の譲渡等の時期を発生主義ではなく，収納すべき課税期間の末日とする。	・消費税法別表第三に掲げる法人であること ・法令又は定款等に定める会計処理の方法が，国又は地方公共団体の会計処理の方法に準じて，収入・支出の所属会計年度について，発生主義以外の特別な会計処理により行うこととされていること ・特例の適用につき，所轄税務署長の承認を受けていること
申告・納付期限	会計年度の末日の翌日以後，6カ月以内でその承認を受けた期間までを申告・納付期限とする。	・消費税法別表第三に掲げる法人であること ・法令により，その決算を完結する日が，会計年度の末日の翌日以後2カ月以上経過した日と定められていること，その他特別な事情があること ・特例の適用につき，所轄税務署長の承認を受けていること

（出典）国税庁「国，地方公共団体や公共・公益法人等と消費税」平成 26 年 6 月

2. 仕入控除税額の計算の特例

▶趣　旨

　消費税の計算においては，課税仕入れ等に係る消費税は，課税売上げのためのコストとして捉えられるため，仕入税額の控除を行う。しかし，公益法人等は，寄附金，補助金，会費等の対価性のない収入を財源として活動しており，このような対価性のない収入によって賄われる課税仕入等は，課税売上のコストを構成せず，公益法人等は，消費者的な性格を有するものと考えられる。また，消費税法における仕入税額の控除は，税の累積を排除するためのものであることから，対価性のない収入を原資とする課税仕入れ等に係る税額を，課税売上げに係る消費税額から控除することは，恒常的に消費税が還付することを認めてしまうこととなるため，合理的ではない。そのため，公益法人等については，一定の場合を除き，寄附金等の対価性のない収入に対応する課税仕入等に係る消費税について，仕入税額控除の対象から除外する特例が定められてい

368　第Ⅲ部　税務編

る（消税法 60 ④，消税法令 75）。

図表 3-6　特例計算イメージ

非課税売上				非課税仕入 不課税仕入
特定収入		非課税売上に対応する 課税仕入		課税仕入
		特定収入に対応する 課税仕入	
課税売上	課税売上に係る 消費税	課税売上に対応する 課税仕入	

　　　　　　特定収入に対応する課税仕入の控除を認めると還付となる部分

▶特定収入

　特定収入とは，資産の譲渡等の対価に該当しない収入のうち，特定収入に該当しない収入以外の収入をいう（消税法令 75 ①，消税基通 16-2-1）。

　この特定収入のうち，法令又は交付要綱等において課税仕入等にのみ充当する旨の定めがあるものを「使途特定の特定収入」といい，法令又は交付要綱等において，その使途が特定されていないものを「使途不特定の特定収入」という。なお，非課税仕入や課税対象外仕入に使途が特定されている対価性のない収入は，特定収入には該当しない。

第 3 章 消 費 税 369

図表 3-7 特定収入

			【課税売上】
公益法人等の収入	資産の譲渡等の対価の収入	国内取引	【免税売上】
			【非課税売上】
		国外取引	【不課税売上】
	資産の譲渡等の対価以外の収入（対価性のない収入）	消費税法上，特定収入に該当しないとされている収入 【特定収入以外の収入】	
		（消税法令 75 ① （一～六）） ・通常の借入金等 ・出資金 ・預貯金・預り金 ・貸付回収金 ・返還金・還付金 ・法令又は交付要綱等において，次に掲げる支出以外の支出（特定支出）のためにのみ使用することとされている収入 　① 課税仕入れに係る支払対価の額に係る支出 　② 課税貨物の引取価額に係る支出 　③ 借入金等の返還金又は償還金に係る支出 ・国又は地方公共団体が，合理的な方法により資産の譲渡等の対価以外の収入の使途を明らかにした文書において，特定支出のためにのみ使用することとされている収入 ・公益法人等が作成した寄附金の募集に係る文書において，特定支出のためにのみ使用することとされている一定の寄附金の収入	
		上記以外の収入 【特定収入】	
		（消税基通 16-2-1 等） ・租税 ・補助金 ・交付金 ・寄附金 ・出資に対する配当金	【課税仕入れ等に係る特定収入】
		・保険金 ・損害賠償金 ・負担金 ・会費等 ・喜捨金 ・特殊な借入金等	【課税仕入れ等に係る特定収入以外の特定収入】 （使途不特定の特定収入）

370 第Ⅲ部 税務編

▶適用除外要件

次の要件を満たす場合には，特例計算の適用を受ける必要はない。

① 特定収入割合が5％以下である場合

② 簡易課税制度を適用する場合

ここで特定収入割合とは，次の算式で計算した割合をいう。

$$特定収入割合 = \frac{特定収入}{課税売上高（税抜）＋免税売上高＋非課税売上高＋国外売上高＋特定収入}$$

▶特例計算

公益法人等は，消費税額の計算の際，対価性のない収入に対応する課税仕入等に係る消費税については，仕入税額控除の対象から除外する調整計算が必要となる（消税法60④，消税法令75）。

$$消費税額 = 課税売上に係る消費税額 － （調整前の課税仕入等に係る消費税額 － 特定収入に係る課税仕入等の消費税額）$$

上記の算式のうち，特定収入に係る課税仕入等の消費税額は，次の「図表3-8」のパターン A～C ごとに，それぞれ次のとおり計算する。なお，調整割合も表示している。

第3章 消費税 371

図表 3-8 調整計算の要否判定

区　分				調整計算
原則	課税売上高≦5億円 かつ 課税売上割合※ ≧95%		特定収入割合>5%	パターンA
			特定収入割合≦5%	不要
	課税売上高>5億円 又は 課税売上割合<95%	個別対応方式	特定収入割合>5%	パターンB
			特定収入割合≦5%	不要
		一括比例配分方式	特定収入割合>5%	パターンC
			特定収入割合≦5%	不要
簡易課税				不要

※ 課税売上割合（%）=

$$\frac{課税売上高＋免税売上高}{課税売上高＋免税売上高＋非課税売上高} \times 100$$

【パターンA】
　特定収入に係る課税仕入れ等の消費税額 ＝ (a)＋(b)

(a) 特定収入のうち，課税仕入れ等にのみ使途が特定されている部分の金額

　（課税仕入れ等に係る特定収入の額）$\times \dfrac{6.3}{108}$

(b) （調整前の仕入税額控除－(a)）×調整割合（注）

　　＊ （調整前の仕入税額控除－(a)）が，マイナスとなる場合
　　　 (a)－（マイナスとなった金額×調整割合）

【パターンB】
　特定収入に係る課税仕入れ等の消費税額 ＝ (a)＋(b)＋(c)

(a)　特定収入のうち，課税資産の譲渡等に要する課税仕入れ等のためにのみ使用することとされている部分の金額 $\times \dfrac{6.3}{108}$

(b)　特定収入のうち，課税資産の譲渡等と非課税資産の譲渡等に共通して要する課税仕入れ等のためにのみ使用することとされている部分の金額 $\times \dfrac{6.3}{108} \times$ 課税売上割合

(c)　〔調整前の仕入税額控除－((a)＋(b))〕×調整割合（注）

　　　＊　〔調整前の仕入税額控除－((a)＋(b))〕が，マイナスとなる場合
　　　　(a)＋(b)－(マイナスとなった金額×調整割合)

【パターンC】
　特定収入に係る課税仕入れ等の消費税額 ＝ (a)＋(b)

(a)　特定収入のうち，課税仕入れ等にのみ使途が特定されている部分の金額
　　(課税仕入れ等に係る特定収入の額) $\times \dfrac{6.3}{108} \times$ 課税売上割合

(b)　(調整前の仕入税額控除－(a))×調整割合（注）

　　　＊　(調整前の仕入税額控除－(a))が，マイナスとなる場合
　　　　(a)－(マイナスとなった金額×調整割合)

（注）調整割合 ＝

$$\dfrac{\text{使途不特定の特定収入}}{\text{課税売上高(税抜)＋免税売上高＋非課税売上高＋国外売上高＋使途不特定の特定収入}}$$

　　＊　調整割合が著しく変動した場合には，別途，調整計算が必要となる。

第4章 源泉所得税

> **＜ポイント＞**
> 源泉所得税については，公益法人に対して税額が非課税となる特例が設けられているが，一般社団法人・一般財団法人については，一律課税となる。
> 本章では，非課税の対象となる利子等及び配当等に係る課税関係について解説する。

1 利子等及び配当等に係る課税関係

公益法人等が，預貯金や公社債の利子，上場株式等に係る配当を受けた場合における源泉所得税の課税関係は，次のとおりとなる。

図表 4-1　源泉所得税の課税関係

区　分		利子等及び配当等
公益法人		非課税
一般社団法人・一般財団法人	非営利型法人	課税
	それ以外	

2 公益社団法人及び公益財団法人の取扱い

所得税法上，公益法人は，所得税法別表第一（公共法人等の表）に掲げられる法人に該当するため，これらの法人が支払を受ける一定の利子等に係る源泉所得税は，非課税とされる（所税法11①）。

374　第Ⅲ部　税務編

　ただし，公社債等（公社債又は貸付信託，投資信託等）の利子，収益の分配
又は剰余金の配当にあっては，当該公社債等を引き続き所有していた期間に対
応する部分の額として計算した金額に相当する部分に限り，非課税とされてい
る（所税法 11 ①，所税法令 51 一）。

③　一般社団法人及び一般財団法人の取扱い

　一般社団法人・一般財団法人については，法人税法上の非営利型法人又は非
営利型法人以外の法人（普通法人）のいずれの場合であっても，所得税法別表
第一に掲げる公共法人等には該当しないため，非課税とはならない。したがっ
て，支払を受ける利子等について，次のとおり源泉徴収がなされる。

図表 4-2　一般社団法人・一般財団法人に係る源泉所得税・地方税

区　分	税　目	公社債等及び預貯金の利子	上場株式等の配当等	非上場株式等の配当等
源泉所得税	平成 26 年～平成 49 年	15.315%	15.315%	20.42%
	平成 50 年以降	15%	15%	20%
地方税	平成 26 年～平成 27 年	5%	—	—
	平成 28 年～平成 49 年	—	—	—
	平成 50 年以降	—	—	—
合　計	平成 26 年～平成 27 年	20.315%	15.315%	20.42%
	平成 28 年～平成 49 年	15.315%	15.315%	20.42%
	平成 50 年以降	15%	15%	20%

　ただし，非営利型法人が収益事業を行っている場合において，収益事業に属
する資産から生ずる利子及び配当等に対して課された所得税の額があるとき
は，当該事業年度の所得に対する法人税の額から控除することが認められてい
る（法税法 68 ①）。

　なお，平成 28 年 1 月 1 日以後に支払を受ける利子等から法人に係る利子割

が廃止されることとなり（地方税法24①五），併せて，法人住民税法人税割額から利子割額を控除する措置についても廃止となる（地方税法53㉖）。

第5章 その他の税金

> <ポイント>
>
> 　各種税金については，公益法人，非営利型法人である一般社団法人・一般財団法人及び非営利型法人以外の一般社団法人・一般財団法人に対して各種の特例が設けられている。
> 　本章では，これらの法人にかかわりのある，印紙税，登録免許税，法人事業税，法人住民税，不動産取得税，固定資産税（都市計画税）及び事業所税について解説する。

1 国　税

1. 印　紙　税

▶印紙税の課税対象

　公益法人，一般社団法人・一般財団法人は，印紙税法別表第二に掲げられる非課税法人には該当しないため，法人が，印紙税法別表第一（以下「課税物件表」という。）に掲げられている文書のうち非課税文書を除いた文書（以下「課税文書」という。）を作成した場合には，原則としてその作成した課税文書について印紙税を納める義務がある（印税法2，3）。

▶公益法人等に対する特例措置

　印紙税法では，一部公益法人等に対して，定款，金銭又は有価証券の受領書について特例措置が設けられている。
　特例措置に関する公益法人，一般社団法人・一般財団法人に対する印紙税の

378 第Ⅲ部 税務編

課税関係は，次のとおりである。

図表 5-1　印紙税の課税関係

区　分		定　款	金銭又は有価証券の受取書
公益法人		非課税	非課税
一般社団法人・一般財団法人	非営利型法人	非課税	非課税
	それ以外		

① **定款（第 6 号文書）**

　会社の設立時に作成される定款には，原本に対して印紙税が課税される（印税法別表第一　課税物件表六）。

　しかしながら，印紙税法では，課税対象を株式会社，合名会社，合資会社，合同会社又は相互会社の定款の原本に限定しているため，これらの会社以外の法人が設立に際して作成する定款については，印紙税の課税対象から除かれている（印税基通　第 6 号文書1）。そのため，一般社団法人・一般財団法人の設立時，及び公益認定時に作成する定款の原本については，印紙税の課税対象とはならない。

② **金銭又は有価証券の受取書（第 17 号文書）**

　金銭又は有価証券の受取書とは，金銭又は有価証券の引渡しを受けた者が，その受領事実を証明するために作成し，その引渡者に交付する単なる証拠証書をいう。具体的には，「領収書」などがこれに該当し，第 17 号文書として記載金額に応じた印紙税が課されている。

　一方で，課税物件表においては，営業に関しない受取書は，非課税とされており（印税法別表第一　課税物件表十七），公益法人が作成する受取書は，収益事業に関して作成するものであっても，営業に関しない受取書に該当することとされている（印税基通　第 17 号文書22）。また，一般社団法人・一般財団法人についても，法令の規定又は定款の定めにより利益金又は剰余金の配当又は分配

第5章　その他の税金　379

をすることができない法人であるため，営業者に該当しないとされている（印税法別表第一　課税物件表十七　非課税物件欄2カッコ書）。したがって，一般社団法人・一般財団法人についても，公益法人と同様に，作成し交付する受取書は，収益事業に係るものであっても，印紙税の非課税文書となる。

2.　登録免許税

▶登録免許税の課税対象

　登録免許税は，登録免許税法第2条において「登録免許税は，別表第一に掲げる登記，登録，特許，免許，許可，認可，認定，指定及び技能証明について課する。」と規定されており，別表第一において課税範囲が規定されるとともに，別途，条文上で非課税登記等が規定されている（登税法2，5，別表第一）。

　公益法人，一般社団法人・一般財団法人に対する登録免許税の課税関係は，次のとおりである。

図表 5-2　登録免許税の課税関係

区　　分		一般法人法又は公益法人認定法に係る登記	学校，保育所の設置等の取得登記
公益法人		非課税	非課税
一般社団法人・一般財団法人	非営利型法人	課税	課税
	それ以外		

▶非課税となる登記

①　一般法人法又は公益法人認定法に係る登記

　登録免許税法別表第一の課税範囲では，公益法人において，一般法人法で求められている登記事項が，課税対象から除かれており，登録免許税が，課税されないこととされている。また，公益認定を受けた一般社団法人・一般財団法人又は公益認定の取消しを受けた公益法人における名称の変更の登記についても，非課税とされている（登税法5十四，別表第一・二十四）。

380 第Ⅲ部 税務編

② 学校，保育所の設置等に係る取得登記

公益法人が，自己の設置運営する学校の校舎，保育所の建物等の所有権の取得登記，又は当該校舎，建物等の敷地，当該学校の運動場，実習用地その他の直接に保育若しくは教育の用に供する土地の権利の取得登記については，非課税とされている（登税法別表第三・五の2）。

▶非課税とならない登記

一般社団法人・一般財団法人が，一般法人法において求められている登記は，登録免許税法別表第一の課税の範囲に含まれている（登税法別表第一・二十四）。

一般社団法人・一般財団法人に対して課されている登録免許税は，次のとおりである。

図表 5-3　一般社団法人・一般財団法人に対する登録免許税

登記の種類	課税標準	税　率
(1) 一般社団法人又は一般財団法人につき，その主たる事務所の所在地においてする登記（(3)に掲げる登記を除く。）		
イ　一般社団法人又は一般財団法人の設立の登記	申請件数	1件につき6万円
ロ　従たる事務所の設置の登記	従たる事務所の数	1ヶ所につき6万円
ハ　主たる事務所又は従たる事務所の移転の登記	主たる事務所又は従たる事務所の数	1ヶ所につき3万円
ニ　理事会に関する事項の変更の登記	申請件数	1件につき3万円
ホ　理事，監事，代表理事，評議員又は会計監査人に関する事項の変更の登記	申請件数	1件につき1万円
ヘ　理事，監事，代表理事又は評議員の職務執行の停止又は職務代行者の選任の登記	申請件数	1件につき3万円
ト　一般社団法人又は一般財団法人の解散の登記	申請件数	1件につき3万円

チ　一般社団法人若しくは一般財団法人の継続の登記，合併を無効とする判決が確定した場合における合併により消滅した一般社団法人若しくは一般財団法人の回復の登記，又は一般社団法人若しくは一般財団法人の設立の無効若しくはその設立の取消しの登記	申請件数	1件につき3万円
リ　登記事項の変更，消滅又は廃止の登記（これらの登記のうちイからチまでに掲げるものを除く。）	申請件数	1件につき3万円
ヌ　登記の更正の登記	申請件数	1件につき2万円
ル　登記の抹消	申請件数	1件につき2万円
(2)　一般社団法人又は一般財団法人につき，その従たる事務所の所在地においてする登記（(3)に掲げる登記を除く。） イ　(1)イからリまでに掲げる登記	申請件数	1件につき9,000円（申請に係る登記が，(1)ホに掲げる登記に該当するもののみである場合は6,000円）
ロ　登記の更正の登記又は登記の抹消	申請件数	1件につき6,000円
(3)　一般社団法人又は一般財団法人につき，その主たる事務所又は従たる事務所の所在地においてする清算に係る登記 イ　清算人又は代表清算人の登記	申請件数	1件につき9,000円
ロ　清算人若しくは代表清算人の職務執行の停止若しくはその取消し若しくは変更又は清算人若しくは代表清算人の職務代行者の選任，解任若しくは変更の登記	申請件数	1件につき6,000円
ハ　清算結了の登記	申請件数	1件につき2,000円
ニ　登記事項の変更，消滅若しくは廃止の登記（これらの登記のうちロに掲げるものを除く。），登記の更正の登記又は登記の抹消	申請件数	1件につき6,000円

（出典）財務省「登録免許税等関係の改正」を一部加筆修正

382　第Ⅲ部　税務編

② 地方税

1. 法人事業税

▶課税対象となる所得の範囲

　法人事業税は，法人が行う事業に対して，所得等を課税標準とする地方税である。公益法人，一般社団法人・一般財団法人（非営利型法人に限る。）については，法人税と同じく，収益事業以外の事業から生じた所得について法人事業税が課税されないとした地方税法上の法人に該当するため，収益事業を行う場合に限り，所得割についてのみ課税されている（地税法72の2①一ロ，72の5①ニ）。

　一方，非営利型法人以外の一般社団法人・一般財団法人については，法人事業税が課されないとした法人から除かれているため，法人が営むすべての事業の所得に対して，法人事業税が課されている。

　公益法人，一般社団法人・一般財団法人に対する法人事業税の課税関係は，次のとおりである。

図表 5-4　法人事業税の課税関係

区　　分		所得割	地方法人特別税
公益法人*		収益事業のみ	
一般社団法人・一般財団法人	非営利型法人	収益事業のみ	
	それ以外	全所得課税	

＊公益法人認定法上の公益目的事業については，収益事業（34事業）から除かれる（法税法令5②一）。

▶税　率

① 所得割

　法人事業税の所得割の税率は，各都道府県は標準税率のほか，制限税率（標準税率の1.2倍）を超えない範囲内において，超過税率を定めることができる（地

税法 72 の 24 の 7 ⑦）。

　参考として，東京都における所得割の税率を示すと，次のとおりである。

図表5-5　東京都における所得割の税率（平成26年9月30日以前に開始する事業年度）

所得区分	標準税率	超過税率
年400万円以下の所得	2.7%	2.95%
年400万円を超え，年800万円以下の所得	4%	4.365%
年800万円を超える所得	5.3%	5.78%

（出典）東京都主税局

　例示した東京都の場合，資本金の額又は出資金の額と所得等の大きさによっ
て異なる税率を適用する不均一課税が行われており，公益法人等のような資本
金の額を有しない法人においては，所得金額が年2,500万円を超えているか，
又は年収金額が2億円を超えている場合において超過税率が適用されることと
なる（地方法人特別税等に関する暫定措置法2，東京都都税条例33，都税条例附則5
の2，5の2の2，23，24）。

　なお，地方法人税の創設により，平成26年10月1日以後に開始する事業年
度以降に適用される税率は，次のように改正される。

図表5-6　東京都における所得割の税率（平成26年10月1日以後に開始する事業年度）

所得区分	標準税率	超過税率
年400万円以下の所得	3.4%	3.65%
年400万円を超え，年800万円以下の所得	5.1%	5.465%
年800万円を超える所得	6.7%	7.18%

（出典）東京都主税局

②　地方法人特別税

　地方法人特別税として，法人事業税の標準税率により計算した所得割の額に，
81／100 を乗じた額が課税される。

384　第Ⅲ部　税務編

　なお，地方法人税の創設により，平成26年10月1日以後に開始する事業年度以降に適用となる税率は，43.2／100に改正されることに留意する必要がある。

2.　法人住民税

▶課税対象となる所得の範囲

　法人住民税は，地方公共団体がその区域内に事務所又は事業所がある法人に対して課される税金であるが，法人税割，均等割及び利子割の3つに分けることができ，公益法人，一般社団法人・一般財団法人に対する法人住民税の課税関係は，次のとおりである。

図表5-7　法人住民税の課税関係

区　　分		法人税割	均等割	利子割
公益法人*		収益事業のみ	課税	非課税
一般社団法人・一般財団法人	非営利型法人	収益事業のみ	課税	課税
	それ以外	全所得課税	課税	課税

＊公益法人認定法上の公益目的事業については，収益事業（34事業）から除かれる
　（法税法令5②一）。

①　法人税割

　公益法人，一般社団法人・一般財団法人（非営利型法人に限る。）は，法人税及び法人事業税と同様に，法人住民税の法人税割は，収益事業以外の事業から生じた所得については課税されないとした地方税法上の法人に該当するため，収益事業を行う場合に限り，法人税割が課税される。なお，この時の法人税割の課税標準は，確定法人税額となる（地税法24①，24⑤，294①，294⑦）。

　一方，非営利型法人以外の一般社団法人・一般財団法人については，法人住民税が課されないとした法人から除かれているため，法人が営むすべての事業の所得に対して法人税割が課されている。

② 均等割

公益法人，一般社団法人・一般財団法人については，収益事業を営んでいない場合であっても，事務所，事業所又は寮等が所在する都道府県及び市町村において，原則として法人住民税の均等割が課税される（地税法24①，294①）。

③ 利子割

公益法人が支払を受ける利子等については，原則として利子割が非課税となるが，一般社団法人・一般財団法人については，課税される（地税法25の2②，所税法別表第一）。

▶均等割が課税されない場合

① 公益法人の主たる目的が，博物館の設置又は学術研究の場合

公益法人で博物館を設置することを主たる目的とするもの又は学術の研究を目的とするものに対しては，均等割が課税されない（地税法25①二，296①二）。

② 条例により免除されている場合

上記①に該当しない場合であっても，法人税法上の収益事業を行っていない公益法人については，都道府県や市町村の条例により均等割の免除を受けられる場合がある。

東京都の場合，都税条例により「都民税（均等割）免除申請書」に，最近の会計報告書及び事業内容に関する資料を添付し，毎年4月30日までに都税事務所へ提出することで，前年の4月1日から3月31日までの均等割の免除が認められている（東京都都税条例117の2，206，東京都都税条例施行規則29の4）。

▶税 率

① 法人税割

法人住民税の法人税割の税率は，都道府県及び市町村が標準税率のほか，制限税率（標準税率の1.06倍）を超えない範囲内において，超過税率を定めることができる（地税法51①，314の4①）。

386　第Ⅲ部　税務編

図表 5-8　法人税割の税率（平成 26 年 9 月 30 日以前に開始する事業年度）

区　分	標準税率	制限税率
道府県民税	5%	6%
市町村民税	12.3%	14.7%

（出典）東京都主税局

なお，地方法人税の創設により，平成 26 年 10 月 1 日以後に開始する事業年度以降に適用される税率は，次のように改正されている。

図表 5-9　法人税割の税率（平成 26 年 10 月 1 日以後に開始する事業年度）

区　分	標準税率	制限税率
道府県民税	3.2%	4.2%
市町村民税	9.7%	12.1%

（出典）東京都主税局

② 　均等割

　法人住民税の均等割の税率は，公益法人，一般社団法人・一般財団法人においては，資本金の額又は出資の額を有しない法人とされるため，都道府県民税は 2 万円，市町村民税は 5 万円が課税されることとなる（地税法 52 ①，312 ①）。

図表 5-10　均等割の税率

区　分	標準税率	制限税率
道府県民税	20,000 円	—
市町村民税	50,000 円	60,000 円

　市町村民税の均等割の税率は，市町村が標準税率のほか，制限税率（標準税率の 1.2 倍）を超えない範囲内において，超過税率を定めることができるとされているが，道府県民税の均等割の税率には，制限税率の規定が存在しないため，都道府県では，必要に応じて独自の超過課税制度を設けている（地税法 312 ②）。

第5章　その他の税金　387

3. 不動産取得税

▶非課税となる資産

　不動産取得税は，不動産を取得した時に，不動産の価格に対して，原則として4％の税率で課税されるが（地税法73の13，73の15），公益法人が特定の目的のために取得した一定の施設については，不動産取得税が非課税とされている（地税法73の4①，附則41⑧）。

　具体的な取得目的と取得不動産として，次のものがある。

①　設置する幼稚園において，直接保育の用に供する不動産

②　認定職業訓練を行うことを目的とする法人等の職業訓練施設において，直接職業訓練の用に供する不動産

③　設置する図書館において，直接その用に供する不動産

④　設置する博物館において，直接その用に供する不動産

⑤　設置する医療関係者の養成所において，直接教育の用に供する不動産

⑥　学術の研究を目的とするものが，その目的のために，直接その研究の用に供する不動産

　なお，①，③～⑤については，一般社団法人・一般財団法人（非営利型法人に限る。）についても非課税となる。ただし，①，③，④については，平成20年12月1日より前から設置している施設に限られている。

▶課税標準の特例

　公益法人が，重要無形文化財の公演のための施設の用に供する不動産について，当該取得が，平成27年3月31日までに行われたときに限り，当該不動産の価格の1／2に相当する額を価格から控除される（地税法附則11⑪）。

4. 固定資産税（都市計画税）

▶非課税となる資産

　固定資産税は，固定資産の所有者に対して，原則として固定資産価格の1.4％

の税率で課税されるが（地税法343，350），公益法人が設置する一定の施設については，固定資産税が非課税とされている（地税法348②，附則41⑨）。ただし，都市計画区域内の国定資産については，別途，都市計画税（税率0.3％）が課される。

非課税措置が講じられている一定の施設には，次のものがある。

① 設置する幼稚園において，直接保育の用に供する固定資産

② 設置する図書館において，直接その用に供する固定資産

③ 設置する博物館において，直接その用に供する固定資産

④ 設置する医療関係者の養成所において，直接教育の用に供する固定資産

⑤ 学術の研究を目的とするものが，その目的のために，直接その研究の用に供する固定資産

⑥ 学生又は生徒の修学援助を目的とする法人の設置する寄宿舎において，直接その用に供する家屋

⑦ 児童福祉施設等の用に供する固定資産

なお，①〜④については，一般社団法人・一般財団法人（非営利型法人に限る。）についても非課税となる。ただし，①〜③については，平成20年12月1日より前から設置している施設に限られている。

▶課税標準の特例

公益法人が，重要無形文化財の公演のための施設の用に供する土地及び家屋について，平成23年度から平成26年度までの各年度分に限り，当該土地及び家屋の課税標準を1／2の額とされる（地税法附則15㉔）。

5. 事業所税

▶事業所税の課税対象

事業所税は，一定規模以上の事業を行っている事業主に対して，事業所の床面積と従業員数に応じて課税される（地税法701の30，701の42）。しかしながら，事業所税の課税団体（以下「指定都市等」という。）は，公益法人，一般社団法人・

一般財団法人（非営利型法人に限る。）が，事業所等において行う事業のうち，収益事業以外の事業に対しては，事業所税を課すことができないこととされている（地税法 701 の 34 ②）。

公益法人，一般社団法人・一般財団法人に対する事業所税の課税関係は，次のとおりである。

図表 5-11　事業所税の課税関係

区　　分		課税対象	資産割	従業者割
公益法人*		収益事業のみ	床面積 ×600 円／m²	従業者給与 ×0.25％
一般社団法人・ 一般財団法人	非営利型法人	収益事業のみ		
	それ以外	全事業		
免税点			1,000 m²	100 人

＊公益法人認定法上の公益目的事業については，収益事業（34 事業）から除かれる（法税法令 5 ②一）。

▶**非課税となる施設**

指定都市等は，次に掲げる施設に係る事業所等において行う事業に対しては，事業所税を課すことができないこととされている（地税法 701 の 34 ③）。

① 　博物館その他の教育文化施設（図書館・幼稚園）

② 　病院及び診療所，介護老人保健施設

③ 　看護師，准看護師，歯科衛生士等の医療関係者の養成所

④ 　児童福祉施設

⑤ 　老人福祉施設

⑥ 　勤労者の福利厚生施設

⑦ 　路外駐車場等

付録　事　例

―<ポイント>―――――――――――――――――――――――――――――――

　公益法人は，公益法人会計基準に準拠した財務諸表等の作成が求められ
るとともに，これに運営組織や事業活動の状況等の報告を合わせた「事業
報告等に係る提出書類」を定期提出書類として行政庁に提出しなければな
らない。

　この定期提出書類を構成する書類のうち，公益法人の財務に関する公益
認定の基準に係る書類（公益財務計算のための指定様式）の記載内容は，
財務諸表等と密接に関連しており，整合性が図られるものである。

　この付録では，公益法人の財務諸表等と公益財務計算のための主な様式
についての事例を紹介する。

392 付録 事 例

《公益法人の財務諸表等》

貸 借 対 照 表
平成×1年3月31日現在

公益財団法人○○　　　　　　　　　　　　　　　　　　　　　　　　　　　　　　　　　　　（単位：円）

科　目	当年度	前年度	増　減
Ⅰ 資 産 の 部			
1. 流動資産			
現金預金	618,741,858	425,582,163	193,159,695
未収金	706,758	421,182	285,576
前払費用	34,145,730	40,881,798	△ 6,736,068
流動資産合計	653,594,346	466,885,143	186,709,203
2. 固定資産			
(1) 基本財産			
定期預金	90,000,000	90,000,000	0
基本財産合計	90,000,000	90,000,000	0
(2) 特定資産			
退職給付引当資産	599,399,742	560,186,739	39,213,003
役員退職慰労引当資産	7,020,000	3,159,000	3,861,000
特定資産合計	606,419,742	563,345,739	43,074,003
(3) その他固定資産			
建物附属設備	112,881,792	28,639,614	84,242,178
什器備品	12,886,500	13,011,363	△ 124,863
リース資産	53,748,528	72,949,983	△ 19,201,455
電話加入権	6,631,107	6,631,107	0
ソフトウェア	72,732,873	114,467,391	△ 41,734,518
敷 金	348,461,154	461,600,325	△ 113,139,171
その他固定資産合計	607,341,954	697,299,783	△ 89,957,829
固定資産合計	1,303,761,696	1,350,645,522	△ 46,883,826
資産合計	1,957,356,042	1,817,530,665	139,825,377
Ⅱ 負 債 の 部			
1. 流動負債			
未払金	218,975,532	187,595,646	31,379,886
未払費用	10,580,223	10,453,881	126,342
未払法人税等	360,000	360,000	0
預り金	23,078,070	25,091,376	△ 2,013,306
賞与引当金	50,206,647	49,706,412	500,235
流動負債合計	303,200,472	273,207,315	29,993,157
2. 固定負債			
リース債務	55,843,704	76,325,256	△ 20,481,552
長期未払金	40,350,000	69,712,500	△ 29,362,500
退職給付引当金	599,399,742	622,429,710	△ 23,029,968
役員退職慰労引当金	7,020,000	3,510,000	3,510,000
固定負債合計	702,613,446	771,977,466	△ 69,364,020
負債合計	1,005,813,918	1,045,184,781	△ 39,370,863
Ⅲ 正 味 財 産 の 部			
1. 指定正味財産			
寄付金	90,000,000	90,000,000	0
指定正味財産合計	90,000,000	90,000,000	0
（うち基本財産への充当額）	(90,000,000)	(90,000,000)	(0)
2. 一般正味財産	861,542,124	682,345,884	179,196,240
（うち特定資産への充当額）	(0)	(0)	(0)
正味財産合計	951,542,124	772,345,884	179,196,240
負債及び正味財産合計	1,957,356,042	1,817,530,665	139,825,377

正 味 財 産 増 減 計 算 書
平成×0年4月1日から平成×1年3月31日まで

公益財団法人○○

(単位：円)

科　目	当年度	前年度	増　減
Ⅰ　一般正味財産増減の部			
1.　経常増減の部			
（1）経常収益			
①　基本財産運用益			
基本財産受取利息	842,268	556,638	285,630
②　特定資産運用益			
特定資産受取利息	146,853	185,436	△ 38,583
③　受取寄付金			
受取寄付金	3,279,459,000	3,235,962,000	43,497,000
④　雑収益			
受取利息	201,927	190,524	11,403
経常収益計	3,280,650,048	3,236,894,598	43,755,450
（2）経常費用			
①　事業費			
役員報酬	11,502,000	20,779,200	△ 9,277,200
給料手当	1,836,253,530	1,865,719,707	△ 29,466,177
賞与引当金繰入額	45,464,466	45,595,932	△ 131,466
退職給付費用	59,748,117	54,928,158	4,819,959
役員退職慰労引当金繰入額	1,404,000	2,597,400	△ 1,193,400
法定福利費	99,651,240	96,871,047	2,780,193
福利厚生費	6,862,179	5,608,539	1,253,640
会議費	21,332,229	22,277,097	△ 944,868
旅費交通費	30,691,344	31,280,358	△ 589,014
通信運搬費	19,243,038	20,117,616	△ 874,578
印刷製本費	13,356,834	11,828,736	1,528,098
図書費	5,115,240	5,839,248	△ 724,008
消耗品費	8,322,264	4,423,911	3,898,353
賃借料	478,564,443	542,694,246	△ 64,129,803
光熱水料費	15,084,894	17,846,388	△ 2,761,494
委託費	52,101,900	48,995,625	3,106,275
広告費	482,202	1,870,314	△ 1,388,112
什器備品費	66,806,199	67,226,454	△ 420,255
営繕費	23,113,059	25,756,308	△ 2,643,249
諸会費	93,000	99,000	△ 6,000
租税公課	2,591,460	2,818,140	△ 226,680
支払手数料	5,743,878	8,997,837	△ 3,253,959
支払利息	2,315,250	2,315,250	0
建物附属設備減価償却費	11,972,133	13,688,085	△ 1,715,952
什器備品減価償却費	2,725,248	3,023,682	△ 298,434
リース資産減価償却費	19,201,455	19,201,455	0
ソフトウェア償却費	43,458,828	85,661,004	△ 42,202,176
雑費	34,009,632	48,803,841	△ 14,794,209
事業費計	2,917,210,062	3,076,864,578	△ 159,654,516

科　　目	当年度	前年度	増　減
②　管理費			
役員報酬	34,164,000	24,706,800	9,457,200
諸謝金	0	0	0
給料手当	67,015,293	67,777,389	△ 762,096
賞与引当金繰入額	4,742,181	4,110,480	631,701
退職給付費用	4,547,340	5,267,235	△ 719,895
役員退職慰労引当金繰入額	2,106,000	912,600	1,193,400
法定福利費	12,045,672	11,111,004	934,668
福利厚生費	417,759	612,504	△ 194,745
会議費	1,144,941	1,443,357	△ 298,416
旅費交通費	6,597,576	6,451,392	146,184
通信運搬費	1,375,296	1,815,612	△ 440,316
印刷製本費	2,150,802	2,123,562	27,240
図書費	201,408	234,429	△ 33,021
消耗品費	716,658	450,678	265,980
賃借料	25,647,723	29,767,797	△ 4,120,074
光熱水料費	421,968	412,446	9,522
什器備品費	1,511,790	1,109,988	401,802
営繕費	1,620,000	1,439,439	180,561
諸会費	258,900	297,900	△ 39,000
租税公課	426,600	154,470	272,130
交際費	2,717,328	2,192,010	525,318
支払手数料	9,728,541	10,225,503	△ 496,962
建物附属設備減価償却費	683,580	472,236	211,344
什器備品減価償却費	269,874	614,160	△ 344,286
ソフトウェア償却費	332,640	332,640	0
雑費	2,535,198	5,618,958	△ 3,083,760
管理費計	183,379,068	179,654,589	3,724,479
経常費用計	3,100,589,130	3,256,519,167	△ 155,930,037
評価損益等調整前当期経常増減額	180,060,918	△ 19,624,569	199,685,487
評価損益等計	0	0	0
当期経常増減額	180,060,918	△ 19,624,569	199,685,487
2.　経常外増減の部			
(1)　経常外収益			
経常外収益計	0	0	0
(2)　経常外費用			
建物附属設備除却損	0	24,069,402	△ 24,069,402
什器備品除却損	864,678	1,994,466	△ 1,129,788
経常外費用計	864,678	26,063,868	△ 25,199,190
当期経常外増減額	△ 864,678	△ 26,063,868	25,199,190
当期一般正味財産増減額	179,196,240	△ 45,688,437	224,884,677
一般正味財産期首残高	682,345,884	728,034,321	△ 45,688,437
一般正味財産期末残高	861,542,124	682,345,884	179,196,240
Ⅱ　指定正味財産増減の部			
①　基本財産運用益			
基本財産受取利息	842,268	556,638	285,630
②　一般正味財産への振替額			
一般正味財産への振替額	△ 842,268	△ 556,638	△ 285,630
当期指定正味財産増減額	0	0	0
指定正味財産期首残高	90,000,000	90,000,000	0
指定正味財産期末残高	90,000,000	90,000,000	0
Ⅲ　正味財産期末残高	951,542,124	772,345,884	179,196,240

付 録 事 例 395

正 味 財 産 増 減 計 算 書 内 訳 表

平成×0年4月1日から平成×1年3月31日まで

公益財団法人○○　　　　　　　　　　　　　　　　　　　　　　　　　　　　　（単位：円）

科　　目	公益目的事業会計 環境保護事業	法人会計	内部取引消去	合　　計
I　一般正味財産増減の部				
1．経常増減の部				
（1）経常収益				
①　基本財産運用益				
基本財産受取利息	842,268	0		842,268
②　特定資産運用益				
特定資産受取利息	146,853	0		146,853
③　受取寄付金				
受取寄付金	3,098,402,040	181,056,960		3,279,459,000
④　雑収益				
受取利息	201,927	0		201,927
経常収益計	3,099,593,088	181,056,960		3,280,650,048
（2）経常費用				
①　事業費				
役員報酬	11,502,000	0		11,502,000
給料手当	1,836,253,530	0		1,836,253,530
賞与引当金繰入額	45,464,466	0		45,464,466
退職給付費用	59,748,117	0		59,748,117
役員退職慰労引当金繰入額	1,404,000	0		1,404,000
法定福利費	99,651,240	0		99,651,240
福利厚生費	6,862,179	0		6,862,179
会議費	21,332,229	0		21,332,229
旅費交通費	30,691,344	0		30,691,344
通信運搬費	19,243,038	0		19,243,038
印刷製本費	13,356,834	0		13,356,834
図書費	5,115,240	0		5,115,240
消耗品費	8,322,264	0		8,322,264
賃借料	478,564,443	0		478,564,443
光熱水料費	15,084,894	0		15,084,894
委託費	52,101,900	0		52,101,900
広告費	482,202	0		482,202
什器備品費	66,806,199	0		66,806,199
営繕費	23,113,059	0		23,113,059
諸会費	93,000	0		93,000
租税公課	2,591,460	0		2,591,460
支払手数料	5,743,878	0		5,743,878
支払利息	2,315,250	0		2,315,250
建物附属設備減価償却費	11,972,133	0		11,972,133
什器備品減価償却費	2,725,248	0		2,725,248
リース資産減価償却費	19,201,455	0		19,201,455
ソフトウェア償却費	43,458,828	0		43,458,828
雑費	34,009,632	0		34,009,632
事業費計	2,917,210,062	0		2,917,210,062

396 付録 事 例

科　目	公益目的事業会計 環境保護事業	法人会計	内部取引消去	合　計
② 管理費				
役員報酬	0	34,164,000		34,164,000
給料手当	0	67,015,293		67,015,293
賞与引当金繰入額	0	4,742,181		4,742,181
退職給付費用	0	4,547,340		4,547,340
役員退職慰労引当金繰入額	0	2,106,000		2,106,000
法定福利費	0	12,045,672		12,045,672
福利厚生費	0	417,759		417,759
会議費	0	1,144,941		1,144,941
旅費交通費	0	6,597,576		6,597,576
通信運搬費	0	1,375,296		1,375,296
印刷製本費	0	2,150,802		2,150,802
図書費	0	201,408		201,408
消耗品費	0	716,658		716,658
賃借料	0	25,647,723		25,647,723
光熱水料費	0	421,968		421,968
什器備品費	0	1,511,790		1,511,790
営繕費	0	1,620,000		1,620,000
諸会費	0	258,900		258,900
租税公課	0	426,600		426,600
交際費	0	2,717,328		2,717,328
支払手数料	0	9,728,541		9,728,541
建物附属設備減価償却費	0	683,580		683,580
什器備品減価償却費	0	269,874		269,874
ソフトウェア償却費	0	332,640		332,640
雑費	0	2,535,198		2,535,198
管理費計	0	183,379,068		183,379,068
経常費用計	2,917,210,062	183,379,068		3,100,589,130
評価損益等調整前当期経常増減額	182,383,026	△ 2,322,108		180,060,918
評価損益等計	0	0		0
当期経常増減額	182,383,026	△ 2,322,108		180,060,918
2. 経常外増減の部				
(1) 経常外収益				
経常外収益計	0	0		0
(2) 経常外費用				
什器備品除却損	674,922	189,756		864,678
経常外費用計	674,922	189,756		864,678
当期経常外増減額	△ 674,922	△ 189,756		△ 864,678
他会計振替額	0	0		0
当期一般正味財産増減額	181,708,104	△ 2,511,864		179,196,240
一般正味財産期首残高	—	—		682,345,884
一般正味財産期末残高	—	—		861,542,124
Ⅱ 指定正味財産増減の部				
① 基本財産運用益				
基本財産受取利息	842,268	0		842,268
② 一般正味財産への振替額				
一般正味財産への振替額	△ 842,268	0		△ 842,268
当期指定正味財産増減額	0	0		0
指定正味財産期首残高	—	—		90,000,000
指定正味財産期末残高	—	—		90,000,000
Ⅲ 正味財産期末残高				951,542,124

(注) 貸借対照表を会計区分していないため，一般正味財産期首残高，一般正味財産期末残高及び指定正味財産期首残高，指定正味財産期末残高並びに正味財産期末残高は合計欄に記載している。

財務諸表に対する注記

1. 重要な会計方針

(1)　固定資産の減価償却の方法

①有形固定資産：定額法によっている。

②無形固定資産：定額法によっている。なお，ソフトウェアについては，法人内における利用可能期間(5年)により償却している。

③リース資産　：所有権移転外ファイナンス・リース取引に係るリース資産リース期間を耐用年数とし，残存価額を零とする定額法によっている。

(2)　引当金の計上基準

①賞与引当金　　　：職員に対する賞与の支給に備えるため，支給見込額のうち当期に帰属する額を計上している。

②退職給付引当金　：職員の退職給付に備えるため，当期末における退職給付債務に基づき，当期末において発生していると認められる額を計上している。

なお，退職給付債務は，期末自己都合要支給額に基づいて計算している。

③役員退職慰労引当金：役員の退職慰労金の支給に備えるため，内規に基づく期末要支給額を計上している。

(3)　消費税等の会計処理

消費税等の会計処理は税込方式によっている。

2. 基本財産及び特定資産の増減額及びその残高

基本財産及び特定資産の増減額及びその残高は，次のとおりである。

科　　　目	前期末残高	当期増加額	当期減少額	当期末残高
	円	円	円	円
基本財産				
定期預金	90,000,000	0	0	90,000,000
小　　　計	90,000,000	0	0	90,000,000
特定資産				
退職給付引当資産	560,186,739	126,538,428	87,325,425	599,399,742
役員退職慰労引当資産	3,159,000	3,861,000	0	7,020,000
小　　　計	563,345,739	130,399,428	87,325,425	606,419,742
合　　　計	653,345,739	130,399,428	87,325,425	696,419,742

3. 基本財産及び特定資産の財源等の内訳

基本財産及び特定資産の財源等の内訳は，次のとおりである。

科　　　目	当期末残高	（うち指定正味財産からの充当額）	（うち一般正味財産からの充当額）	（うち負債に対応する額）
	円	円	円	円
基本財産				
定期預金	90,000,000	(90,000,000)	－	－
小　　　計	90,000,000	(90,000,000)	－	－
特定資産				
退職給付引当資産	599,399,742	－	－	(599,399,742)
役員退職慰労引当資産	7,020,000	－	－	(7,020,000)
小　　　計	606,419,742	－	－	(606,419,742)
合　　　計	696,419,742	(90,000,000)	－	(606,419,742)

4. 固定資産の取得価額，減価償却累計額及び当期末残高

固定資産の取得価額，減価償却累計額及び当期末残高は，次のとおりである。

科　　　目	取得価額	減価償却累計額	当期末残高
	円	円	円
建物附属設備	236,753,085	123,871,293	112,881,792
什　器　備　品	44,169,015	31,282,515	12,886,500
リース資産	99,126,720	45,378,192	53,748,528
ソフトウェア	439,289,865	366,556,992	72,732,873
合　　　計	819,338,685	567,088,992	252,249,693

5. 指定正味財産から一般正味財産への振替額の内訳

指定正味財産から一般正味財産への振替額の内訳は，次のとおりである。

内　　　容	金　　　額
	円
経常収益への振替額	
基本財産受取利息計上による振替額	842,268
合　　　　計	842,268

6. リース取引関係

所有権移転外ファイナンス・リース取引

リース資産の内容

その他固定資産

本部におけるサーバー及びパソコン 50 台である。

7. 退職給付関係

(1)　採用している退職給付制度の概要

確定給付型の制度として退職一時金制度を設けている。

(2)　退職給付債務及びその内訳

①退職給付債務	△　599,399,742 円
②会計基準変更時差異の未処理額	－
③退職給付引当金（①＋②）	△　599,399,742 円

(3)　退職給付費用に関する事項

①勤務費用	64,295,457 円
②会計基準変更時差異の費用処理額	－
③退職給付費用（①＋②）	64,295,457 円

400 付録 事 例

(4) 退職給付債務等の計算の基礎に関する事項

退職給付債務の計算に当たっては，退職一時金制度に基づく期末自己都合要支給額を基礎として計算している。

附　属　明　細　書

1. 基本財産及び特定資産の明細

基本財産及び特定資産の明細については，財務諸表に対する注記 2. に記載している。

2. 引当金の明細

（単位：円）

科　　目	期首残高	当期増加額	当期減少額		期末残高
			目的使用	その他	
賞与引当金	49,706,412	50,206,647	49,706,412	0	50,206,647
退職給付引当金	622,429,710	64,295,457	87,325,425	0	599,399,742
役員退職慰労引当金	3,510,000	3,510,000	0	0	7,020,000

（注）　引当金の計上基準については，財務諸表に対する注記に記載している。

付　録　事　例　401

財　産　目　録
平成×1年3月31日現在

公益財団法人○○

（単位：円）

貸借対照表科目		場所・物量等	使用目的等	金　額
（流動資産）	預金	普通預金		
		○○銀行　○○支店	運転資金として	573,832,869
		○○信託銀行　○○支店	同上	28,619,568
		○○銀行　○○支店	同上	15,099,771
		○○銀行　○○支店	同上	656,187
		○○銀行　○○支店	同上	533,463
			現金預金計	618,741,858
	未収金	○○銀行　○○支店	基本財産の受取利息未収金	706,758
	前払費用	○○株式会社他4ヶ所	東京本部他4ヶ所の事務所賃料・共益費4月分	34,145,730
流動資産合計				653,594,346
（固定資産）				
基本財産	定期預金	○○銀行　○○支店	公益目的保有財産であり，運用益は公益目的事業の財源として使用している。	90,000,000
特定資産	退職給付引当資産	定期預金　○○銀行　○○支店	職員に対する退職給付の支給に備えたものであり，公益目的事業及び管理費に使用される資産	321,419,742
		定期預金　○○信託銀行　○○支店	同上	277,980,000
	役員退職慰労引当資産	定期預金　○○銀行　○○支店	役員（常勤理事）に対する退職金の支給に備えたものであり，公益目的事業及び管理費に使用される資産	7,020,000
			特定資産計	606,419,742
その他固定資産	建物附属設備	事務所内装工事他	（共用財産）	
			うち公益目的保有財産	101,937,624
			うち管理業務に使用する財産	10,944,168
			建物附属設備計	112,881,792
	什器備品	書架他	（共用財産）	
			うち公益目的保有財産	11,871,978
			うち管理業務に使用する財産	1,014,522
			什器備品計	12,886,500
	リース資産	サーバー（本部）	公益目的保有財産	48,826,968
		パソコン50台	同上	4,921,560
			リース資産計	53,748,528
	電話加入権	92回線（本部・支部）	（共用財産）	
			うち公益目的保有財産	6,151,869
			うち管理業務に使用する財産	479,238
			電話加入権計	6,631,107
	ソフトウェア	管理システム	公益目的保有財産	72,289,353
		会計システム	管理業務に使用する財産	443,520
			ソフトウェア計	72,732,873
	敷金	事務所5ヶ所	（共用財産）	
			うち公益目的保有財産	331,312,275
			うち管理業務に使用する財産	17,148,879
			敷金計	348,461,154
			その他固定資産計	607,341,954
固定資産合計				1,303,761,696
資産合計				1,957,356,042

402 付録 事例

貸借対照表科目		場所・物量等	使用目的等	金　額
（流動負債）	未払金	株式会社〇〇に対する未払額他	委託業務に対する未払額	218,975,532
	未払費用	株式会社〇〇	本部事務所の清掃料3月分	3,435,756
		〇〇年金事務所	職員の賞与引当金にかかる社会保険料（事業主負担分）	7,144,467
			未払費用計	10,580,223
	未払法人税等	都道府県5ヶ所及び4市町村（本部・支部所在地）	平成×0年度分法人住民税	360,000
	預り金	職員に対するもの	源泉所得税及び社会保険料	23,078,070
	賞与引当金	職員に対するもの	公益目的事業及び管理業務に従事する職員の賞与の引当金	50,206,647
流動負債合計				303,200,472
（固定負債）	リース債務	サーバー（本部）	公益目的事業の用に供している機器の債務	50,594,040
		パソコン50台	同上	5,249,664
			リース債務計	55,843,704
	長期未払金	職員に対するもの	退職給付制度の移行に伴う未払額	40,350,000
	退職給付引当金	職員に対するもの	職員65名に対する退職金の支払いに備えたもの	599,399,742
	役員退職慰労引当金	役員に対するもの	役員に対する退職金の支払いに備えたもの	7,020,000
固定負債合計				702,613,446
負債合計				1,005,813,918
正味財産				951,542,124

付録 事 例 403

《公益財務計算に係る主な書類》

【別紙4 法人の財務に関する公益認定の基準に係る書類について】
【別表A(1) 収支相償の計算（収益事業等の利益額の50%を繰入れる場合）】
（公益法人認定法第5条第6号に定められた収支相償について審査します。）
※法人の行う事業が一つしかない場合には，第一段階を省略し，第二段階のみ記載してください。

1. 第一段階（公益目的事業の収支相償）
法人が行う事業について，その経常収益，経常費用を比較します。

事業番号	経常収益計 前年度に6欄がプラスの事業がある場合には当該剰余金の額を加算してください。	経常費用計	その事業に係る特定費用準備資金の当期取崩額	その事業に係る特定費用準備資金の当期積立額	第一段階の判定 （2欄-3欄+4欄-5欄）
1	2	3	4	5	6
公1	円	円	円	円	0 円
公2	円	円	円	円	0 円
計	0 円	0 円	0 円	0 円	

第二段階7欄へ

プラスの事業がある場合，発生理由とこれを解消するための計画等を記入してください。

理由：
計画：

2. 第二段階（公益目的事業会計全体の収支相償判定）
法人の公益目的事業会計全体に係る収入と費用等を比較します。

			収 入	費 用
第一段階の経常収益計と経常費用計（2欄・3欄）		7	3,099,593,088 円	2,917,210,062 円
特定の事業と関連付けられない公益目的事業に係るその他の経常収益，経常費用		8	円	円
7欄と8欄の合計（公益目的事業会計の経常収益計，経常費用計の額と一致しているか確認してください。）		9	3,099,593,088 円	2,917,210,062 円
公益目的事業に係る特定費用準備資金に関する調整（別表C(5)より）（当期の取崩額を「収入」欄に，積立額を「費用」欄に記載してください。）		10	円	円
収益事業等から生じた利益の繰入額	収益事業から生じた利益の繰入額	11	円	
	その他の事業（相互扶助等事業）から生じた利益の繰入額	12	円	収入-費用
合計（9欄～12欄）		13	3,099,593,088 円	2,917,210,062 円	182,383,026 円

※第二段階における剰余金の扱い
　剰余が生じる場合（収入-費用欄の数値がプラスの場合）は，その剰余相当額を公益目的保有財産に係る資産取得，改良に充てるための資金に繰り入れたり，公益目的保有財産の取得に充てたりするか，翌年度の事業拡大を行うことにより同額程度の損失となるようにしなければなりません。収入-費用欄の数値がプラスの場合，法人における剰余金の扱いの計画等を記載してください。

収支相償の額（収入-費用欄）がプラスとなる場合の今後の剰余金の扱い等
1. 公益目的事業会計と法人会計の寄付金配賦割合の見直し 　平成×1年度以降，法人会計の管理費を賄うため，寄付金の配賦割合を見直すことにより，公益目的事業会計の剰余金が減少する。 2. 資産取得資金の積立て 　平成×2年度に公益目的保有財産として取得を予定している立体駐車場を設置するための資産取得資金の積立てに使用する。

404　付録　事　例

【別表B(1) 公益目的事業比率の算定総括表】
（公益法人認定法第5条第8号に定められた公益目的事業比率について審査します。）

公　益　目　的　事　業　比　率　の　算　定		
公益実施費用額（13欄より）	1	2,917,210,062 円
公益実施費用額＋収益等実施費用額＋管理運営費用額 （13，23，33欄の合計）	2	3,100,589,130 円
公益目的事業比率（1欄÷2欄）	3	94.1%

公　益　実　施　費　用　額　の　計　算		
公益目的事業に係る事業費の額（別表B(5) I欄より）	4	2,917,210,062 円
土地の使用に係る費用額（別表B(5) II欄より）	5	0 円
融資に係る費用額（別表B(5) III欄より）	6	0 円
無償の役務の提供等に係る費用額（別表B(5) IV欄より）	7	0 円
特定費用準備資金積立額（別表B(5) V欄より）	8	0 円
特定費用準備資金取崩額（別表B(5) VI欄より）	9	0 円
引当金の取崩額（別表B(5) VII欄より）	10	0 円
財産の譲渡損等（別表B(5) VIII欄より）	11	0 円
調整額計（5欄～11欄の計）	12	0 円
公益実施費用額（4欄＋12欄）	13	2,917,210,062 円

収　益　等　実　施　費　用　額　の　計　算		
収益事業等に係る事業費の額（別表B(5) I欄より）	14	0 円
土地の使用に係る費用額（別表B(5) II欄より）	15	0 円
融資に係る費用額（別表B(5) III欄より）	16	0 円
無償の役務の提供等に係る費用額（別表B(5) IV欄より）	17	0 円
特定費用準備資金積立額（別表B(5) V欄より）	18	0 円
特定費用準備資金取崩額（別表B(5) VI欄より）	19	0 円
引当金の取崩額（別表B(5) VII欄より）	20	0 円
財産の譲渡損等（別表B(5) VIII欄より）	21	0 円
調整額計（15欄～21欄の計）	22	0 円
収益等実施費用額（14欄＋22欄）	23	0 円

管　理　運　営　費　用　額　の　計　算		
管理費の額（別表B(5) I欄より）	24	183,379,068 円
土地の使用に係る費用額（別表B(5) II欄より）	25	0 円
融資に係る費用額（別表B(5) III欄より）	26	0 円
無償の役務の提供等に係る費用額（別表B(5) IV欄より）	27	0 円
特定費用準備資金積立額（別表B(5) V欄より）	28	0 円
特定費用準備資金取崩額（別表B(5) VI欄より）	29	0 円
引当金の取崩額（別表B(5) VII欄より）	30	0 円
財産の譲渡損等（別表B(5) VIII欄より）	31	0 円
調整額計（25欄～31欄の計）	32	0 円
管理運営費用額（24欄＋32欄）	33	183,379,068 円

付　録　事　例　405

【別表 B(5) 公益目的事業比率算定に係る計算表】その 1
(公益法人認定法第 5 条第 8 号に定められた公益目的事業比率の算定について，各事業ごとに数値をまとめ，別表 B(1)に転記するための表です。)

Ⅰ　事業実施に係る経常費用の額（事業費の額）　　　　　　　　　　　　　　　　　　　（単位：円）

	公益実施費用額			
	公 1	公 2	共通	公益実施費用総計
経常費用額	2,917,210,062			2,917,210,062

Ⅱ　土地の使用に係る費用額（別表 B(2)より）

NO.	所在地	公益実施費用額			
		公 1	公 2	共通	公益実施費用総計
					0
	合計	0	0	0	0

Ⅲ　融資に係る費用額（別表 B(3)より）

NO.	貸付の内容	公益実施費用額			
		公 1	公 2	共通	公益実施費用総計
					0
	合計	0	0	0	0

Ⅳ　無償の役務の提供等に係る費用額（別表 B(4)より）

NO.	役務提供等の名称	公益実施費用額			
		公 1	公 2	共通	公益実施費用総計
					0
	合計	0	0	0	0

Ⅴ　特定費用準備資金当期積立額（別表 C(5)より）

NO.	特定費用準備資金の名称	公益実施費用額			
		公 1	公 2	共通	公益実施費用総計
					0
	合計	0	0	0	0

Ⅵ　特定費用準備資金当期取崩額（別表 C(5)より，マイナス額で記載してください）

NO.	特定費用準備資金の名称	公益実施費用額			
		公 1	公 2	共通	公益実施費用総計
					0
	合計	0	0	0	0

Ⅶ　引当金の取り崩し額（マイナス額で記載してください）

NO.	引当金の名称	公益実施費用額			
		公 1	公 2	共通	公益実施費用総計
					0
	合計	0	0	0	0

Ⅷ　財産の譲渡損等の額（認定規則第 15 条第 1，3，4 項の額をマイナス額で，第 2 項の額をプラス額で記載してください。）

NO.	財産の名称	公益実施費用額			
		公 1	公 2	共通	公益実施費用総計
					0
	合計	0	0	0	0

Ⅸ　合計

	公益実施費用額			
	公 1	公 2	共通	公益実施費用総計
合計	2,917,210,062	0	0	2,917,210,062
事業比率	94.09%	0.00%	0.00%	94.09%

406 付録 事例

【別表 B(5)公益目的事業比率算定に係る計算表】その 2
(公益法人認定法第 5 条第 8 号に定められた公益目的事業比率の算定について，各事業ごとに数値をまとめ，別表 B(1)に転記するための表です。)

Ⅰ 事業実施に係る経常費用の額（事業費の額）

（単位：円）

	収益等実施費用額				管理運営費用額	合計（参考）
	収1	他2	共通	収益等実施費用額計		
経常費用額					183,379,068	3,100,589,130

Ⅱ 土地の使用に係る費用額（別表 B(2)より）

NO.	所在地	収益等実施費用額				管理運営費用額	合計（参考）	配賦基準
		収1	他2	共通	収益等実施費用額計			
						0	0	
合計		0	0	0	0	0	0	0

Ⅲ 融資に係る費用額（別表 B(3)より）

NO.	貸付の内容	収益等実施費用額				管理運営費用額	合計（参考）	
		収1	他2	共通	収益等実施費用額計			
						0		
合計		0	0	0	0	0	0	0

Ⅳ 無償の役務の提供等に係る費用額（別表 B(4)より）

NO.	役務提供等の名称	収益等実施費用額				管理運営費用額	合計（参考）	配賦基準
		収1	他2	共通	収益等実施費用額計			
						0	0	
合計		0	0	0	0	0	0	0

Ⅴ 特定費用準備資金当期積立額（別表 C(5)より）

NO.	特定費用準備資金の名称	収益等実施費用額				管理運営費用額	合計（参考）	
		収1	他2	共通	収益等実施費用額計			
						0		
合計		0	0	0	0	0	0	0

Ⅵ 特定費用準備資金当期取崩額（別表 C(5)より，マイナス額で記載してください）

NO.	特定費用準備資金の名称	収益等実施費用額				管理運営費用額	合計（参考）	
		収1	他2	共通	収益等実施費用額計			
						0		
合計		0	0	0	0	0	0	0

Ⅶ 引当金の取り崩し額（マイナス額で記載してください）

NO.	引当金の名称	収益等実施費用額				管理運営費用額	合計（参考）	
		収1	他2	共通	収益等実施費用額計			
						0		
合計		0	0	0	0	0	0	0

Ⅷ 財産の譲渡損等の額（認定規則第 15 条第 1，3，4 項の額をマイナス額で，第 2 項の額をプラス額で記載してください。）

NO.	財産の名称	収益等実施費用額				管理運営費用額	合計（参考）	備考（規則第15条のうち該当の項番を記載）
		収1	他2	共通	収益等実施費用額計			
						0		
合計		0	0	0	0	0	0	0

Ⅸ 合計

	収益等実施費用額				管理運営費用額	合計（参考）	
	収1	他2	共通	収益等実施費用額計			
合計	0	0	0	0	183,379,068	3,100,589,130	
事業比率	0.00%	0.00%	0.00%	0.00%	5.91%	100.00%	

付　録　事　例　407

別表 C（1）遊休財産額の保有制限の判定

この様式では，遊休財産額が，遊休財産額の保有上限額を超えていないことを確認します。

遊休財産額は，以下の計算により算定します。

遊休財産額＝資産−（負債＋一般社団・財団法人法第 131 条の基金）−（控除対象財産−対応負債の額※）

※対応負債の額とは，控除対象財産に直接対応する負債の額とその他の負債のうち控除対象財産に按分された負債の合計額です。

　なお，控除対象財産から対応負債の額を控除するのは，借入金等によって資産を取得している場合には，負債が二重で減算されることになってしまうためです。

1.　遊休財産額の計算に必要な数値の作成（下記 3. 及び 4. に必要な数値を作成します。）

資産の部				負債の部		
流動資産		1	653,594,346 円	流動資産に直接対応する負債の額	6	303,200,472 円
固定資産	控除対象財産（別表 C（2）から転記）	2	697,341,954 円	控除対象財産に直接対応する負債の額　32 欄	7	55,843,704 円
	その他の固定資産　4 欄−2 欄	3	606,419,742 円	その他の固定資産に直接対応する負債の額	8	0 円
	固定資産計　5 欄−1 欄	4	1,303,761,696 円	引当金勘定の合計額　35 欄	9	606,419,742 円
				その他負債の額　11 欄−6 欄−7 欄−8 欄−9 欄	10	40,350,000 円
				負債計　26 欄	11	1,005,813,918 円
				正味財産の部		
				一般社団・財団法人法第 131 条の基金　27 欄	12	0 円
				指定正味財産の額　33 欄	13	90,000,000 円
				一般正味財産の額　15 欄−12 欄−13 欄	14	861,542,124 円
				正味財産計	15	951,542,124 円
資産計		5	1,957,356,042 円	負債及び正味財産計　5 欄（11 欄＋15 欄と同額）	16	1,957,356,042 円

2.　遊休財産額の保有上限額（＝公益目的事業の実施に要した費用の額に準ずる額）の計算

損益計算書上の公益目的事業に係る事業費の額	17	2,917,210,062 円		公益実施費用額から控除する引当金の取崩額	21	0 円
商品等の原価を予め費用計上していない場合のみ商品等譲渡に係る原価相当額	18	0 円		財産の譲渡損，評価損等の額	22	0 円
特定費用準備資金の公益実施費用額への算入額（別表 C（5）から転記（公益目的事業の場合のみ））	19	0 円		特定費用準備資金の公益実施費用額からの控除額（別表 C（5）から転記（公益目的事業の場合のみ））	23	0 円
計　（17 欄＋18 欄＋19 欄）	20	2,917,210,062 円		控除額計　（21 欄＋22 欄＋23 欄）	24	0 円

3.　遊休財産額の計算

資産　5 欄	25	1,957,356,042 円		控除対象財産の額　2 欄	28	697,341,954 円
負債　11 欄	26	1,005,813,918 円		対応負債の額　39 欄	29	80,517,336 円
一般社団・財団法人法第 131 条の基金　12 欄	27	0 円		遊休財産額　25 欄−26 欄−27 欄−28 欄＋29 欄	30	334,717,506 円

4.　対応負債の額の計算（次の 2 つの方法のうちいずれかを選択し，○を記載してください。）

公益法人認定法施行規則第 22 条第 7 項の方法	○	公益法人認定法施行規則第 22 条第 8 項の方法	

公益法人認定法施行規則第 22 条第 7 項の方法				公益法人認定法施行規則第 22 条第 8 項の方法		
控除対象財産の額　2 欄	31	697,341,954 円		控除対象財産の額　2 欄又は 28 欄	31	円
控除対象財産に直接対応する負債の額　7 欄	32	55,843,704 円				
指定正味財産の額　13 欄	33	90,000,000 円		指定正味財産の額　13 欄	33	円
31 欄−32 欄−33 欄	34	551,498,250 円		31 欄−33 欄	34	円
引当金勘定の合計額　9 欄	35	606,419,742 円		引当金勘定の合計額　9 欄	35	円
各資産に直接対応する負債の額　6 欄＋7 欄＋8 欄	36	359,044,176 円				
その他負債の額　10 欄（11 欄−35 欄−36 欄と同額）	37	40,350,000 円		その他負債の額　11 欄−35 欄	37	円
一般正味財産の額　14 欄（5 欄−11 欄−12 欄−13 欄と同額）	38	861,542,124 円		一般正味財産の額　14 欄（5 欄−11 欄−12 欄−13 欄と同額）	38	円
対応負債の額　32 欄＋34 欄×37 欄／（37 欄＋38 欄）	39	80,517,336 円		対応負債の額　34 欄×37 欄／（37 欄＋38 欄）	39	円

【判定結果】

遊休財産額の保有上限額　20 欄−24 欄	40	2,917,210,062 円
遊休財産額　30 欄	41	334,717,506 円
遊休財産額の保有上限額の超過の有無	42	適　合

408　付録　事例

別表Ｃ(2)控除対象財産
※　法人の管理運営に用いる財産については，事業番号の欄に「管」と記載してください。
1. 公益目的保有財産

番号	財産の名称	場所 面積，構造，物量等	事業番号 ※	財産の使用状況 （概要，使用面積，使用状況等）	帳簿価額		不可欠特定財産 取得時期	共用財産 共用割合
					期　首	期　末		
1	基本財産 定期預金	○○銀行	公1	運用益を公益目的事業の財源として使用している。	90,000,000 円	90,000,000 円		100.00%
2	その他固定資産 建物附属設備	事務所 内装工事他	公1	公益目的事業の用に供している。	28,639,614 円	101,937,624 円		2−1 90.30%
3	その他固定資産 什器備品	書架他	公1	公益目的事業の用に供している。	10,966,119 円	11,871,978 円		2−2 92.13%
4	その他固定資産 リース資産	サーバー及びパソコン	公1	公益目的事業の用に供している。	72,949,983 円	53,748,528 円		100.00%
5	その他固定資産 電話加入権	85 回線	公1	公益目的事業の用に供している。	6,156,237 円	6,151,869 円		2−3 92.77%
6	その他固定資産 ソフトウェア	管理システム	公1	公益目的事業の用に供している。	113,691,231 円	72,289,353 円		2−4 99.39%
7	その他固定資産 敷金	事務所4ヶ所	公1	公益目的事業の用に供している。	434,733,978 円	331,312,275 円		2−5 95.08%
8					円	円		
	計（A）				757,137,162 円	667,311,627 円		

2. 公益目的事業に必要な収益事業等その他の業務又は活動の用に供する財産

番号	財産の名称	場所 面積，構造，物量等	事業番号 ※	財産の使用状況 （概要，使用面積，使用状況等）	帳簿価額		共用財産
					期　首	期　末	共用割合
1	その他固定資産 建物附属設備	事務所 内装工事他	管	管理運営の用に供している。	0 円	10,944,168 円	1−2 9.70%
2	その他固定資産 什器備品	書架他	管	管理運営の用に供している。	2,045,244 円	1,014,522 円	1−3 7.87%
3	その他固定資産 電話加入権	7 回線	管	管理運営の用に供している。	474,870 円	479,238 円	1−5 7.23%
4	その他固定資産 ソフトウェア	会計システム	管	管理運営の用に供している。	776,160 円	443,520 円	1−6 0.61%
5	その他固定資産 敷金	事務所1ヶ所	管	管理運営の用に供している。	26,866,347 円	17,148,879 円	1−7 4.92%
	計（B）				30,162,621 円	30,030,327 円	

付録　事例　409

3. 資産取得資金（別表 C(4)より）

番号	資金の名称	事業番号※	資金の目的	帳簿価額		公益目的保有財産	共用財産
				期　首	期　末		共用割合
1				円	円		------
2				円	円		------
計（C）				0 円	0 円		

4. 特定費用準備資金（別表 C(5)より）

番号	資金の名称	事業番号※	資金の目的	帳簿価額	
				期　首	期　末
1				円	円
2				円	円
計（D）				0 円	0 円

5. 交付者の定めた使途に従い使用・保有している財産（1〜4 に記載した財産は含まれません。）

番号	財産の名称	事業番号※	交付者の定めた使途	帳簿価額	
				期　首	期　末
1				円	円
2				円	円
計（E）				0 円	0 円

6. 交付者の定めた使途に充てるために保有している資金（1〜4 に記載した資金は含まれません。）

番号	資金の名称	事業番号※	交付者の定めた使途	帳簿価額	
				期　首	期　末
1				円	円
2				円	円
計（F）				0 円	0 円

控除対象財産の額（A〜F の合計）	期　首	期　末
	787,299,783 円	697,341,954 円

この額を別表 C(1)の 2 欄に転記

別表C(3)公益目的保有財産配賦計算表

別表C(2)控除対象財産における1. 公益目的保有財産の各事業への配賦方法を確認するものです。
複数の事業に関連する財産については、配賦基準を明記の上、記載してください。

(上段：配賦の根拠数値、中段：配賦割合、下段：配賦額) (単位：円)

番号	財産の名称	帳簿価額	配賦基準	公益目的事業会計				収益事業等会計				法人会計
				公1	公2	共通	小計	収1	他1	共通	小計	法人合計
1	基本財産 定期預金	90,000,000	使用割合	90,000,000			90,000,000					0
				100.0%	0.0%	0.0%	100.0%	0.0%	0.0%	0.0%	0.0%	0.0%
				90,000,000	0	0	90,000,000	0	0	0	0	0
2	その他固定資産 建物附属設備	112,881,792	使用面積 (m²)	101,937,624			101,937,624					10,944,168
				90.3%	0.0%	0.0%	90.3%	0.0%	0.0%	0.0%	0.0%	9.7%
				101,937,624	0	0	101,937,624	0	0	0	0	10,944,168
3	その他固定資産 什器備品	12,886,500	使用割合	11,871,978			11,871,978					1,014,522
				92.1%	0.0%	0.0%	92.1%	0.0%	0.0%	0.0%	0.0%	7.9%
				11,871,978	0	0	11,871,978	0	0	0	0	1,014,522
4	その他固定資産 リース資産	53,748,528	使用割合	53,748,528			53,748,528					0
				100.0%	0.0%	0.0%	100.0%	0.0%	0.0%	0.0%	0.0%	0.0%
				53,748,528	0	0	53,748,528	0	0	0	0	0
5	その他固定資産 電話加入権	6,631,107	使用割合	6,151,869			6,151,869					479,238
				92.8%	0.0%	0.0%	92.8%	0.0%	0.0%	0.0%	0.0%	7.2%
				6,151,869	0	0	6,151,869	0	0	0	0	479,238
6	その他固定資産 ソフトウェア	72,732,873	使用割合	72,289,353			72,289,353					443,520
				99.4%	0.0%	0.0%	99.4%	0.0%	0.0%	0.0%	0.0%	0.6%
				72,289,353	0	0	72,289,353	0	0	0	0	443,520
7	その他固定資産 敷金	348,461,154	使用面積 (m²)	331,312,275			331,312,275					17,148,879
				95.1%	0.0%	0.0%	95.1%	0.0%	0.0%	0.0%	0.0%	4.9%
				331,312,275	0	0	331,312,275	0	0	0	0	17,148,879

【編者紹介】

太陽有限責任監査法人

1971 年設立。上場会社の監査クライアント数国内第 4 位の監査法人。歴史ある上場会社，近年上場を果たした企業，上場準備企業，金融機関，学校法人，独立行政法人，公益法人など，多様な規模と業種のクライアントを有しており，設立から 40 年以上の経験により培った多彩なノウハウの蓄積に基づき，高品質な監査やアドバイザリーサービスを提供している。また，世界 6 大会計事務所のひとつであるグラント・ソントン インターナショナルのメンバーファームとして，経済社会のグローバリゼーション，会計および監査の国際的なコンバージェンスにも対応している。

［本部・東京事務所］
　〒 107-0052　東京都港区赤坂 8-1-22　赤坂王子ビル 5 階
　TEL：03-5474-0111　　FAX：03-5474-0112
［大阪事務所］
　〒 530-0015　大阪市北区中崎西 2-4-12　梅田センタービル 25 階
　TEL：06-6373-3030　　FAX：06-6373-3303
［名古屋事務所］
　〒 450-0002　愛知県名古屋市中村区名駅 4-6-23　第三堀内ビル 7 階
　TEL：052-569-5605　　FAX：052-569-5606
［北陸事務所］
　〒 920-0031　石川県金沢市広岡 1-1-18　伊藤忠金沢ビル 6 階
　TEL：076-231-3270　　FAX：076-263-9181

このほか，国内拠点として，神戸オフィス，福井オフィス，富山オフィスを設置し，海外拠点として，アメリカ，イギリス，中国，インド，インドネシア，マレーシア，フィリピン，シンガポール，タイに駐在員を派遣している。

太陽グラントソントン税理士法人

1971年設立。企業活動のグローバル化と経済社会のボーダーレス化に伴い高度化する国内外の税務問題に，高い水準のノウハウと豊富な経験をもとに総合的なソリューションを提供している。とりわけ，ベンチャー企業及びオーナー系企業のコンサルティングに関して豊富な経験を有しており，税法・企業会計・商法・監査の組み合わせによる総合的な税務アドバイスを提供している。また，グラント・ソントン インターナショナルのメンバーファームとして，そのネットワークを通じて，複雑化する国際課税問題にも対応している。

［本部・東京事務所］
〒107-0061　東京都港区北青山1-2-3　青山ビル9階
TEL：03-5770-8822　　FAX：03-5770-8820
［大阪事務所］
〒530-0015　大阪市北区中崎西2-4-12　梅田センタービル25階
TEL：06-6359-0002　　FAX：06-6359-0020

【執筆者一覧】

太陽有限責任監査法人

高橋　秀彰	パートナー／公認会計士
鈴木　薫	マネジャー／公認会計士
登坂　秀明	マネジャー／公認会計士
井澤　めぐみ	シニアマネジャー／公認会計士
竹田　英秋	シニア／公認会計士

太陽グラントソントン税理士法人

日野　有裕	パートナー／税理士
梶本　岳	マネジャー／税理士
西田　尚子	マネジャー／税理士
作山　ゆかり	税理士
吉原　崇史	公認会計士
田村　直樹	シニアアソシエイト

平成27年1月10日　　初版発行 《検印省略》
公益制度会計

一般法人・公益法人の制度・会計・税務

編　者 ⓒ 太 陽 有 限 責 任 監 査 法 人
太陽グラントソントン税理士法人

発行者 中 島 治 久

発行所 同 文 舘 出 版 株 式 会 社
東京都千代田区神田神保町1-41 〒101-0051
電話　営業(03)3294-1801 編集(03)3294-1803
振替　00100-8-42935 http://www.dobunkan.co.jp

Printed in Japan 2015 印刷・製本　三美印刷

ISBN 978-4-495-38391-6

JCOPY 〈(社) 出版者著作権管理機構 委託出版物〉
本書の無断複写は著作権法上での例外を除き禁じられています。複写される
場合は，そのつど事前に，(社) 出版者著作権管理機構 (電話 03-3513-6969,
FAX 03-3513-6979, e-mail: info@jcopy.or.jp) の許諾を得てください。